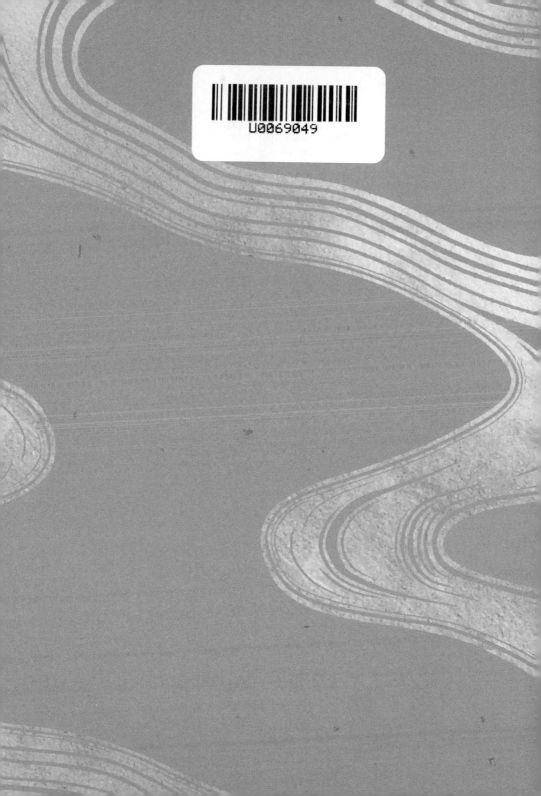

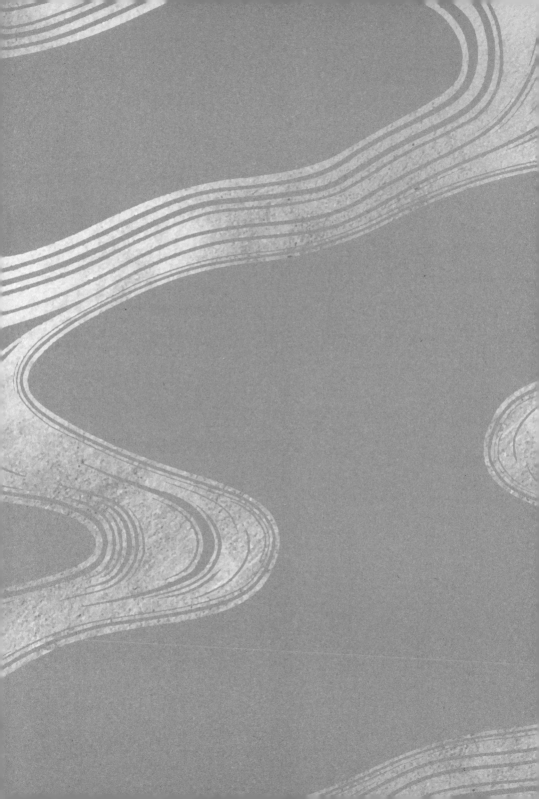

鮭台

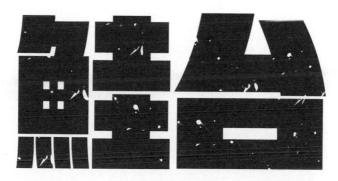

1986.05.01鮭潮回台破黨禁

—作者—
洪哲勝紀念文庫編撰小組
紐約台灣研究所

目次

序言／編撰小組 007

要走也走未開／洪哲勝 013

亡秦者，楚也！／田台仁 015

第 1 章 如何超脫「以暴易暴」的革命輪迴／洪哲勝 019

第 2 章 台灣革命黨與策動「回台」潮流的幕後點滴——訪談田台仁／許文堂 045

第 3 章 1986年5月1日「遷黨回台」專案設計過程秘辛／田台仁 063

第 4 章 鮭台專案參考資料 1986年5月3日／編撰小組 109

第 5 章 鮭台專案參考資料 1986年6月1日／編撰小組 127

第 6 章 台灣革命黨與1970年至1986年間紐約的華語語系政治實踐／鄭昕 135

第 7 章　鮭台交響曲 Overture È Finale 前奏與終章
／陳昭南　167

第 8 章　圍繞著台灣民主黨的爭論／洪哲勝　173

第 9 章　邁向群眾運動的三年／洪哲勝　185

第 10 章　思想成長和機會主義之間——許信良個案分析
／洪哲勝、林哲台　193

第 11 章　被壓迫者的啟蒙—革命的第一步
／洪哲勝、田台仁　207

第 12 章　淺談盧梭及洛克的民權思想—兼論人民抵抗權
／洪哲勝、吳志剛　233

第 13 章　社會發展的規律／洪哲勝、黃再添　253

第 14 章　勞工運動—台灣革命的第二階段
／柯柏、洪哲勝　267

緬　懷

洪 哲 勝

亡秦者，楚也

序言

「亡秦者文庫」是爲了紀念洪哲勝而準備出版的一系列書籍。

楚也過世後，他的藏書、寫作、剪報，各種資料，數量之龐大，可造冊的就超過數萬筆。這些寶貴資訊，經袁志君與陳宜妙兩位小姐，在陰暗潮溼充滿霉味的破舊車庫內，挖出來掃描、整理。

這個大工程，已逐步數位化進行中。經編撰後，即可出版，成爲洪哲勝紀念專輯－「亡秦者文庫」。

文庫的第一本已經出版了。

《不流血的戰役》這本書是早在洪哲勝沒去世前就開始編撰，前後進行好幾年，卻一直拖。直到他過世後，爲了完成洪哲勝的遺願，陳宜妙和劉格正，以及勞陣一起工作的朋友們，重新拾起這工作，積極整理未完成部分，所以很快在二〇二一年五月出版。在序中特別提到紀念洪哲勝的積極意義。此書由紐約台灣研究所及台灣勞工陣線共同出版。

（書籍資料可參閱下方網址：https://reurl.cc/MbeZRn。）

第二本：《鮭台－鮭潮回台破黨禁》

從 1986 至今業已經過 36 年了。戒嚴法解嚴、開放黨禁、衝破黑名單、結束海外運動。台灣人的運動經過各種考核，既進步又成熟。然而，回顧 36 年前的台灣島內外形勢，很多歷史借鏡都是我們不能忘記，且認爲可永遠當作啓蒙的參考。

從挖掘洪哲勝藏書檔案中，有關「鮭台」專案的收集，非常詳細、齊全，光針對這些收集就值得出版成單冊，可成爲熱心研究台灣運動史的寶貴資料。

除了有關「台灣民主黨遷黨回台」專案當年的剪輯資料，我們也收入鄭昕教授所寫的文章。此文經由專家翻譯、概括在本書中。2015 年，洪哲勝、黃再添在紐約與鄭教授就台灣人運動、台灣革命黨及「遷黨回台」、中國民運等歷史議題，進行深度對談。

她的切入點是由亞洲人華語語系族群來看台灣人運動到底是啥樣的性質？民族或種族矛盾？民主矛盾？階級矛盾？反帝並反殖的矛盾？以鄭教授的角度來看海外台灣人的運動，可說是一篇從美國學術界的觀點切入、剖析並補滿在美國亞洲人政治活動欠缺的一角，尤其特別深入討論一般人幾乎完全忽略的台灣革命黨之理念，與海外台灣人運動的起落沉浮，是一篇非常客觀的史料總結。

所有重大運作之背後，都一定有縝密深思的理論依據。

「台灣革命黨」是洪哲勝一手主導建立起來，主張台灣建國的政治團體。然而，事後聰明地回顧，近乎夭折的短暫黨壽，是刻意安排，與整個運動觀有關。

「台灣革命黨」在台灣運動史上一直不占有任何席位。然而，如曇花一現，從醞釀、聚集成立，到經過黨員會議的程序，然後公開宣布解散。短短不到五年，「台灣革命黨」所主張的不是舞槍弄棒的武裝起義，而是讓嚴重欠缺動能的海外運動，借「革路線之命」找到新活力，迅速、徹底改造了數十年積存的慣性。就是說，要革高唱「台灣獨立革命」已 40 多年的運動觀，轉化成為「回台」有力的行動，因此新軌道、新方向也很快的出現活力。

這段過程，經中研院許文堂教授諄諄誘導的訪談整理，把台灣革命黨的前生後世，順暢融匯於海外運動史中。台灣革命黨的自我解散終究導致海外運動史畫下句號。這才是正確的，本來就應該這樣，畢竟：「革命沒有進口的！」

洪哲勝長期不斷的思考、腦震，包括群眾運動的理論、啓蒙的方法、民主概念等，都呈現在本書內。光比較革命黨成立前的台灣島內、外的情勢，就立刻知道，台灣革命黨所帶來的運動觀與方向，確實是革命性的。其中最重要的就是以 1986 年 5 月 1 日「鮭潮回台破黨禁」的「遷黨回台」專案設計，絕對是開啓整個日後新運動方向的分水嶺，產生核彈級的震撼，讓利用白色恐怖霸占台灣長達 40 多年，且有美國白宮支持下的蔣家政權，能因此開放黨禁，終止戒嚴令，甚至最後拱手讓出總統位置。

本書結構分成三大部分。第一部分是「遷黨回台」從醞釀到結束整個過程的史實記錄與分析。第二部分就是當時各報社報導的參考資料。第三部分是把形成「遷黨回台」的相關思考依據與理論分析，一氣呵成完整收集。

本書承蒙數位同志承擔所有出版費用，在此向他們致上無限感謝。出版本書的過程中，受到中研院許文堂教授，以及王雲程、王士銘、歐瑋群、艾琳達、陳昭南、呂昱、陳宜妙、袁志君、鄭妙音、李麗萍、劉格正、黃再添、田台仁等同志先進不斷鼓勵、幫忙，共同腦力激盪，才能讓本書順利出版，特此致意。

洪哲勝紀念文庫編撰小組
紐約台灣研究所
2022.02.22

赤子心－洪哲勝博士

(1939.10.14－ 2020.12.19)

要走也(ma3)走未(be3)開

洪哲勝

外來的強權
雖然有夠嗆 (chheng3)
未當 (dang4) 征服咱的心
一個一個倒倒去

還未有國界
台灣就在 (ti3) 彼 (hia1)
無國旗也 (ma3) 無兵仔
台灣就在彼

伊是美麗島
愈看伊愈美 (sui4)
要 (beh1) 走走未開
準作我離開
我心猶原還在彼
台灣美麗島
我心還在彼

若 (na3) 是有人著 (teh4) siao4 想
拼命我也衝
保衛台灣美麗島
死也甘願
啊
要走也走未開
美麗島，台灣

【附註】聲調符號用北京話的四聲聲調。

亡秦者，楚也！

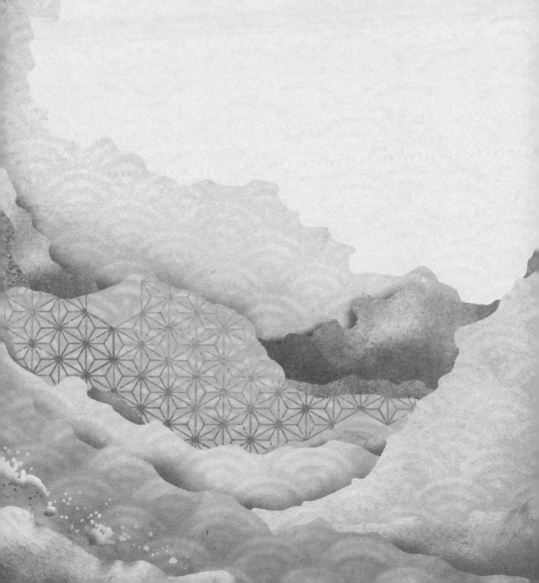

亡秦者，楚也！

田台仁

就是這樣充滿令人驚訝的傳奇人物——擁有工程學術背景的水利專家，自稱左派的台獨人士，且終生獻身於台灣建國運動。

從台南一中畢業後，洪哲勝就被保送進入國立成功大學土木工程系。1962 年以第一名畢業，1963 年至 1967 年在水利系擔任助教，1968 年，赴美深造，1975 年取得美國科羅拉多州立大學（CSU）土木工程博士學位，隨後在波士頓工程顧問公司擔任高等工程師。不久，他放棄優渥的專業待遇，專力於台獨工作。

洪哲勝長期主張台灣獨立，加入了美國台灣獨立聯盟，負責編輯《望春風》、《台獨月刊》，並擔任過《台灣公論報》負責人。1984 年，洪哲勝脫離台獨聯盟，創立台灣革命黨，並擔任總書記。

洪哲勝以「赤子心」筆名撰文宣傳人本思想與民主理念，展現濟世救俗，悲天憫人的胸懷。在海外陣營內，他經常被稱爲台獨左派；但對高舉無產階級革命的台灣左派，洪哲勝被視爲只是扮左傾的假革命走資派。

論左右，他從不像那群徒眾滿嘴教條式；反而，他強調概念建構——會引經據典深入淺出解讀；會和你討論辯證法「正反合」中的「質變與量變」；會申辯《資本論》中資本集中過程與剝削等基本概念關係。對他而言，社會主義思想既非絕對眞理，更非宗教，而是救人濟世哲學中的一種。

這些基本人道概念引導他參與台灣民主化運動，方法上不但著重於推翻蔣家政權，也同時關注於政治運動需要讓廣大群眾參與，喚起群眾力量，而不僅侷限在政治選舉而已。他大力推廣群眾路線與啓蒙運動。印行一系列的出版品：黨外運動時期工農陣線的提倡，以及爭取勞工福利的各種抗爭，都源出此一運動的概念。更因此，才有 1986 年 5 月 1 日在紐約發起的「遷黨回台」運動——這運動開啓了台灣民主化運動的新篇章，讓台灣正式進入政黨政治階段。

不過，他明知一旦民族主義掛帥，民主概念是不可能成長的。然而，他在人生後半段，竟然悖逆「民主概念」在「民族主義」前提下共存的不可能性，貿然推展中國民主化運動，無視民族主義對中華人民意淫的嚴重程度，可見他確實病入膏肓地罹染天眞病。他相信爲數億中國人帶來民主制度，可能是確保台灣未來安全的最關鍵因素。

能說他錯嗎？沒有！僅能說他不適合當搞政治鬥爭的革命家，更不是參與選舉的政治職業者，僅適合當民主概念的傳播者。他，就是「赤子心」的人道主義者，將一生透過「赤子心」獻給台灣與亞洲的民主化運動。

《聖經提摩太後書 4:7-8》「那美好的仗你已經打過了，當跑的路你已經跑盡了，所信的道你已經守住了。……從此以後，有公義的冠冕爲你存留。」

《自由廣場・赤子心洪哲勝》2020.12.26，
https://talk.ltn.com.tw/article/paper/1421433 。

第1章
如何超脫「以暴易暴」的革命輪迴

如何超脫「以暴易暴」的革命輪迴[1]

洪哲勝

「以暴易暴」的革命輪迴

一場以本土化及議會民主化為目標的光榮革命，正席捲著今日的台灣。外來政權正在蛻變成本土政權，以往的威權不再靈光，人民大眾、大資本家，以及中、小企業主，一律要求民主，民進黨和國民黨中的進步人士，無不要求民主，即使連郝柏村、李煥之流最最反動的外來政權殘餘份子，也競相要求民主。

儘管既有南腔、又有北調，這畢竟是一場熱鬧無比的民主大合唱。儘管既有笑科、又有武打，這畢竟是一場偉大的不流血革命。

然而，歷史上不乏其他偉大的革命。

中國的辛亥革命不能說不偉大，但是，取代滿清外來政權的卻是割據稱雄的本土軍閥。國、共合作的北伐革命不能說不偉大，但是，取代軍閥割據的卻是吸取民脂民膏的蔣、宋、孔、陳四大家族的國民黨政權。中共的農民革命不能說

1 摘自洪哲勝編《群眾自救理論》。

不偉大，但是，取代國府的卻是集權統治的官僚階級。

俄國的十月革命不能說不偉大，但是，取代沙皇的卻是以史達林主義為特色的官僚集權統治。當代俄國人民光榮結束蘇共統治的革命不能說不偉大，但是，取代蘇共鐵腕統治的，大概脫離不了資產階級的金權政治。

美國的獨立革命不能說不偉大，但是，取代日不落國殖民統治的卻是資本家及種族主義者的「民主」政治。黑人經過一、二百年的鬥爭，才取得與白人同車共座的機會，才取得與白人等值的投票權。而一般大眾，至今卻還跳不出資產者的手心：雖然擁有與資產者一樣的選票，卻也只能在以資產者為後店的主要候選人名單中加以圈選，而聽任這些當選人替其背後的老闆們賣力。

歷史上所有這些偉大的革命，並沒有解放社會上的廣大被壓迫者。相反地，一家、一姓的舊專制，被另一家、另一姓的新專制所取代了；居於少數地位之舊階級對於人民大眾的壓迫，被另一個同樣居於少數地位之新階級對於人民大眾的壓迫所取代了。被壓迫者不管是被強迫還是自發地在如火如荼的戰鬥中獻身賣命，到頭來仍然歸位於被壓迫者。——革命竟這麼一而再、再而三地脫不出「以暴易暴」的歷史輪迴。

我們敢預言，在任何一個具有一定程度工業化的國家，只要封建性的威權政權一命嗚呼，取代其統治的，終將是資產階級的金權政治。全世界已有不少國家有過這種經驗。和台灣革命最相類似的美國革命，就使政權本土化，也使政府議會民主化；[2] 而其結局則是：資產階級運用它所取得的「民主」及「自由」，玩其金權政治，塡補權力之眞空。而人民大眾雖也「平等」地擁有一張選票，卻選不出能夠眞正爲他們伸張正義的民意代表。[3] 不管咱們喜歡與否，台灣這一場光榮革命所會帶來的，註定是資產階級的金權政治。

然則，革命眞的永遠脫不出這種「以暴易暴」的歷史輪迴嗎？也就是說，被壓迫者永遠出不了頭嗎？

超脫輪迴的兩個充要條件

要煮好一道當歸鴨麵線，首先必須擁有當歸、鴨、及麵線。如果上述三樣不是樣樣俱備，多厲害的廚師，也煮不出這道菜。可見，當歸、鴨及麵線，乃是烹煮當歸鴨麵線的必要條件。但是，有了這些必要條件，並不保證你可以煮出一道當歸鴨麵線：也許你煮出來的只是當歸鴨、當歸麵線、或鴨麵線，甚或是當歸鴨麵糊。即使你煮出一道當歸鴨麵線，也未必是一道上乘的當歸鴨麵線。這就牽涉到你烹調手藝的

2 政權本土化及政治議會民主化：這就是通常所說的「民族民主」革命，而這個時期的民主任務，乃是「資產階級的」民主。只有永續革命才能有效地加速催生「徹底的」民主制的前提條件，並最終達成全民民主。

3 民主、自由、及平等：資產階級要走上歷史舞台的中心，就要借助於民主、自由、及平等。這些雖然還不是徹底的民主，卻也給人民大眾提供了大好的條件，來進行下一階段革命的準備工作。因此，咱們絕不可以敵視資產階級民主，而是要在揭露它的表面性、片面性、以及虛偽性的同時，全面地加以利用，來為徹底的民主制鋪路。

高低。

可見，要煮好一道上好的當歸鴨麵線，不但要有必要的條件——當歸、鴨、及麵線——，而且要有適當的方法——烹煮這道菜的好手藝。

同樣地，每一個社會都有它一定的物質條件，這些條件制約了變革的可能範圍，只有在這個可能的範圍之內，革命家、被壓迫者才能一展雄才。任何超越這個範圍的企圖，到頭來都只能是一些烏托邦的空想：在一個只能提供奴隸制度的社會中，革命家、被壓迫者無法把它塑造成比它來得先進的封建社會；在一個只能提供封建制度的社會中，革命家、被壓迫者無法把它塑造成比它來得先進的資本主義社會；同樣地，在一個只能提供資本主義制度的社會中，革命家、被壓迫者也無法把它塑造成比它來得先進的社會主義社會。[4]

當然，即使社會條件提供了被壓迫者出脫（台語：有破

4　社會革命有它發生的必要條件：科學的社會主義認為，只有當資本主義社會充分發揮它的進步性，而社會的進展迫使它變成社會生產力進一步發展的桎梏時，資本主義制度的舊形式，才不再適應社會的新內容，於是，社會主義便順理成章地取代資本主義社會。十月革命以來，蘇聯、中國，以及東歐各個所謂的「社會主義」國家，並沒有走過上述的歷程，而各該國家的一些社會主義革命家，卻想人為地強行跳過資本主義的「成—住—壞—空」的過程，主觀地推動他們所嚮往的社會主義，其結果是大家所共見的：這些革命家在資本主義的土壤上面強行培植起來的社會主義樹苗，敵不過社會發展的科學規律，一棵一棵枯死了，取代這些枯木的，就是資本主義的樹苗。有人說，這些「社會主義」國家的崩潰，證明馬克思主義——即科學的社會主義——的破產。筆者認為正相反，它證明後者的威力。而現實的問題在於：當立即實行社會主義的物質條件還不具備的時候，社會主義者既不願隨波逐流，也不想流於空想，他應該怎麼辦？

繭而出的意味）的可能性，被壓迫者能否出脫，能否很好地出脫，還要看推動這一場變革之革命家的方法高明到什麼程度了。

咱們不希望台灣即將來臨的另一場革命，也和歷史上的一切革命一樣地淪於「以暴易暴」的輪迴。不過，希望歸希望，能否達成還決定於台灣的社會條件有沒有提供咱們這麼一個可能性，以及是否存在著什麼樣的方法，可以使革命的群眾從此超脫這個輪迴，走上自救的康莊大道。

然則，台灣的社會物質條件如何呢？

徹底民主的條件已經具備

由於工業化的結果，爲數眾多的農村子弟，已經從閉鎖的農村，湧入訊息交流非常迅速、廣泛，而又頻繁地開放的都市。即使在以農村爲主的非都市地區，也由於交通普及和傳播媒介的無所不在，而變成都市的邊緣地帶。

由於全民性的「民權」教育──儘管它含有大量虛假的成分──，由於本土性民主運動的衝擊，由於不間斷選舉運動的歷練，更由於人民親自以遊行、示威、罷工等等行動，撼動外來政權的統治基礎，台灣的統治集團不得不本土化、不得不民主化。這就使得人民逐漸意識到「民主天經地義」及「參政理所當然」的道理。

此外，民眾到外國參觀旅遊的普遍化，以及長期居留外國之僑民的大量回歸，都大大提高了民眾的世界規模的認識。

其結果是：在威權政權體質敗壞的過程中，群眾運動在各個領域——學生、勞工、環保、婦女、原住民、以及本土文化等等領域中，無不一一興起。連一向被獨裁政權用來宣達政令、控制人民的機制——里民大會，也頗有一些自主地行動起來，為維護自身的權益而奮力一搏。

在人類的歷史上，從來沒有看到過這麼高水準的被壓迫者：人口眾多、教育普及、認識廣博、意識強、意願高、力量大。而他們所身處的台灣又小得像一個都市。

在這樣的條件下，台灣的被壓迫者當然有可能運用他們手中已經擁有的民主、自由、以及平等，來進行永續革命（permanent revolution），克服金權政治，邁向徹底的民主了。

被壓迫者的心態

那麼，辦法在哪裡呢？

為擬訂對付辦法，咱們必須確定台灣被壓迫者的問題及其關鍵何在。而為確定這個問題的關鍵，咱們須先考察被壓迫者的一般心態。

事實上，壓迫者對被壓迫者，除了加以壓迫、役用外，還加以剝削；而且，除了物質的剝削之外，還有精神意識的剝削。比較隱晦而又嚴重的乃是精神意識的剝削。因爲它使被壓迫者，一、或者不知道他們正在遭受壓迫，[5] 二、或者知道被壓迫而找不出被壓迫的眞正原因，找不出背後的眞凶，[6] 三、或者知道被壓迫的原因卻找不出解除這些壓迫的可行辦法，最後不得不接納「受壓迫沒有什麼了不起」，乃至「壓迫有理、被壓迫活該」的觀點而達成其心理上的和解。[7]

這種精神意識的剝削，使被壓迫者變成物品，變成商場上「具有勞動力、會說話」的商品，變成追求個體利益的

---

5 被壓迫者不知道他們正被壓迫：舉三個例子為證。一、頗有一些人真的相信一個國家必須有一個國語，而台灣的國語應該是北京話，同時，在台灣的校園及正式場合禁絕一切本土語言，不但是政府的權利，也是它的義務；二、頗有一些勞工自認無權罷工，員警可以肆意制裁罷工的工人，而在與外國廠商從事國際競爭時，應該退讓犧牲的不是資方的利潤，而是勞工活口的工資；雖然這些乃是對工人的壓迫及剝削。三、頗有一些人真的相信，中華人民共和國既然曾經在中國打敗過國民黨政權，它就對台灣擁有主權，而且這個主權已經得到世界上絕大多數國家的承認——全是一派胡言，因此，台灣人民無權自決獨立，如果台灣獨立，中國當然有權動武；雖然中華人民共和國對台灣的主權要求乃是一種民族壓迫。

6 被壓迫者找不到真凶：有些人知道自己遭受壓迫，但卻認為壓迫是一種非常正常的社會現象，要不然就把壓迫的原因歸於員警水準太低、治安人員枉法、特務人員徇私、黨工人員攬權……或者統治者被小人包圍。總之，他們只看到壓迫的表面、支末，而看不到壓迫的根源；他們只看到奉命行事的劊子手，而看不到劊子手背後的真凶——外來或資本統治集團。

7 被壓迫者接納「壓迫有理」的觀點：被壓迫者一方面缺乏分析的能力，二方面害怕因為反抗而成為政治犯，往往全盤接受壓迫者灌輸給他們的觀點，從而認為政府長期壓低糧價、犧牲農民的利益，是為了工業化，政府壓制工人的組織及罷工，是為了治安、為了發展台灣經濟，政府打壓台獨份子及其思想，是為了防止中華人民共和國的對台動武，而所有這些都是合理的措施而不是壓迫。這樣想，被壓迫者就覺得心安理得了

動物。[8]比較「積極的」，便設法改善自己的現狀，力爭上游，通過學歷、事業、賺錢，及做官的途徑，使自己躋身壓迫者集團，以對別人的壓迫來報復從前被別人的壓迫。比較「消極的」，便對一切壓迫逆來順受，做一個只求不爲自己惹來麻煩的順民。更可怕的是，還有一些人竟對自由發生恐懼感，甚至享受起被壓迫的快感！[9]

被壓迫者集團的多數人，就這樣子變成了沒有知覺的、無力的、以「使自己上升爲壓迫者」爲目標的、及／或阿Q心態的順民。這些人未必覺得自己被壓迫痛苦，有的甚至因而感到快樂無比，並對壓迫者感恩圖報。

當然，不管壓迫者多厲害，被壓迫者集團當中，一定會有少數人由於意識到被壓迫的事實而深感痛苦，他們不願意再沉默安分，而要出聲喊出來；他們不願再奉命行事，而要

8 被壓迫者變成物品、商品、及追求個體利益的動物：在資本家的眼中，工人乃是一個和機器一樣會帶來利潤的物品，如果用一台機器可以取代二十個工人而綽綽有餘，資本家會毫不遲疑地辭掉二十個工人以便使用這台機器，如果別的工人（譬如外籍勞工）叫價較低，資本家會毫不遲疑地轉而購買這些工人的勞動力，這就使工人變成物品、變成商品。而工人竟然不知道合作爭取集體的利益並進而合作改造整體社會，使他們回歸人的地位，卻反而削價（指降低工資）求售，成為不折不扣的、純粹只知道追求個體利益的動物。

9 被壓迫者變成順民、對自由發生恐懼、對被壓迫產生快感：有「二二八」經驗的老一輩台灣人告誡其子弟不要參與政治，就是被壓迫者變成順民的現象。頗有一些人認為如果勞工可以自由罷工、人民可以自由批評政府、台獨份子可以自由宣傳其理念，天下必將大亂，因此，自由要不得！這些人對自由產生恐懼感。更有人認為：要不是政府強迫施行國語教育，語言怎能統一；要不是政府壓低糧價、壓制勞工，台灣的經濟怎能起飛；要不是政府把異議者當作政治犯加以逮捕、加以監禁，台灣哪會有今日的安定——他們對於壓迫竟然產生絲絲的快感！

自做主張；他們不願意再模仿成規，而要自我創造；他們不願意再駐足旁觀，而要主動進取。換一句話說，一定會有少數人對於自己所屬集團所受的壓迫及剝削感到痛苦及不滿。這些人在找到被壓迫、被剝削的眞正原因之後，進一步（自以爲）意識到變革現狀所會遭遇的困難，同時（自以爲）找到反抗壓迫、剝削的方法，並著手進行革命，意圖解放自己，以及自己所屬的占人口多數的被壓迫者集團。

然而，即使在這一小群革命者當中，也存在著嚴重的危機。這些人所接受的是壓迫者所提供的教育，這些人所身處的是壓迫者的意識形態流行的社會，而他們所用以反抗壓迫者的手法，又往往是壓迫者用來統治、支配他們的方法的翻版。換一句話說，他們受到壓迫者精心設計、刻劃、雕塑出來的社會現實及意識形態的嚴重汙染及制約。壓迫者的意識形態深深地銘刻在被壓迫者的心上，使得被壓迫者儘管非常反對壓迫者的思想及行動，而其本身的思想、心態、以及言談及行動之類的行爲模式，卻與壓迫者一模一樣！

正是由於這個原因，當人民響應這一群革命者的號召並獻身出來，聯手把壓迫者推翻以後，這一群革命者就自然而然地在一夕之間變成新的掌權者、新的統治者、新的壓迫者、新的剝削者！或許在統治的細節上面會有點滴的改革，但其壓迫者的心態，基本上也和他們所推翻的前任統治者沒有本質的差別。[10]

10　革命者在奪權後變成新的壓迫者：史達林主義者對待異己的無情整肅，

這種看起來屬於人民、以人民名義推動的(of the people)革命，實際上出力賣命的是人民（by the people），而結果，革命的利益卻歸於領導者（for the leader）。這絕不是一場貨眞價實的革命，充其量只能是私人革命（private revolution）。

可見，這一小群革命者在主觀上認爲自己是在從事革命、從事一場有力的正義鬥爭、目標是要解放一切被壓迫者。而客觀上，其結果卻不免淪入「以暴易暴」的歷史輪迴。這種有力感是虛假的有力感。這種革命只能是一種幻覺。人們不可能通過這種私人革命來達成大眾的解放。[11]

與沙皇何異？毛澤東「句句真理」的一意孤行，與反動的國民黨政權差不多，而取代毛澤東的鄧小平，也樂於南巡北遊、頒發聖旨，寧可依靠自己靈光的腦袋，不願訴諸人民大眾，成了另一個毛澤東。而中共領導人對越南的「懲罰」以及對台灣的不肯做出「不使用武力」的承諾，又與封建帝王的霸權主義有什麼不同？即使在咱們自己的獨立運動史中，咱們也親眼目睹滿口「反特權、爭民主」的革命家，利用他們「執政」的機會，不守行政中立的原則，用盡辦法舞弊並操縱選舉，以圖主席席位不落入異己手中。而大家所深寄以希望的民進黨中，也有人利用人頭黨員來使自己順利通過黨內初選，也有人買票、內鬥……正如資產階級民主比封建制度進一大步，民進黨取代國民黨執政，也將是一大進步。然而，只有當被壓迫者做好下文所提到的準備工作，民進黨才不會再成為一個新的壓迫者。因此，咱們一方面要支持民進黨來粉碎封建的殘餘，另一方面也要防止民進黨蛻變成新的壓迫者。

11 革命者無異於壓迫者：台灣的革命者毫無例外地接受了一二十年的壓迫者欽定的教育，在風氣敗壞的台灣社會混度過漫長的日子，耳濡目染壓迫者的一切作為而潛移默化， 有的甚至和壓迫者同過流、合過汙。台灣統治集團的醜惡心態，幾乎原版不改地印在他們的心上，甚至進入他們的潛意識。因此，這些人儘管在主觀上自以為是在拯救人民，是在推翻壓迫者使人民擺脫壓迫及剝削，其實，他們辦事的心態和作風，卻和統治集團不相上下——他們反對國民黨的壓制異見，但是他們也在壓制他們眼中的異見，不但封鎖異己的言論，不讓他們公平地運用大眾講壇，甚至在背後放謠言、放冷箭。這些革命者平時往往開口民主、閉口多元價值觀，一旦被人批評，就把這些理念忘得一乾二淨。——可見，

要超脫歷史輪迴群眾必須自救

以上的討論應該足以說明這兩點：一、徹底民主的實現不是任何時空的社會都可以達成的，而它所非有不可的必要條件，在今日的台灣已經具備。二、徹底民主的實現不能僅僅依靠一個偉大的反對黨的奪權來達成；它還需要一種群眾自救的機制，正是通過這種機制，革命才能超脫「以暴易暴」的歷史輪迴。

哪一種群眾自救的機制呢？咱們不妨從底下三個方面來加以探討：一、革命者，二、群眾，及三、通往徹底民主的過渡。

一、革命者的自清

革命不可能是第三者對被壓迫者的施捨，群眾必須自救。然而，群眾不可能在一夜之間忽然自覺起來、忽然行動起來，它的啓蒙、它的引發、它的引導，在在需要革命的精英。然而，正如上文所述，革命的精英無不或多或少地浸染了壓迫者的意識形態，即使在反抗壓迫者的時候，也不免亦步亦趨地效法著壓迫者——這樣的革命者怎能啓蒙、引發、

有些革命者儘管在心裡頭、在口舌上最反對獨裁統治，他們的心態卻像極了這個統治集團。單純地、或者主要地依賴這些人來策動革命，即使有朝一日真的把壓迫者推翻，則人民可望看到另一個獨裁政權上台。這只能算是一場私人革命，超脫不了「以暴易暴」的歷史輪迴。

引導群眾呢？

難，非常難，但是絕非無救。

首先，革命者必須自省、認識而且承認：即使是像他這樣一心一意要革命的人，其心靈也或深或淺地烙印著壓迫者的意識形態；在革命的過程中，他很有可能會在無意中不自覺、有樣學樣地踏著壓迫者的足印前進；在推翻統治集團——大抵是用選票吧——以後，他很有可能跟他今日所反對的壓迫者一樣地壓制人民群眾。

有了這種認識之後，革命者必須經常努力地排除潛藏在他心中的壓迫者的陰魂。具體地說，革命者必須經常從各方面來自我考察，尤其是來自敵人或競爭之對手的批評和攻擊，看看自己是不是在無意中模仿了壓迫者的作風辦事：我的心胸狹窄如壓迫者嗎？我像壓迫者那樣壓制不同意見嗎？我像壓迫者那樣迫害政治異己嗎？我像壓迫者那樣優容、包庇犯錯的同志、並用謊言替他解圍嗎？我像壓迫者那樣施行家族統治、專制統治、或特務統治嗎？我像壓迫者那樣運用不成熟的邏輯觀念來思考、來做決策嗎？……——用這樣嚴格的自省，用最大的決心，把統治集團留在咱們內心裡頭的陰魂驅趕出去！

這件工作說來容易，做起來可就既不簡單、也不愉快了。因爲，咱們這一顆被汙染的心，往往自以爲潔淨無比，對於自己所做的壞事，往往可以找到一打以上的理由來替自己辯護，從而妨礙了自省的工作。譬如說，當自己受到批評時，咱們會冠冕堂皇地認爲這種批評不利革命而予以封殺。此時，咱們往往自以爲理直氣壯，而無法看出自己像極了壓迫者。

革命者的純淨化不能光靠自省，他還需要設立種種制度化的大眾監督機制，使群眾暢所欲言，隨時隨地揭露革命者有意無意的劣行，並且通過有效的管道加以警告、制裁。

自省及大眾監督機制的運作可以促使革命者個人逐漸擺脫壓迫者的陰魂，使革命者純潔起來。這兩個辦法同樣必須擴大而應用於革命者所屬的組織，以及整個革命陣營。只有當這個自我清洗的過程有效達成時，台灣才會有一個眞誠而又純潔的革命領導，咱們才能在推翻統治集團之後，踏出正確的第一步——這一點是極其重要的：在取得政權時，站在領導地位的革命者及其成員的純潔性，將深刻影響其後台灣變革的走向和速率；因爲，奪權以後的社會面對統治集團的復辟企圖，一定是動盪不安，廣泛的民主不可能短期一下子付諸實行，領導者一定程度的專斷是避免不了的，這就使得領導者的純潔性，不能不起其極端重要的作用，不管是正面的、還是負面的作用。

二、群衆的啓蒙

有了眞誠而又純潔的革命領導者集團，政權更新之後，才有可能走出比較正確的第一步。然而，革命的動向，則主要決定於台灣社會本身的條件，尤其是台灣人民本身的政治覺醒度。換一句話說，領導者主觀上的思想、言論、以及行動，只能或大或小地影響變革，而不能對它起決定性的作用。包括領導者相當專斷的第一步在內，變革的動向將嚴重地受著台灣社會條件的制約。假如群眾已經有了相當程度的覺醒，領導者比較不敢或不會踏出歪離正道的第一步，而且，即使這第一步踏歪了，群眾也會有意願及能力把它拉回正道。

假如群眾的意識未開，在爭取更新政權的過程中基於革命需要而被有意無意地推到極崇高地位的領導人，即使不想神化自己，不想搞人治，大概也一定會在人民的膜拜下，陶陶然、飄飄然地自以爲是高人一等，而大搞人治了。[12]

可見，一場貨眞價實的革命，不只需要準備更新政權，而且要步步爲營地構築基礎，給新政權提供有效推動徹底民主的前提條件——群眾的普遍意識化。也就是說，革命者除了藉自省及制式監督來清洗自身，首先還必須啓蒙

12 革命領袖被無知民眾神化：革命必須集結群眾的意志，在統一的領導下才能有效摧毀統治集團。基於這個需要，革命組織及其群眾會逐漸把他們的領袖塑造成三頭六臂的人物。這是沒有辦法完全避免的事。革命成功後，問題就來了。試想，當毛澤東站在天安門的開國慶典上高聲宣稱什麼「中國人民站起來了」時，他看到的是百萬人民對他的頂禮膜拜，他聽到的是百萬人民對他的三呼萬歲。這時，真正站起來的，不是億萬的中國人民，而是毛澤東本人和他身旁的戰友同志！後來他又聽到人民對他的歌頌，説什麼毛澤東是東方的紅太陽，而他的話字字真理、一句頂一萬句。這時的毛澤東如果不因而躊躇[ㄔㄡㄔㄨ]滿志、得意忘形、而顧盼自雄、並自以為是神的話，那才是天下的第一怪事呢！可見，毛澤東的神化，在當時中國人民低水準的條件下，毋寧是自然而又必然的事。把主要的責任放在毛澤東的個人野心會起誤導作用。台灣獨立運動也已產生了三、兩個半神，其道理同上。

群眾，使群眾自覺，使群眾提高自己的文化水準、社會意識、以及行動能力。一句話，就是要做好群眾的「醞能」（empowerment）工作。[13]

通過比「社會－文化革新」（socio-cultural reformation），部分——即使是少數——的群眾得到醞能，有了能力，參與了革命，終於達成「政治奪權革命」（political power revolution），而更新政權。由於此時台灣已經擁有一股自覺的民眾所組成的社會勢力，當領導者有誠意、走正道時，這股勢力便成為建設新社會的巨拳，如果領導者缺乏誠意而背離革命的理想，這股勢力就可以產生有效的監督作用，箝制領導者，必要時，甚至更新這個領導者。

政權更新後，最重要的工作便是運用已經掌握在手中的國家機器及國家資源，從事一場普遍的「社會－文化革命」（socio-cultural revolution），全面地洗清多數人民心中那個歷史遺留下來的陰魂，使這些名義上是社會主人、心態上還是俯首貼耳唯命是從的小老百姓的多數人民得到「醞能」（empowered），使他們提高自己的社會意識及文化水準，使他們逐漸擺脫被動，逐漸參與政治，並通過政治參與，擺脫名義主人的身分，堂堂正正地遂行起社會主人的權利。

只有在社會－文化革命的基礎上，人民才會有能力一勞

13　群眾的醞能（Empowerment）：像釀酒一樣地使群眾作為社會主人的「能」力——思考能力及行動能力——逐漸「醞」釀出來。這是群眾自救的不二法門。任何群眾運動都不能單單注意個別訴求的達成，還必須使其行動具有給群眾醞能的功能。

永逸地防止社會公僕的轉化成爲騎在人民頭上、向人民喝起喝倒的官老爺；才能全面而且深刻地展開一場波瀾壯闊、全面性的「社會—文化—經濟—政治改造工作」（socio-cultural-economical- political reconstruction）。

這裡可以看出，沒有人可以把民主恩賜給不自覺的人民，只有當人民自覺，人民才有可能眞正而且久遠地掌握民主，並達成眞正意義上的自我解放。

可見，革命乃是人民自己的事業，乃是人民必須親自動腦筋來想、動手來做的事業，別人是無法代勞的。既然如此，催生這場眞正革命的工作秘訣只能是如此：它不在於「替」人民或「爲」人民（"FOR" the people）思考，把自己思索出來的錦囊妙計灌輸給人民，叫他們囫圇吞棗地接受，叫他們依樣畫葫蘆地照辦，而在於和人民「一起」（"WITH" the people）思考，使人民在思考中得到革命者的啓發，逐漸掌握思考的方法，也使革命者放下身段，向群眾學習；它不在於「替」人民、「爲」人民工作，而在於和人民「一起」工作，使人民在工作中得到革命者的啓發，逐漸掌握工作的方法，也使革命者驗證並豐富自己的工作方法；它不在於「爲」人民生活，而在於和人民「一起」生活，使人民在生活中得到革命者的啓發，逐漸理解生活的意義並提高生活的品質，也使革命者深入群眾、融入群眾、了解群眾，從而有效地和群眾「一起」思考、「一起」工作。

——當人民學會自己思考時，他們便能分析自己所面臨的一切新形勢，提出有效的解決辦法；當人民學會自己工作時，他們便可以很好地把自己的構想、方案付諸實行；當人民學會自己生活時，他們便會堂堂正正地過起社會主人的生活了。只有這樣子，人民才算眞的站起來，人民才能消除一切壓迫及剝削，而強有力地解放自己。

假如不這麼辦，革命者好心地處處代勞，「替」人民思考、「替」人民工作、「爲」人民生活，則人民在革命的過程中沒有得到鍛鍊，即使政權更新，人民照樣不會思考、不會工作、不會生活，人民只能照舊做別人的信徒、做別人的跟班，把自己的前途完全寄望在領導者的善意上面，而做不了主人。於是，新的壓迫者取代舊的壓迫者，人民所爭取到的，充其量只能是形式上的民主、半吊子的民主。這樣的革命只是一種幻覺，徹底民主的革命目標達不到，革命落入「以暴易暴」的歷史輪迴！

從上面的討論可以看出，革命的過程，根本就是一個最大規模的教育過程，而革命所要求的教育必須能達成革命者與群眾互相啓發、互相教育的功能。這就要求用鼓勵質疑的對話式教育取代填鴨式教育，用腦力激盪式（brain storm）的自由討論來取代教員對學員的傳統式的單向傳授。當人民大眾敢於質疑、敢於思考、敢於獻策，並且能夠在實踐的基礎上從事反思、驗證方案、辯證理論時，人民的能力就得到提升、得到充實，進而善於質疑、善於考證、善於獻策，並善於行動！

總而言之，革命少不了精英份子，但是精英主義卻是要不得。[14] 精英必須和人民一起思考、一起工作、一起生活，並且必須採取對話式的教育，與群眾在實踐中一起賦能、一起達成群眾的自救！

三、通往徹底民主的過渡

革命硬體——人民大眾——意識化的重要性、過程、以及辦法已如上述，現在就來討論革命軟體——過渡到徹底民主的具體政治措施。

台灣不久就要進入一人一票的議會民主了。有人認爲，一人一票就是全民政治、就是徹底的民主制，一切問題都將迎刃而解，還談什麼通往徹底民主的過渡呢？這種想法是膚淺而且危險的。說它膚淺，是因爲它只看到民主的「形式」，沒有看到這個形式包裝中的「內容」，更談不上它的「本質」。說它危險，是因爲它取消問題，從而取消永續革命，使徹底民主制的到來更是遙遙無期。

我們認爲：這種民主的形式裡面，裝的是資產階級當家的金權政治的內容，它的本質不是民主而是專政，而且是個滯礙社會進步的壞的專政。

首先，咱們看得出，社會遠不是由游離的、互不相干的個人所組成；相反地，社會分成各種不同的利益集團或階

14 精英主義：有些精英份子認為被壓迫者值得同情，又認為他們無知，便替他們設想，替他們行動，想把自以為最好的理想制度奉獻給他們。它的特色是代勞、服務、救濟，而非啓發、教育、賦能。

級。占社會極少數的資產階級，超大規模地擁有這個社會的生產資料（土地、礦藏、原料、機器、工廠等），大量地僱用各行各業的勞動者，來替他們生產利潤。社會上的多數人民因爲沒有擁有生產資料，只得出售自己的勞動力（體力勞動及／或腦力勞動），來經營、來生產、來提供勞務。這些不同部門、不同級別的勞動者，按其利益上的相同或對立，自然地形成不同的利益集團或階級。

在這種民主的社會中，一切個人及集團都依法享有「平等」的「民主」權利，而其享用這些權利的「自由」則受到他們的能力的制約，主要決定於他們財力的大小。理論上，人人都可以經營電台、電視台、通訊社，都可以辦報紙、雜誌；實際上，只有資產者才有能力擁有或控制這些傳播媒介，來爲他們的集團利益服務。理論上，人人都可以設立學校、基金會，從事文化、教育工作；實際上，只有資產者才有能力辦學校、設立基金會，免稅地從事大抵對他們的集團有利的工作。

理論上，人人都可以出來競選公職；然而，除了極少數的例外，只有資產者以及他們的代理人才有能力出來做一次有勝算的競選。理論上，人人都可以從事遊說工作（lobby）；然而，在議院的民眾接待室（lobby）中，產生力量的大抵是「紅包」，而不是「民意」，這就使人民一人一票選舉出來的民意代表，大多在「紅包」的「遊說」下爲資產階級而把「民意」忘得一乾二淨了。——其結果是：社會輿論控制在資產者的手中，意識形態的再生產為資產者服務，民意代表大多成為資產者代表，而依法制訂出來的法律，也大多用來維持既得利益者的利益。

總之，在一人一票的民主外衣裡面，資產階級通過他們無遠弗屆的金錢影響力，隨意依法剝奪了勞動人民的發言權。在這種情況底下，占人口多數的這些體力及腦力勞動者，只是社會的名義主人，他們只能在金權統治下偶爾發發無傷大體的牢騷，三不五時投票選出明知不會代表他們的、資產階級的代言人。

很多國家的人民在推翻封建的君主或獨裁的政府以後，便建立了這樣的民主制度。對多數人民來說，其結果是：走出封建、獨裁的壓迫，進入金權的壓迫。由於金錢無往不利的壟斷作用，眞正會代表勞動者平民大眾的人，在社會上出不了頭，人民大眾東挑西揀，怎麼也選不出眞正站在他們那邊的代議士；對於廣大平民有利的議案，不是沒有人願提、就是沒有足夠的人願提，或者提出而通不過；很多以國家全民的名義做出的重大決策——例如打一場戰爭，說穿了就是為某幾個大資產者的利益，對外國進行干涉、侵略……。最關鍵的是：金錢資本的代理人在議院中制定法律、在各級政府中頒布政令來維持現狀，使政府變成人民大眾追求變革的擋路石。一句話，政府變成少數資產者的奴才，多數平民大眾的官老爺；民主變成少數人的民主，少數人對多數人的隱晦的專政。

怎麼辦？難道一人一票的民主錯了嗎？

多數人政治脫離不了代議制，但是，要使代議制能作爲一股主動的力量，帶領人民走向徹底的民主，它還需加上一些修飾：第一，它必須是能夠限制金權而伸張民權的代議制；第二，它必須是兼有直接民主的代議制。

首先，咱們一定要在已覺醒的群眾施力之下，訂出一套台灣社會的新的遊戲規則，使有錢人儘管可以盡情地消費其金錢、投資其資本，卻要他們逐漸地把生產——物品及勞務的生產——的管理權和公司的股份分享給勞動者。投資者一向擁有的傳播媒介、文化、教育的壟斷權，也要加以粉碎，所有的電台、電視台、大型報紙及雜誌、基金會、私立學校等等會再生產壓迫者意識形態的工具，都要有一定程度的大眾參與及大眾控制。

爲了提高生產的積極性，國家在採取福利制度儘量使人民有餘力參與國事的同時，也要強力執行「不勞動者不得食」的政策，除了眞的沒有能力工作者外，所有的失業者除了取得應得的失業保險金，必要時，得享受免費的就業教育及職業介紹，但是卻領不到不勞而獲的救濟金。爲了鼓舞有錢人的關心、捐助公益活動，政府給予最大的榮譽，使有錢人對政治、社會、經濟的壟斷欲望，轉變爲有益社會的更高級的欲望——尊重及自我實現。

從馬斯洛（A.H.Maslow）的需求金字塔理論可以看出：愛、尊重，以及自我實現乃是基本的生理要求達成之後所會追求的東西。有錢人當然會追求全社會對他的尊重，當然會以對全社會的最大貢獻作爲自我實現。咱們看到人們對於佛光山及慈濟功德會的慷慨捐輸而沒有思圖去控制佛光山及慈濟功德會的現象，就不難同意：有錢不但不是罪惡，只要錢的使用方向正確，它反而是關懷社會大眾的資本；有錢人並沒有壟斷社會的劣根性，在一套合理的遊戲規則底下，有錢人的自我實現有可能從「壟斷社會」轉變成「貢獻社會」。[15]

這樣，咱們限制資產者在經濟、社會，及政治的壟斷，並進而引導大眾積極工作賺錢，貢獻給社會，追求最大的自我實現。在金錢政治不流行的社會，咱們不難快速地、全面地邁向徹底的民主。

其次，咱們也應會想到，並不是一切事情都會順利無阻地照著咱們的願望來發生。也許人民大眾所最渴求的政策，議會卻不去制訂。怎麼辦？也許人民大眾所最不想要的政策，議會卻偏偏給制訂出來。怎麼辦？——在這種情況下，人民大眾要不聽任他們的公僕失職、亂來，唯一的辦法就是把主權收回，採取公民投票的方式來創制法案、來複決法

15 有錢人以奉獻社會作為自我實現：筆者在美國參與台灣獨立運動的過程中，看到許多的留學生及新移民，純粹基於對台灣的「愛」，居然持續二十多年，無私地捐助這個運動，既不求利（何利可圖？），也不求名（基於保密，樂捐名單一律不對外公布！），寧可節衣縮食、刻苦自己，也要慷慨捐輸。這在馬斯洛的需求金字塔中，就叫做「自我實現」，是比追求別人對自己的「尊重」還要高一級的需求。可見，使有錢人以奉獻社會作為自我奉獻的構想，不但不是什麼天方夜譚，相反地，它不只是可能的，它根本就是現實的。

案、來複決間接選舉出來的不當人選。也就是說，當一人一票的選舉及法定的罷免程序都沒有辦法使人民意願付諸實行時，人民還有這麼一個最後的利器──「直接民主」！台灣地方小、交通發達、傳播媒介無遠弗屆、人民教育水準高，只要群眾的社會意識及行動能力有了一定程度的提高，一定可以做好公民投票的創制及複決，給全世界樹立第一個直接民主的東方範例！

徹底的民主這個最大規模的社會工程，有需要上述兩套軟體──「反金權政治的多數人政治」及「主權回歸人民的直接民主」。台灣社會一旦具備高品質人民的硬體，便可以通過這兩套軟體，首先擺脫少數人的民主，經過多數人的民主，全面地展開社會－文化－經濟－政治改造工作，邁向徹底的民主！如此一來，台灣的這場革命就會超脫「以暴易暴」的歷史輪迴，台灣的人民就可以眞正地出頭天！

結語

「以暴易暴」是以往一切革命的通則，其所以如此的原因有兩個：一、以往的社會不具備超脫這種歷史輪迴的條件；二、革命者採用精英主義，群眾沒有在革命當中把自己提升到能夠阻止新的壓迫者誕生的程度。

我們認爲今日的台灣社會已經具備了超脫這個歷史輪迴的必要條件，而其成功則有賴於：一、革命者的不斷自清；

二、啓發式的群眾啓蒙；及三、反對金權政治的多數人政治及主權歸於人民的直接民主。

從「社會—文化革新」的築基鋪路、通過「政治奪權革命」的更新政權、到「社會—文化革命」的深化醞能、再步步推動全面性的「社會—文化—經濟—政治改造工作」——這就構成了被壓迫者自我解放的一場眞善美的永續革命！

跋

在某一場講習會中，加拿大的田台仁先生，就保羅・弗萊雷（Paulo Freirc）的《被壓迫者的教育學》（Pedagogy of the Oppressed）一書作了引人入勝的讀書報告。[16]

深受啓發的筆者，乃以弗萊雷的理論做基礎，對台灣革命作了一些思索，提出心得報告。

本文是根據這篇心得報告再三改寫而成的。本稿以及先後發表在《台灣公論報》、《台獨》季刊、及《美麗島》週報的三篇本稿的前身，給筆者思路的變遷和思想的進步，留下了幾個步印足跡。

（1993.2.28）

16 田台仁的讀書報告：田台仁先生的報告後來以《被壓迫者的啓蒙——革命的第一步》為題發表於 1983 年夏季號的《台獨》季刊。這是一篇值得大家細讀的力作。

第2章

台灣革命黨與策動「回台」潮流的幕後點滴——訪談田台仁

台灣革命黨
與策動「回台」潮流的幕後點滴
—訪談田台仁

許文堂
（中央研究院近代史研究所副研究員、台灣教授協會會長）

Q1 台灣革命黨由洪哲勝發起，成立於 1985 年 1 月 1 日；1987 年 3 月 23 日，由洪哲勝宣布解散。這短短不到兩年半的黨齡可算台灣運動史上的一個奇特紀錄。爲何黨齡時間如此之短壽？

A 從 1947 年以來，海外台灣人運動所堅持的路線是不排除以武裝革命方式推翻國民黨外來政權的統治，進而建立台灣國。然而，台灣革命黨的成立卻針對這路線提出尖銳批判，並提出應該以民主自決爲主軸，提出以群眾運動爲方向，來落實台灣建國的目標。這是台灣革命黨成立的原因。

再因革命黨成立後所推動的進展與成就，看到舊有四十年來的錯誤已被改正，並進化且落實到台灣主戰場，成爲大規模公民參與的群眾運動，所以斷定接下來的運動方式就是需要配合主戰場的需要，不可再強調精英式的武裝革命，這也就是革命黨必須解散的原因。

雖然黨齡時間如此短壽，短短不到兩年半的時間，但從醞釀籌組台灣革命黨開始到最後的解散，至少有五年多之久。而且，這段期間，台灣革命黨所推出的策略以及後來所造成對台灣的建國運動，尤其從根徹底改變傳統海外運動的慣性，開展出一條具體凝聚島內群眾力量的大道，台灣革命黨的角色絕對是巨大震撼的。

組台灣革命黨的原因大約相等於洪哲勝離開台獨聯盟的原因，除了在聯盟內有路線、人事等理由，不是一兩句話可以說明，個人的觀點也無法包含全貌。事先打算離開台獨聯盟，經過兩年多的醞釀，正式離開後才組織台灣革命黨。

應該是 1982 年的夏天，當年台獨聯盟美國本部在休士頓（Houston）召開本部會議，我正值擔任加拿大本部主席。原本安排一小時給加拿大本部報告工作事項，但有天，負責美國本部秘書處的陳重光（陳南天），突然打電話給我說只能給 10 分鐘，因爲有一個重要議題加進來，可能要花很多時間討論。追問後才知道，有一位重要人物要退出聯盟，要在會中討論。我心想除了洪哲勝沒有第二個人，但我沒說出來。

我當時就考慮是否去參加：如果去參加，無論站在支持或不支持洪，以自己代表加拿大本部的身分，都不適當表現立場；但如不站在洪的立場，我自己又難過。經猶豫不決後，打電話給在多倫多（Toronto）的一位女同志，請她替我去休士頓參加會議，就以群眾自我意識啓蒙（Mass Conscientization）的取向，[1]當作報告主題，說明這取向在實

1 Conscientization 這概念是取自 Paul Freire “Pedagogy of the Oppressed” 一書

際運動上的步驟，程序，方法……需強調什麼什麼……，請她替我發表這些意見就好。

會議結束後，這位同志從多倫多打電話給我，說我們的取向（Approach）大家很讚賞。特別是一些年輕人都圍著她一直問你們加本部是些什麼人……雖然她完美完成任務，但同時我也很震驚，美國本部長期沒往這方面思考，也沒做這些群眾基礎教育的工作，長期卻專注在高喊打倒蔣家國民黨政權，爭取獨立建國的政治宣傳。

這位女同志跟我報告完後，她問我說：你知道有一項重要的事嗎？

「洪哲勝要退出聯盟，大家用很多時間在討論這件事，看要如何處置。」她說，反正洪正式提出在盟員大會做一個agenda，畢竟他是重要的台獨聯盟的人。

這位同志跟我報告後，我問說她有無表達意見？她說不敢擅自表達，因爲加拿大本部和美國本部不同。我說對，事先就有這樣說了，有人要怎樣，我們加拿大本部不能表達意見。

和這位女同志通完電話之後，我馬上打電話給洪哲勝，說「等你說要退盟這句話等很久了。」他說今天是幾百個人打電話勸他，我是唯一一個和他站在同立場，說等他說這句話等很久了。

中所強調，針對被壓迫者長期受洗腦而認同專制統治者的意識，如何引領他們從喚醒進而自我啓蒙。

那時候我才 30 多歲，在台獨運動裡還算是菜鳥，所以不敢說要退出。在我參加台獨聯盟幾年之後，就感覺說這個組織非常的落屎馬跑不動，非常非常失望，但我也不敢說什麼。

和洪哲勝稍微聊一下之後，我就問他說還有什麼人跟你我一樣想法的？他說如果有也只有再添而已。還有一位年輕的，比較衝，叫做林哲台。我說這樣好，沒關係，四個人應該見一次面來討論一下。所以就定下個週末。我就從 Ottawa 開車 12 小時到紐約，在那裡討論如何改進聯盟，一直討論，連續好幾個月每個週末都開車到紐約，來回就 24 小時，跟瘋子一樣。[2] 從我第一次打電話給洪哲勝，開車去紐約開會，和再添、林哲台，經過差不多約一年多的籌備，要讓洪哲勝競選美國本部的主席，結果是輸。

Q2 洪哲勝宣布要退盟，爲什麼還競選主席？一般退出聯盟有什麼處理方式？

A 台獨聯盟算是紀律性鬆散的組織。說具體些，一群讀書人，早期 50、60、70 年代來美國留學的台大、成大、清華的學生，這些念醫學、電機、機械、土木、水利、生化 ……理工碩博士，因反國民黨而組起來的

2 討論地點，就經常在再添租於 Booklyn 窮街陋巷 Woosbine St. 的小 flat，有時搞到整晚不睡，每個人真的熱誠萬分！

Homesickness club 鄉愁俱樂部，就是台獨聯盟，外圍單位就是同鄉會，政治實力是只有控制同鄉會的人事、動作這樣而已。

這群秀才以爲整天寫些宣傳口號就可以把歷經軍統、中統、保密局，依靠這種專業特務組織所建立的恐怖統治基礎推翻，實在是天眞到無法形容。縱使如此，但堅強認同台灣的意識卻是依舊固執向前進。然而，幾乎每年都有人會自動 inactive，但至少都不會發表，一般大家就默默退出，沒有像洪哲勝這樣大動干戈，提出說要討論做一個 agenda，他是頭一個，也是最後一個。

此外，洪哲勝的宣布退出是有幾項前提才會退出。這些要做什麼的前提，如果可以落實推動，他會繼續留。所以說，他的退出是 conditional，不是講一聲宣布何時，就退出。也就是說：之所以我想要退出，是因爲台獨聯盟有這些那些缺點，如果這些缺點可以這樣改，我會繼續留，就是這樣。

從台獨聯盟的觀點來說，當然是因爲洪哲勝選主席沒選上，所以就離開，表面上這樣簡化的理由就成爲最後的包裝，事實是很複雜的。

洪哲勝離開台獨聯盟的理由有幾項：路線的問題，盟員本身的意識太薄弱，只想獨立卻不思考建國之理念，此外 leadership 不夠強，無法在台灣本土營造出堅強的台灣意識，更甭談能有任何策略運用。行動方面頂多是向美國國會議員，或用示威遊行方式表達立場，向主流媒體遊說，盼望美國政府幫忙台灣人獨立。盟員的意識或 leadership 這種問題一直都存在，到現在還是有一些人覺得說如果美國支持宣布獨立，一切就結束，世界和平，這麼天眞的想法。

後來台獨聯盟總部發明了一個名詞叫做「總體戰」，反正打擊國民黨就算是台獨運動了，這一來，當然什麼東西都可以算總體戰的一部分。

盟員的教育與訓練不是在思想上或意識上，卻是在教你怎麼跟蹤反跟蹤，怎麼寫密碼，怎麼通信，怎麼搞爆破。又不是在做軍統特務，訓練不可用這作爲主要內容。最主要看的是如何累積策略功效來早日落實獨立建國。

從我與洪哲勝第一次通電話，演變到 1985 年開始成立台灣革命黨，這段時間在北美海外運動也發生不少變化，其中有幾件與後來在島內發展的運動有關，比較出名的至少有兩項，包括：北卡校園學生運動與郭倍宏的「海報事件」，以及史明與許信良聯合組成的民主民族同盟。

正當我們還在聯盟裡面，四人（洪哲勝、黃再添、田台仁、林哲台）努力要從內部改革，每人各自擔負不同角色任務，提出新路線之際，李應元與郭倍宏就是在當時開始參與由林哲台所負責的台獨聯盟學生運動。學生運動主要工作是召集、聯合來美留學生，加強他們認知國民黨統治的本質，包括發行《台灣學生》到全美留學生的校園：李應元當發行人，郭倍宏擔任社長。後來革命黨成立後，郭倍宏與李應元仍續留在聯盟。後來遷黨的鮭台運動在各地打響了之後，李、郭兩人前後演出闖關進入台灣的傳奇事件，造成極大轟動。

Q3 許信良是如何參與台灣革命黨？

A 洪哲勝有位住洛杉磯的好朋友叫 Show，即鄭紹良。他與賴文雄、許信良都很要好，[3] 也是美麗島週報的重要幹部。正當洪哲勝緊鑼密鼓籌組台灣革命黨之時，Show 向許信良建議說，希望許信良與洪哲勝打破界線，共同在一組織傘底下。

在此之前，洪哲勝與許信良雖然有共同敵人，但卻徹底屬於兩個不同方向、不同組織的陣營，不同路線，平素根本也毫無來往。經過鄭紹良多次遊說雙方，終於洪哲勝與許信良見面，並且達成協議。然而，許信良當時也因不久前剛與史明結合成的台灣民主民族革命同盟，確實也帶來一些騷擾與不愉快。

但終究在諸多好友們對許信良與洪哲勝的合作有高度期待之下，爲了讓各方面都取得諒解，許信良在 1984 年 5 月 12 日就以當時美麗島週報的名義，召開一場正式向外公布台灣革命黨建黨與路線的演講會，說明創黨之意義。這是台灣革命黨歷史性首次向台灣人亮相。

3 許信良：〈默默做大事的鄭紹良〉。
參閱：https://reurl.cc/xOVmL4。

1984 年 5 月 12 日由美麗島雜誌社主辦、許信良主持，分別由林哲台、田台仁、洪哲勝按序發表演講。這次演講會的錄影，全程已放在 Youtube 。

籌建台灣革命黨聲明書

建黨委員會

我們是一群台灣獨立革命的戰士：一部份人參加過台灣獨立聯盟，另一部份人從事過海外學生啟蒙及組織工作。我們共同的特徵是：年輕而有經驗，肯幹而耐吃苦，有理論且重實踐，有信心又不自滿，勇於批評也敢於團結。我們相信，爲了打破凝滯不前的革命勢態，咱們必須用更寬濶的心胸來探索並引導運動的方向，咱們尤其必須集結海外游離化的各股進步力量，有效地投入島內主戰場。我們認爲籌建一個如下的台灣革命黨，將有助於爲這些工作舖路。

我們的宗旨

台灣革命黨是一個推動台灣人民獨立建國、並最終達成廣大被壓迫人民出頭天的革命政黨。

爲了尋求獨立建國，革命黨將採取包括武力在內的一切革命手段，提防中國入侵，推翻蔣家外來政權，建立自己的國家。同時，聯合第三世界國家，協建一個大國富國不能欺凌剝削小國窮國的國際環境，爲建成一個獨立、自主、繁榮、進步的台灣提供保證。

爲了尋求出頭天，革命黨將盡力促成廣大被壓迫人民自身的草根運動，使人民在戰鬪中喚醒自己、組織自己、磨練自己、壯大自己、並最終取得自己在新社會中成比例的發言權。

我們的工作

台灣革命黨的工作以海外爲起點，以島內爲目標。一切工作的抉擇及安排，以在島內造成直接或間接的政治及社會影響爲考慮的優先重點。

我們認爲現階段台灣革命最迫切的工作，在於發動島內以勞動人民爲主力的各階層的群衆運動，以便培養抵抗運動的强大力場。而我們海外革命黨最適時的工作，在於發揮海外的特色，通過革命知識的研究及對島內、外具有潛力的先進份子的重點傳播，來催生島內運動的領導人；同時，把革命武力用來助長這個群衆運動，並使它隨着後者的開展而成長、茁壯!

革命黨爲了有效完成這些任務，將盡力搞活海外群衆運動，爲革命的人力及財力挖掘一個取之不盡、用之不竭的活的泉源；同時，放手聯合海外各股游離的進步力量，充分發揮革命陣營的全部潛力。

我們的組織

台灣革命黨由明暗兩個自成指揮系統的部份組成。明的部份從事公開性的宣傳、組織工作，起領導的作用。暗的部份完全是一個地下組織，是革命黨在政治及軍事方面反擊敵人的兩個巨拳。

明的部份由兩種成員組成：以意見及金錢贊助爲主的贊助黨員（Associate Member），及以參與爲主的（普通）黨員（Full Member）。後者必須參與黨的組織生活，並享有選舉及被選舉權。

革命黨設主席一人，副主席二人，由選舉產生。黨中央分設策略、宣傳、及行政三部。行政部分設組織、學生、訓練、及財政四組。按照實際運作的需要，革命黨依地區劃分，設立具體而微的地方黨部。隨着組織的發展，地方黨部將逐步擴大自主性、並最終擁有獨當一面的作戰能力。

我們的籌備

台灣革命黨將於八月底以前完成建黨。籌備工作由建黨委員會來推動；委員會由洪哲勝同志担任召集人。

* * *

我們在此鄭重宣佈即日展開台灣革命黨的籌建工作，並誓願使它在台灣人民自救的奮鬪中發揮巨大的推動力量。大家的支援及參與是它達成戰鬪任務的最大保證。因此，我們熱心地向大家呼籲：支持革命黨！加入革命黨！和革命黨一起來努力，達成台灣人民早日出頭天的歷史願望！

（1984.4.17）

通訊處：　T.R.P.
P.O.Box 4233
Sunnyside, NY 11104

完整影片：
https://www.youtube.com/watch?v=eLYDiE2t TTw

影片片頭／許信良開場白與事項宣布：
https://www.youtube.com/watch?v=GJrwlq8qvzw

第一部分演講／林哲台，學生運動負責人，題目：台灣革命黨的構想。
https://youtu.be/C9XGGynwx4I

第二部分演講／田台仁，組織與策委會召集人，題目：台灣革命黨的革命觀。
https://www.youtube.com/watch?v=Sskgwo7c2yI

第三部分演講／洪哲勝，台灣革命黨總書記，題目：阮的使命。
https://www.youtube.com/watch?v=I3STZP5dFSs&t=0s

底下照片是三人在 LA 洛杉磯下榻於楊嘉猷先生所開的旅館內合照。

左起：田台仁、楊夫人、洪哲勝、楊嘉猷、林哲台。

這次演講會結束後，全美加同鄉社區反應非常正面，熱烈。沒多久許信良就宣稱參加台灣革命黨。

雖然史明前輩因此有一段時間不爽，但經過日後頻繁與台灣革命黨交流，取得彼此信任，後來也都成爲共同陣營，一起辦講習研討會等訓練活動。這些都另外的故事了。

台灣革命黨成立之後，全美各地同鄉會一直爭相邀請洪哲勝與許信良到他們城市去演講說明。那些熱烈反應實在遠遠超出建立革命黨的原先期待。這下倒也引起國民黨當局高度密切關注，當然也更加盯緊這些活動。底下這張照片就是一張從外交部休士頓（Houston）辦事處流出來的一張公文報告。現在看來，眞是好笑極了。

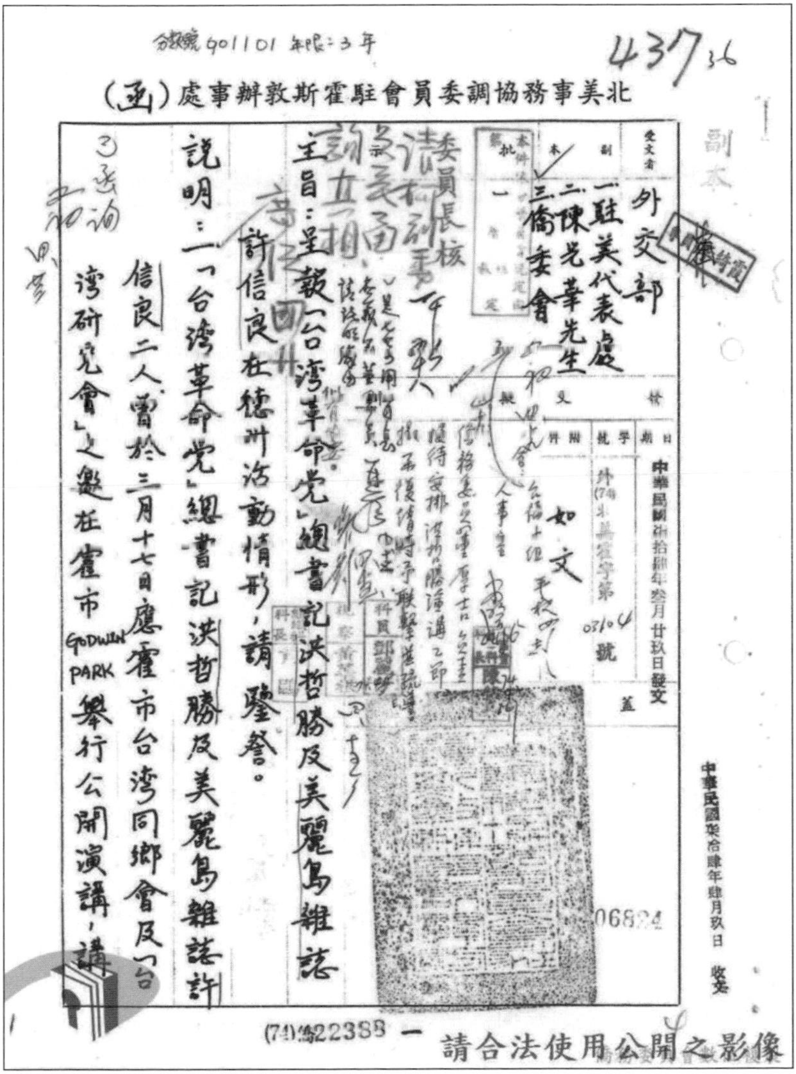

分類號 901101 年限：3年

437 36

北美事務協調委員會駐霍斯敦辦事處（函）

受文者：外交部

副本：一、駐美代表處 二、陳光華先生 三、僑委會

發文日期：中華民國柒拾肆年叁月廿玖日發文

字號：(74)北美霍字第 03104 號

主旨：呈報「台灣革命党」總書記洪哲勝及美麗島雜誌許信良在德州活動情形，請鑒詧。

說明：一、「台灣革命党」總書記洪哲勝及美麗島雜誌許信良二人曾於三月十七日應霍市台灣同鄉會及「台灣研究會」之邀在霍市GODWIN PARK舉行公開演講，講

中華民國柒拾肆年肆月玖日 收文

06824

副本

(74)22388 — 請合法使用公開之影像

Q4 到底「遷黨回台」對整個台灣民主建國運動有啥影響？

A 一、在 1987 以前台灣獨立運動過去四、五十年一直都在海外，這個力量沒有正式在台灣內部發展。都以美國當作主要訴求對象，希望美國能幫忙台灣人拉下國民黨獨裁統治，讓台灣建立新而獨立的國家。

二、台獨運動不曾想過要利用本土群眾來和國民黨輸贏，一直在想武力革命那種觀念，「遷黨回台」打破這兩種……，第一個是讓海外力量可以回到台灣，第二個是我們可以利用台灣群眾、民眾這樣的力量來和國民黨輸贏，我想就這個意義，「遷黨回台」的貢獻是非常大。

三、建立一個在野黨不完全是「遷黨回台」的功勞，也有美國本身的功勞，國民黨受到這兩方面，他不得不開放，蔣經國拿 credit 說是他開放的。

四、「遷黨回台」在歷史上的貢獻是這樣，打破黑名單，後來很多人都回去闖關，那都是在 1986 年 5 月 1 日以後發生的事情。最關鍵的分水嶺就是在 1986 年 5 月 1 日，在 New York UN Plaza Hotel 開「遷黨回台」的記者招待會，那個是最重要的關鍵日期。

Q5 台灣革命黨的黨名是誰起的？

A 光是為了這個黨名，開了整天會，有好幾個名字，最後為什麼會用「台灣革命黨」這個黨名，提出來的人是黃再添。他說，我們若要打倒國民黨，自己卻不敢革命，這樣我們自己算什麼？洪哲勝本來說不要用這個名，我也同意洪哲勝，因為我覺得話不要講這麼滿，限制靈活性。是再添提出意見，說要和 WUFI 聯盟不同，真是要把國民黨扳倒，還怕什麼。最後決定「台灣革命黨」的名字是用投票通過的。

實在是被這個名字害死，因為這個名字和回台的意義有點衝突，回台的意義是不要用武裝革命的手段，而是要用民主選舉的方式宣傳理念，落實多黨的民主政治。再添提出這個名字，最主要是為了要凸顯與 WUFI 不同之處。然而，要怎麼說……，真正做得到的嗎？所以說，那時候的大家觀念上還停留在孫文革命那種型態裡面，我們的錯誤在這裡，台獨聯盟也是困在孫文革命的概念內，……所以打破那個舊有武裝起義搞革命的概念，走群眾路線，就是「遷黨回台」開始的。

Q6 許信良是在何種狀況下與台灣革命黨切割？

A 當然因爲事情實在很大條，所以這些起承轉合的關節，都事先在內部一再深刻討論，畢竟牽涉到台灣革命黨的走向，許信良的角色，以及返台後如何融入台灣本土運動等等，都有很大關係。最後，中央委員會大家一致決議。決議的內容就是在 1986 年 5 月 1 日記者招待會，許信良、謝聰敏、林水泉都演講完後，給群眾與記者發問時，洪哲勝站起來講短短差不多五分鐘非常漂亮的話：「台灣革命黨將許信良同志獻出來，讓許信良退出革命黨， 獻出給台灣民主化的運動，我們沒有要走革命的路線，我們要推反對黨的路線，在野黨要讓台灣走入正式的民主路線。」那幾句話就是把台灣革命黨和此後的建黨活動切開。

Q7 彭明敏教授在這個過程中扮演啥角色？

A 在這個過程中，沒有彭教授的登高一呼，1986 年的夏天要讓「遷黨回台」這件事，在北美能掀起歷史上最新高潮是不太可能的。畢竟彭教授在台裔美國人的社區內，是享有很高名望的意見領袖。

起先剛開始時，當我向一些較熱心關注台灣政治的同鄉們解說「遷黨回台」這個計畫時，大部分的人都以非常詼諧的態度回應，不是說我們太天眞，就是冷嘲熱諷這件事不可能，根本沒人對這件事的嚴肅性有絲毫認眞。直到彭教授答應擔任榮譽主席，一起出面向台裔美國人的社會登高一呼，這才讓整個運動有如煙囪熱氣直冒，不久就吵響了整個美國與加拿大的台灣人社區。

Q8 由許信良、謝聰敏、林水泉三人領隊「遷黨回台」，決策過程是如何形成的？

A 第一次籌備會在賴文雄家開會：我、許信良、洪哲勝、賴文雄、康泰山、林水泉，那時候還沒有包含謝聰敏。謝是這次籌備會之後才請他參加，因此才由許信良、林水泉、謝聰敏三個人。原本是計畫大眾逛街式參加「遷黨回台」，人越多越好，每個人都可以。後來因爲考慮到實際操作的可行性，就以他們三人比較有代表性來凸顯這次計畫。然而，開完會問題才剛開始，接下來要怎麼做？喊要建一個黨簡單，問題是如何遷回台灣才困難。

充分理解台灣革命黨的成立背景以及運動觀之後，就可順暢進入下篇文章。

2021.07.18 語音訪談記錄整理

第3章
1986年5月1日「遷黨回台」專案設計過程秘辛

1986 年 5 月 1 日
「遷黨回台」專案設計過程秘辛

田台仁

一、混沌期

從籌備台灣革命黨開始，由於工作繁多，洪哲勝一人扛，有過勞跡象。經過慎重考慮，於 1984 年夏天我辭去加拿大貝爾電話公司（Bell Canada）高等經濟師（Sr. Economist）的職務，前往紐約專職分擔黨務工作。在當時，一切都還處於混沌當中，根本不知道下一步，世界會發生啥變化。

1986 年 2 月 22 至 23 日在紐澤西 Linden 附近的 Swan Motel 內，台灣革命黨舉行年度大會進行工作總評與制定路線大方向。當年度黨大會結束後的隔天，負責組織與策略工作的我，依然覺得有些地方實在搔不到癢處。深感新年度路線與工作方針有所缺陷，無法給台灣人運動帶來任何震撼或提升。正當我試圖找出到底哪裡發生錯誤，天大的新聞在菲律賓發生：獨裁者馬可仕被推翻了。1983 年 8 月 21 日，在馬尼拉機場被槍殺的菲律賓反對派領袖小艾奎諾（Benigno Aquino Jr.）的遺孀柯拉蓉（Corazon Aquino），於 1986 年 2 月 25 日在菲律賓當選了總統。這就是民眾力量的表現。

二、創意的萌芽與成熟

柯拉蓉當選總統的消息刺激我一直不斷思考，到底如何把海外台灣人運動的力量帶回主戰場台灣島內？海外台灣人是否有如艾奎諾的人願意承擔這重任？這質問一直盤旋在腦海，逢人便提出來請教檢討。就這樣經過幾番閒聊，與林水泉、康泰山終於構想出一個不太具體的抽象概念：「回台運動」。三人約定都願參加此後任何形式的「回台運動」。

這個概念，再經幾次討論，琢磨，於是演變成一個更具體的可行方案，稱爲「遷黨回台」，由林水泉、許信良引領大隊海外台灣人把海外所建立的台灣民主黨遷回去台灣。謝聰敏是在第一次籌備會後才加入的。後來爲了凸顯主要人物，所以就底定僅由從島內來美的主要三人：許信良、謝聰敏與林水泉領導「遷黨回台」。

雖然建立台灣民主黨的主意是在一年前（1985 夏天），加州幫[1]（一種通稱，並無此組織）的人到華府絕食；絕食時，晚上收隊回歸 FAPA 宿舍時，大夥閒聊出來的 idea。[2]

1 https://reurl.cc/6E310V。

2 在 1985 年 6 月 30 日，南加州一群包括許信良、許丕龍、謝清志、陳昭南、胡忠信、歐煌坤、鍾金江、江昭儀等的鄉親以及我本人決定對被關在國民黨黑牢的施明德所進行的絕食行動加以聲援，這些人士從該年 7 月 1 日起，在美國國會前絕食七天，就記憶所及，居住在美東地區的鄉親王能祥、楊黃美幸、陳南天（南加州）、洪哲勝、黃再添、艾琳達、林邁爾與田台仁——等人士也都來參加絕食活動，以喚醒美國政界然而，絕食結束各自回家後，建立民主黨的工作根本一直被擱置無所作爲。所以這次「遷黨回台」，不過是再次拿出來冷飯熱炒罷了。所不同的是，這次加上「回台」的動作。別小看「回台」這新口號，就是因爲這口號，而不是「建立民主黨」，才是許信良三人行動的最主要爆炸力量。「建黨」是媒介，「回台」才是目的。

三、首次籌備會議

於是，我於1986年3月7日在賴文雄[3]家召開第一次內部籌備會議。聚集各相關人員，許信良也從加州到紐約開會。與會的人有：許信良、洪哲勝、賴文雄、康泰山、田台仁、林水泉，都是內部核心的人。

第一場籌備會洪哲勝當然也需要參加，因爲他是革命黨負責人，許信良是革命黨的副總書記，康泰山與我是革命黨的重要幹部，賴文雄、林水泉是革命黨的親密黨友。在這次籌備會中，決議幾件結構性的事：

1.「遷黨回台」專案的財務與革命黨分開，財務由賴文雄負責。

與民眾對施明德及台灣其他政治犯的關懷與注意。參閱：https://reurl.cc/Mbxa03。

3　賴文雄就是424刺蔣事件提供槍枝的相關人。黃文雄與鄭自才在押期間被逼審、拷問下，一直沒有把參與策劃的同志供出來，真的夠有種，萬分佩服！

2.「遷黨回台」的籌備，由田台仁負責推行，並落實推動在北美掀起效應。

3.「遷黨回台」是特別工作的組合，總書記洪哲勝授權田台仁全權處理。

一如往常，會開完了，大家屁股拍一拍回去了，然後呢？大家等著田台仁端啥菜出來！好了，這下我該如何下手？黨在何處？又如何遷回去？建黨容易，遷回去困難！

在右派氣氛這麼強的美國，一個帶有左派氣質的團體，非但不受同鄉眾人青睞，在整個同鄉團體在右派勢力的掌控下，台灣革命黨推行的工作幾乎成爲過街老鼠。我一個人赤手空拳，在這樣的氛圍下，如何能使「遷黨回台」變成一項大型活動？

四、開啓靈感的契機與彭明敏教授的出場

好佳在，靈光一現，一個讓我開竅，知曉該從何處切入的契機出現。有天我去拜訪一位住紐約上州（Upstate）Maryknoll Fathers 的郭佳信神父（Fr. Ronald J Boccieri）。[4] 開

4 郭佳信神父：Fr. Ronald J Boccieri 曾在台灣宣教多年。當警總通緝陳菊時，他把陳菊藏匿在教會。陳菊表示，1977 年 6 月 23 日，她第一次被國民黨政府逮捕，收留、保護陳菊一週的郭神父說：「天主保佑你，你一定要堅強。」最終陳菊被押走，神父也被驅逐出境，直到 1987 年，兩人才在紐約再相聚。
參閱：https://reurl.cc/e64emx。

聊時提到「遷黨回台」專案。我談到困難之處，因爲幾乎沒有台灣人願意和一個左派團體掛勾。[5] 郭神父一番話啓蒙點醒了我：「道需要成肉體」，牧羊者不在羊群外，馴獸師是在鐵籠內。他告訴我，需要找一個足以帶動台美人的人物來背書「遷黨回台」專案，這樣就可以一氣呵成帶動整個在美台灣人的社團。於是，這番話讓我想到在華府當 FAPA 會長的彭明敏教授。

我將這 idea 告訴許信良說，我們一定要說服彭教授背書，因爲這件事若沒有台美人非常大動量的支持，單以台灣革命黨的實力，根本無法推動，最後 KMT 可以一聲不響地把我們幹掉。所以運動一定要搞得很大很大，聲量要大就需要台美人助陣吶喊！

許信良乍聽之下的反應，非常不願意，一直拿很多理由推說不必，反正他就是不願意和彭教授見面就是。同樣，我打電話給彭教授，說許信良要去拜訪他。彭教授立刻反應說，不用客氣，有事情電話即可，堅持不必這麼大禮專程去華府拜訪他。反正彭、許各有理由，讓我這當橋樑的幾乎要把執照掛了！

坦白說，比起彭、許見面的困難度，季辛吉拉尼克森與毛澤東見面，那是容易多的工作！在此特別要提到的是，說服彭教授與許信良見面的過程中，紐約的魏瑞明兄（彭教授

5 Maryknoll Fathers 在天主教左右排行光譜上，可算被列為左派傾向的差會，非常支持解放神學。

的近身好友），與法拉盛人稱三叔仔的名人，廖國仲兄，[6] 兩人深明大義，非常幫忙積極從旁分別向彭教授與許信良勸說。彭、許兩人，經大家三番五次，強力膠黏著不放，苦口婆心地勸說後，終於答應願意見面。

於是許信良又再次從加州飛來紐約。我記得當天中午他抵達紐約後，我去機場接他，就直接轉機飛華府。和彭教授約下午六點在華府唐人埠的一家餐館。寒暄後，開門見山，許信良當面邀請彭教授當「遷黨回台」專案的榮譽主席。彭教授也非常爽快，二話不說，立刻答應。餐廳內兩人的談話，讓我，有恍若這場見面是邱吉爾與羅斯福在加拿大 Nova Scotia 的海上會面，簽訂大西洋憲章的感覺。這是彭、許在美國首次的私下見面，也幾乎可篤定是這輩子的唯一一次。爲何彭、許在美那麼多年，兩人這麼不情願見面深交？挖掘這箇中道理或許該是史學家的作業吧！[7]

彭、許談話氣氛相當融洽，雙方非常尊重彼此。彭教授也引用了法國哲學家伏爾泰（Voltaire）的名句：「雖然我並不同意你的觀點，但是我誓死捍衛你說話的權利。（法文：Je ne suis pas d'accord avec ce que vous dites, mais je me battrai jusqu'à la mort pour que vous ayez le droit de le dire.）」這句話，在此後「遷黨回台」無數大型造勢場上的彭教授演講，他都會再度

6 廖國仲是長期支持彭、許兩人的金主。

7 九年後，於 1995 年民進黨總統候選人黨內初選過程，彭、許兩人之曲折競選情節另有一大篇，目前由某處保管，等適當時機再考慮是否發表。

提出來，同時也大力讚揚許信良是一位無可救藥的樂觀主義者。彭教授履行了他在餐館的承諾，支持許信良的「遷黨回台」可說仁至義盡。

三人會談約兩小時後，許信良與我就又趕當晚夜車回紐約！抵曼哈頓的 Penn Station 時是凌晨快四點。隔天，我們都睡到中午，因爲昨天太勞累了。

午後，康泰山來訪，而許信良剛好睡醒，容光煥發。突然間，他自己站起來口若懸河，滔滔不絕，當場發表了一場即席演說。聽眾只有田台仁與康泰山兩人。有如面對百萬雄兵壯師，許信良連續發表了約 20 分鐘的「出師表」，顯現出志在必得的勝利鬥士身影，讓人聽了充滿信心，動容震撼，印象非常深刻，久久無法弭平！這場演說內容，就不用列入歷史吧！[8]

五、從籌備工作開機到募集 112 名建黨委員會

基礎建設到位後，接著就是立刻要整裝工作團隊。攤開整個任務策劃進度工程表時，偌大一大張紙，到處看見的都是要錢、要人。我哪來三頭六臂？錢還好，不過是一些行政費用，籌劃期間還不需動到大錢，但人呢？

籌備工作，當然除了鐵三角（洪哲勝、黃再添、田台仁）責無旁貸，不在話下。還好，艾琳達那時也在曼哈頓世貿大

8　可屬茶餘飯後，若需筆者用一詞概括整個震撼演講，選用尼采的「強權意志（Will to Power）」該最適當了。

樓上班，所以有空也經常到 Brooklyn 來幫忙，提供顧問意見。行政工作受到精明能幹的陳宜妙小姐幫忙，因她住紐約市區，很多籌劃工作都透過她完成。[9]

另外，需要一位英文秘書，就找來了梅心怡（Lynn Miles）。他從開始籌劃之初，就一直與革命黨混在一起搞「遷黨回台」的工作，直到後來也跟著回台，最後就在台灣定居過世，這是後話。[10]

我當時的構想就是把「遷黨回台」這件事，拋給北美所有台灣人各種社團去炒作。以彭教授當榮譽主席，為了支持許、謝、林三人「遷黨回台」的企劃，呼籲大家共同來參與建黨委員會。

於是，我分別打很多電話給各地革命黨同志幫忙，至少包括（不只限於）南加州的陳昭南、舊金山的洪順五、休士頓的李文雄（時任中研院院士，芝加哥大學醫學院教授）、北卡的劉格正、波士頓的郭尚五、溫哥華的張邦良、多倫多的范政雄與高寬弘、蒙特利爾的林耀珊，還有許多各地同鄉（時日曠久忘記了，難免有遺漏，很抱歉），都非常樂意幫忙，幾乎要求啥就有啥的程度。

革命黨內外，全北美各地台灣人反應熱烈，士氣高昂，都齊心協力就是要讓「遷黨回台」這件事能在 8 月底以前眞

9 她找到用聯合國廣場大飯店當會場，無論容積大小或意義上來說，都是非常恰當的地點。

10 自由廣場，〈懷念梅心怡〉，參閱：https://reurl.cc/rQjm3N。

正成功落實。那時還是戒嚴時代，蔣經國仍活著，氣氛還是相當恐怖。全北美各地有 112 人願意具名當建黨委員已經相當不容易，更何況那時還是砍頭罪的。（這個人數後來與台北圓山飯店的民進黨建黨人數非常相近，但不是同場的人數！）

六、丁大衛 (David Dean) 的出場與國務院的表態[11]

這些有關台灣社區內部的基礎工作搞定之後，正値準備 5 月 1 日要向外出陣開戰，向大眾媒體公開發表之際，四月下旬某天，我收到了蔡同榮的電話，拜託我安排一下許信良，說 AIT 理事主席丁大衛（David Dean）要約許信良見面。蔡同榮當時也沒說到底此次見面主要內容是啥，只臆測是和「遷黨回台」專案有關。好了，既然美國國務院正式官方下達邀請，去不去都毫無選擇，因爲那相當於進宮面聖！

於是喬好時間就在對外公開發表的前一天，即 1986 年 4 月 30 日，許信良再從加州來美東之時。這件事當然前後安排都是蔡同榮，在他的回憶錄中也提到此事。[12]他說在場的人有：許信良、蔡同榮、田台仁、許國泰、鐘金江。以下，我把這場重要面談的一些關鍵細節說出來。

那是一間布置相當古色古香東方味道的接客室。秘書安

11　486 會客室，台灣民主活化石許信良，參閱：https://reurl.cc/qOjx2y，從 46 分開始。

12　「顧台灣」蔡同榮著，參閱：https://reurl.cc/DdQR2d。

11　12

置我們穩妥之後，用非常高貴的骨瓷茶具，端出來濃郁香味的茶。這時我感到畢竟是大國的官方門面，竟然可以注意到這種細節，眞的有點受寵若驚。（這在政治心理學上算勢面操縱手法，就是用氣氛擺設壓制對方，威嚇使之降伏的技術。）等丁大衛進來，大家寒暄握手之後，他就直接開口，希望許信良說明一下「遷黨回台」專案。丁大衛的華語幾乎完美得無懈可擊，甚至比我發音更標準，許信良當然也就用華語交談。

接著丁大衛又問，如果「遷黨回台」不能成功，是否考慮以其他方式，例如在美國先臨時成立一個替代團體？這時許信良回答，「你覺得在美國的台灣人政治團體還不夠多嗎？」這下大家都笑出來，氣氛就不再那麼嚴肅了！就這樣，丁大衛一直拋出很多問題，多少有些是塡補時間的空檔，讓氣氛也相當和諧融洽。

隔了不久之後，丁大衛就正襟危坐地注視許信良說：「國務院最關心的是不希望台灣再度出現如 1979 年的高雄事件。所以我們希望你能取消『遷黨回台』的企劃案，至少把『回台』的計畫取消，因爲我們無法保證你們的人身安全。」

許信良停頓了一下，隨後以謹愼、但非常堅決語氣回說：「不可能！」氣氛又回到最起初的冰冷，甚至更嚴肅。

會談結束要離開，握手時，丁大衛對許信良說，「預祝你們一切順利，並期待你們從台北得到一樣的祝福。」（Bless you all the best, and expect you receive the same blessing from Taipei.）雖然不到 30 分鐘的會面，但後來在台灣的戲碼，短短的談話事後說明了好幾件事，至少包括：

1. 林水泉與許信良，從 1986 當年 11 月開始，兩人分別從不同時間，從不同地方，不同路線要闖關進入台灣，爲何都一直被拒，卻不被逮捕？

2. 當年 9 月 28 日在圓山飯店成立的民進黨，爲何當時沒有被逮捕？

根據國民黨說法，台灣的民主化是蔣經國於 1987 年解除戒嚴令開始的，所以民主是蔣經國開放的。如今回憶起來，戒嚴令解除的一年前，允許成立反對黨的聲音，必定也已經從國務院傳到台北了，而蔣經國也深深體會到勢不可擋。

後來從 KMT 內部傳出來的消息是：1986 年 9 月 28 日圓山聚會當天，警備總部曾向蔣經國請示，是否要逮捕。蔣經國回答非常明確，不要動他們！（有資訊來源，可查！）換句話說，丁大衛與許信良那次見面的談話，在當時是否也已經暗示這個傾向是進行式了？這當然是一項值得推敲的可能性！[13]

3.1986 年的 10 年後，也就是 1996 年總統首次大選，我被彭明敏競選總部派駐高雄擔任執行總幹事時，受到一位住在高雄從紐澤西來台的傳教士邀請，到他家

13　參閱：https://reurl.cc/e6415b。以及本書第 100 頁附件二中對國民黨與島內黨外人士的影響，。

餐敘作客。當晚餐敘之際，我被介紹認識一位 AIT 駐高雄的官員。閒談中，我非常驚訝這位 AIT 官員居然知道 1986 年 4 月 30 日在華府，丁大衛、許信良會面的勸說。從這裡我更驚訝得知：這場會面，蔣經國也被告知的！[14]

4. 臆測：

（1）丁大衛明知道隔天 5 月 1 日就是要宣布「遷黨回台」的媒體公開日，爲何也答應這天見面，還刻意要求希望許信良取消「遷黨回台」專案，至少取消「回台」的想法？

經觀察這些年來的歷史演變，可以臆測的是：國務院當局已經知道台灣建立反對黨的潮流成熟了。不想阻擋的原因是不想再度看到台灣淪落成如菲律賓馬可仕的狀況。換句話說，丁大衛與許信良的見面，只不過是一個過場，極可能美方故意要向台北的蔣經國有所交代說，我們替你當說客勸服了，他們不聽，國務院也沒辦法。國務院假使要眞的阻止的話，即使下一分鐘就公開，國務院照樣有辦法可以讓事情不發生的。

（2）允許建黨的原因是，至少國務院默許台灣人組織反對黨，這樣的推論不會錯到哪裡！

但美國絕對不會主動幫助台派建立反對黨的。所謂的不反對、不支持，這點必須確認。

14　在口述歷史中，丁大衛津津樂道的是他和蔣經國不尋常的友誼。參閱：https://reurl.cc/KpnNkn。

七、1986 年 5 月 1 日，台灣民主黨建黨委員會成立記者招待會

記者會由康泰山主持。林水泉先開始演講，然後謝聰敏，最後才是許信良。三人都是搞政治群眾運動的能手，當然演講非常出色。演講的內容在隔天北美各大中文報紙都以最顯著版面刊登，可參閱第四章的台灣革命黨參考資料所收集各類剪報。[15]島內自立晚報並以專版報導這震撼消息（請

15　台灣革命黨參考資料：1986 年 5 月 3 日共 15 頁，1986 年 6 月 1 日共 11 頁。

最前排左起：林水泉、許信良、謝聰敏、艾琳達、許國泰。
第二排左起：田台仁、潘大和、陳榮儒、楊嘉猷、張玉美、李丁山、紀秀貞、賴文雄、洪哲勝。第三排左起：許丕龍、楊次雄、康泰山、陳英燦、楊明昊。
（本照片由艾琳達小姐提供，特表謝意。）

台灣民主黨建黨委員會 成立聲明

國家現代化是一項艱巨而複雜的工程，決不是單靠一個政黨的力量所能完成的。台灣民主鬥士屢次要求組織反對黨、參與國家建設，都被國民黨政府污染和壓迫，許多民主鬥士被拋進黑獄，許多民主鬥士受到殺害，人民對台灣的前途感到焦急、茫然，和悲愴。

反對黨的成立是現代民主政治的特徵。沒有反對黨就是沒有民主政治。台灣還是停留在一黨專制的階段。民、青兩黨只是政治花瓶，不是我們所需要的反對黨。現在國民黨又以『多黨林立』和『分離意識』爲藉口禁止組黨。『多黨林立』可模倣西德立法例，以法律限制全台灣得票率在百分之五以下的政黨候選人進入國會。況且在現行憲法之下，立法院沒有不信任投票權。行政院長的地位非常穩固，小黨不能動搖執政黨的地位。若論政黨黨員的意識，則國民黨政府總統蔣經國爲蘇聯共產黨員，『意識』與現有台灣政府體制相去甚遠，任何台灣政治領袖的政治紀錄都比他『思想純正』。在國家現代化的過程中，執政黨和反對黨扮演不同角色，國民黨政府應該開放黨禁，與反對黨相互攙扶，攜手同進，創造美好的未來。

我們爲了爭取人民組黨的權利，決定於一九八六年五月一日在海外成立『台灣民主黨建黨委員會』。『台灣民主黨』是一個突破『黨禁的黨』，成立之後、遷黨回台、突破黨禁。黨外組黨運動已經在台灣醞釀。『台灣民主黨』只是任命臨時幹部、執行遷黨回台任務，配合黨外的行動，遷台以後，由黨外人士充實組織、任命常設幹部，成立各級黨部。倘若『台灣民主黨』遷台之前、黨外另有反對黨，國民黨政府開放黨禁，則『台灣民主黨』將自動改爲台灣該反對黨海外支部。『台灣民主黨』是由民主運動的奉獻者所組織，只做黨外不敢做的事，突破國民黨的禁令，克服黨外組黨的障礙，打開民主政治的第一道門。我們抱着成功不必在我的信念，前赴後繼，實現人民深沉的願望。

我們的成員來自海外各界人士。我們的組織只是一種民主運動，不屬任何革命團體。我們要以公開的、和平的、合法的方法爭取人民應有的權利，參與國家的建設。我們根據台灣和海外民主人士的言論提出我們共同的主張。我們要求：

一、總統由台灣人民直接選舉產生。

二、全體中央民意代表由台灣人民選出。

三、廢除戒嚴令。

四、釋放政治犯。

五、廢除黨禁和報禁，保障言論自由。

我們相信我們的主張一定會激起人民的贊許和共鳴。

我們的目的就在組織廣大的人民、加强民主運動，用自己的力量來建設現代化的國家。這是台灣走向光明或停在黑暗的轉捩關頭。我們呼籲海內外民主人士以寬大的胸懷和宏偉的氣度團結合作，共同展開反對黨運動，把握千載難逢的機會，發揮人民大無畏的力量。

台灣民主黨建黨委員

王美霞
王能祥
王金三
王秋森
王喜美
王桂榮
王萬全
方菊雄
江合祥
江昭國
江昭儀
李丁山
李文雄
李友禮
李婉婉
李偉器
李錦鳳
邱忠男
邱忠勇
何文亮
卓甫良
林本晃
林芸
林水泉
林尚武
林富文
林英宏
吳振坤
吳豐秋
周實
紀國瑋
施艾琳達
施明雄
施敏輝
洪順五
洪耀東
柯清隆
胡維剛
范良信
康泰山
徐福棟
高文吉
高寬宏
許信良
許登龍
許盛男
許丕龍
許英智
陳杏村
陳英燦
陳惠亭
陳申助
陳素貞
陳清風
陳榮儒
陳黃義敏
崔睿芝
彭明敏
莊峻華
黃介山
黃美惠
黃瑤明
黃明仁
黃榮貞
黃惠香
黃會順
黃彰輝
黃源生
黃瑞鳳
黃森元
黃詠森
黃靜枝
黃大彰
郭惠娜
郭尚五
莊逸民
曾瑞珠
葉吉福
張家成
張玉美
程萬行
楊玖之
楊嘉歆
楊明昊
廖文光
鄭紹良
鄭英杰
樊豐忠
蔡瀛如
蔡淑敏
蔡同榮
蔡正隆
蔡新美
劉世均
潘大和
潘世姬
賴秀英
賴文雄
歐煌坤
鍾金江
鍾謙順
謝清志
謝英敏
謝進南
謝聰敏
蕭欣義
簡忠松
魏瑞明
羅蕙義
羅介川
蘇藤宗
蘇英世
JENNY YANG

參閱附件一）。許信良的演講，最主要是講到政黨政治在台灣的不可避免趨勢。主講完後，聽眾發言，其中強勁有力且信息明確的就是洪哲勝的發表。他以大義凜然洪亮聲音宣布：台灣革命黨將許信良同志獻出來，讓許信良退出革命黨，建立台灣民主黨並將黨遷移回台，專心一意替此後台灣政黨政治帶來新的方向與契機。這個重任由許信良領導負責，必定是海外台灣人運動的力量轉移回台的最主要礎石。兩人的演講唱得天衣無縫，一氣呵成。

八、革命黨與「遷黨回台」切割

1986 年 5 月 1 日之後，「遷黨回台」專案在政治上的運作必須與台灣革命黨（TRP）做徹底公開切割，否則邏輯上會產生很大弊端。因爲 TRP 是以類左派革命的團體性質出現，別說在台灣人社區鮮少被接受，就是在美國社會，也不可能公開運作。

更何況「遷黨回台」最主要的概念不是出自於「建立台灣民主黨」，而是出自於「回台」。「建黨、遷黨」是剛好可運用的好戰術，「回台」才是戰略目的！也因此，大家都同意，既然策略上來說，「遷黨回台」和革命黨切割有其必要，爲了推行順利，避免不必要的紛擾，那就讓 5 月 1 日以後的工作交給加州幫去經營吧！雖然內部有些私下議論，但畢竟沒有鬧開，大家都很成熟地爲大局著想，也因此非常順利完成交接。我就在 1986 年 6 月 1 日把在美東的所有相關資料與財務都交給許信良，讓他自己帶給加州幫繼續經營。

九、1986 年 6 月以後遷黨的運作

交接後，我就從不再過問「遷黨回台」的事，僅與加州

幫保持友好關係聯繫，也經常給些意見。坦白說，六、七、八，三個月期間，是全美夏令營最熱門的季節。往日的節目，都不太有許信良的角色。[16] 但 1986 年夏天簡直就是許信良等三人的唯一舞台。

另外，加州幫確實在許丕龍策劃下，辦得相當有聲有色，尤其在洛杉磯市區 Bonaventure 大酒店，由許丕龍主持的那場幾千人極大型的造勢晚會，把整個台灣人多年來的積壓鬱卒，全部釋放，非常出色，非凡亮麗，創台美人有史以來最大的造勢場。

玫瑰展現之後，怎辦？8 月以後實質的「遷黨回台」要如何搞？這就不可能是玩嘉年華的歡欣場景了，是眞才實料，需有拿腦袋出來典當的氣魄了。

此時此刻，在台灣島內的黨外公政會也加緊馬力，朝著成立新政黨的方向努力。國民黨方面，同時受到美國國會以及國務院等很大壓力。這時原本啓動「遷黨回台」專案的台灣革命黨，由洪哲勝於 1986 年 9 月 13 日臨門一腳發表一份高分貝的嚴正聲明：呼籲立刻啓動組黨洪流。

島內、海外、國際等各方面的種種必要條件突然群聚，竟然順利地在數日後，於 9 月 28 日無意間宣布建立民進黨，台灣革命黨也於第一時間就傳送賀電祝賀。

民主進步黨於 9 月 28 日在台北宣布建黨後，許信良立

16 許信良在美國流浪那幾年與台美人的關係為何如此冷淡？這點需要有專人分析。

台湾革命党声明

一九八六、九、十三

在岛内、外台湾人民热烈展开组党运动的同时，蒋家政权一再违逆民主的潮流，以司法审判为工具，对陈水扁、李逸洋、黄天福、郑南榕、颜锦福、及林正杰等党外斗士进行政治迫害，这使斗争从议会转入街头，从言辞的论辩转入群众的示威游行。

基于「群众自救」的观点，台湾革命党认为现阶段台湾人民必须大力推动以合法、非暴力、及公开斗争为主要形式的民主运动。台湾革命党并进一步认为，台湾社会条件的成熟，已能反对党的创建提供了可能性及必要性。在议会内外广开如火如荼的组党运动，不但可以凝聚岛内、外数十年来积累起来的运动资产，更可以提升运动的层次，穷尽民主运动的功能，使自救运动更上一层楼。

因此，台湾革命党郑重呼吁岛内、外台湾人民，积极投入这个整个岛内、外运动的组党洪流，在精神上及物质上献出自己的一份，使群众运动风起云涌，用人民的力量防阻蒋家政权对党外人士的疯狂镇压，强行逮捕，为台湾人民的早日出头天铺路！

祝賀

民主進步党早日完成建党

民主進步党的及時宣佈發起，是台湾民主运动進入實質階段的第一步，是陣痛的起始徵兆。海內外的台灣人民將圍繞着組党运动，進一步在各個領域全中展開草根性的群眾工作，而終於達成自救出头天的願望。願並肩作戰！

台湾革命党

總書記　洪哲勝　賀

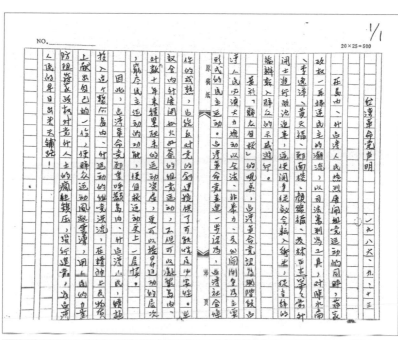

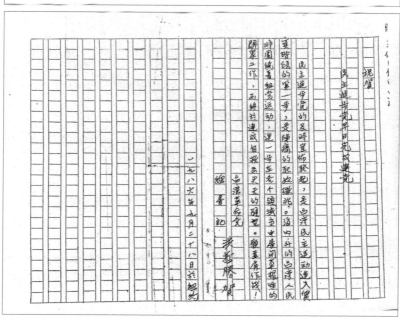

一九八六年九月二十八日於紐約

即宣布停止原本「遷黨回台」企劃，並表示自己是「民進黨海外支部」領導人；但當時許信良尚未入黨，民進黨中央黨部也表達民進黨尚未有正式的海外支部；許信良於是表明要「返台入黨」，同時掛上「民主進步黨海外組織」的招牌，開始在海外台灣人中運作。

闖關嘗試一直繼續著，並擴散到許多個人。1986 年 11 月 30 日，三人第一次自日本成田機場搭機返國，意圖闖關回到台灣，最後因國泰航空拒絕讓他們三人登機，被滯留東京，無法成行；前往接機的群眾與軍警爆發激烈的衝突，是

1986 年 11 月 30 日「台灣人民自救宣言」起草人之一、前立委謝聰敏（左一）、前民進黨主席許信良（左二）、台灣民主運動從事者林水泉（右二）自日本成田機場搭機，意圖闖關回到台灣，最後因國泰航空拒絕讓他們三人登機而無法成行。圖：許信良提供（資料照片）。

爲桃園機場事件。[17]之後，第二次再迂迴經菲律賓，於12月2日企圖闖關，遭原機遣返。之後，一連串不斷的闖關動作就接二連三地演出。

「遷黨回台」的企劃案到此時，竟然變成在美國又形成一個新政治團體，是曰「海外組織」。新組織就從原先加州幫轉移到其他各地，包括：舊金山的洪順五、溫哥華的張邦良，以及其他各地的人。（參閱附件三：海外組織名單。）

雖號稱「海外組織」，但最主要是維持許信良返台的動量。這樣持續到1989年9月27日，許信良以漁船偷渡的方式返鄉，進入台灣島內，非法入境被捕入獄，這場歷時三年多的「遷黨回台」才正式結束。

海外組織在許信良出獄，當上民進黨主席後，經幾年，民進黨才設立美東黨部、美西黨部至今，並設有僑選立委，直到幾年前僑選立委才與不分區合併。[18]

十、「遷黨回台」對台灣人運動的影響

（一）對海外黑名單的影響

從打破黑名單事後的兩種說法，可以看清「遷黨回台」

參閱一 參閱二

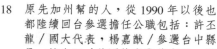

17 參閱一：https://reurl.cc/Qjkzz5。
參閱二：https://reurl.cc/Qjkz80。

18 原先加州幫的人，從1990年以後也都陸續回台參選擔任公職包括：許丕龍／國大代表，楊嘉猷／參選台中縣長，鐘金江／某國營事業董事長，謝清志／國科會副主委，陳昭南／立委，江昭儀／立委。

過程中，台美人社區是呈現兩極化的。

一種是台獨聯盟的說法 ：[19]

自 1988 到 1991 年之間，出現一波波「海外黑名單闖關回台」行動。一些在海外從事台灣獨立運動而被國民黨當局禁止入境的人，不計成敗，不計後果，即使被捕也毫無畏懼。如陳翠玉、羅益世、陳昭南、陳婉眞、許信良、郭倍宏、李應元、王康陸、張燦鍙等人，都陸續「翻牆」回家。

1991 年前後，共有二十幾位海外「台獨黑名單」及國內台獨人士被捕入獄，被捕的異議分子都以刑法一百條「預備顛覆政府」的叛亂罪名起訴。一百條（內亂罪）規定條文：「意圖破壞國體、竊據國土或以非法之方法變更國憲、顛覆政府，而著手實行者，處七年以上有期徒刑；首謀者，處無期徒刑。」

1987 年台獨聯盟總本部喊出：「島內台獨運動公開化，返鄉運動全面化」口號，並獲得當時民進黨主席姚嘉文的支持，答應由民進黨促成世台會回台舉行年會。

1988 年夏天，張燦鍙的夫人張丁蘭與多位聯盟幹部的夫人羅清芬、葉明霞、劉眞眞，以及聯盟中央委員莊秋雄、公論報社長吳信志等人，都以改名的護照「闖關回台」，並且公開參加世界台灣同鄉會大會活動，後來他們都遭到取消簽證。

19　參閱：https://reurl.cc/zMj0bk。

又另一種是「還黨回台」的說法：[20]

1986 年的返鄉運動，是海外台灣人運動的歷史分水嶺。在這之前，海外台灣人運動者從來不曾把有生之年回到故鄉當作運動的認眞目標。他們被稱作週末革命家，週間過著美式生活，只在週末相聚取暖、相濡以沫。他們一般都不相信可以及身看到民主運動在台灣取得勝利。絕大多數的他們都準備在海外安度餘年。所以，當 1986 年 5 月 1 日返鄉運動在紐約的聯合國廣場正式宣布，海外台灣人運動最重要的政治組織台獨聯盟便激烈反對。

返鄉運動主張台灣人有回到台灣的權利，控訴國民黨少數統治集團違反聯合國基本人權公約。返鄉運動主張台灣人有組織政黨的權利，控訴國民黨少數統治集團在台灣實施世界歷史最長久的戒嚴統治。返鄉運動宣布成立台灣民主黨，並宣布將於年底攜黨回台，同時動員海外同鄉勇闖鄉關，挑戰黑名單。所有這些，對於國民黨政權都是難以承受的衝擊！

事實上李登輝於 1989 年已經派人出來海外解禁黑名單了。那之後回台的人，根本無所謂「突破」黑名單之舉可言。不管如何，爲了各自陣營的門面，各有說法，也無可厚非。最關鍵的是：幾乎所有海外知名的黑名單人物，全都在 1986 年 5 月 1 日「還黨回台」專案推出之後才開始回台。海外運動也因此正式畫下句

20　參閱：https://reurl.cc/028Lx9。

號，終於回到主戰場台灣！回台返鄉運動漂亮地完成任務，落幕了！

（二）對國民黨與島內黨外人士的影響[21]

當時還是戒嚴時期，調查局對黨外人士的活動一向密切注意，當時組黨的情勢既然已經發展到公開舉辦說明會，黨綱、黨名都已萬事俱備的地步，調查局怎麼可能還會不對黨外人士的競選造勢活動嚴加監控，不去留意組黨籌備工作的進展？謝長廷公開對黨名發出問卷調查，調查局能夠不掌握這個警示性的情報嗎？更荒唐的是，還會讓他們在圓山飯店組黨完成之後，才發現已經措手不及，沒辦法預先阻止？這種天真說法，未免也把當時情治單位的監控能力，整個都看扁了。

唯一合理的解釋就是，高層有意要放水，讓黨外的組黨可以成功。這點可以從民進黨組黨之後，蔣經國於十月七日接受美國《華盛頓郵報》和《新聞週刊》記者訪問的時候，就率先預告了台灣將要解嚴以及開放黨禁的消息。而於十月十五日國民黨的中常會中，也很快就通過了解嚴和開放黨禁的決議。

21　參閱：https://reurl.cc/e6415b。

十一、在台灣建立反對黨過程中，美國所扮演的角色

從「遷黨回台」的過程，現在回憶起來，確實是台灣人打拚，美國也同情，所以施壓給蔣經國。因此台灣的反對黨之成立，可說是三方面不期而遇共識的結果。即使最不願意見到此景的 KMT 也沒辦法。眞的是愛拚才能贏。敢拚，才有機會建黨。關鍵是爲何美國會願意看見台灣建立反對黨，但美國卻又不願意明說幫助台派，這就是最詭異的地方。

從「美國台灣觀測站」（US Taiwan Watch）的臉書，我們可以確認美國國會對行政部門施以相當大的壓力，要求美國政府對台灣當局必須堅持實行民主，成立反對黨。

整個 80 年代，當台灣島內風起雲湧掀起解嚴運動時，美國幾乎可以說是同步遠端參與整個過程。在美國不斷地施壓並以停止軍售作爲威脅手段之下，爲了改善國民黨的形象，1986 年 10 月 7 日，蔣經國才在接受華盛頓郵報資深記者葛蘭姆（Katharine Graham）的專訪時，宣布台灣即將宣布解嚴。

很多人可能會認爲，美國國會最近通過的和已提案的台灣相關法案都是在講軍售（其實明明還有軍事合作，但有些人就會自動忽視那塊）、一直把台灣當凱子。然而，你可能要了解的是，從以前到現在都是台灣一直想要跟美國買武器，因爲幾乎是唯一的軍售來源。而且，美國國會因爲重視台灣人權

和民主政治的發展，可以用放棄自己的大筆生意來當作籌碼，以停止軍售做威脅要求改善台灣國內的政治迫害。台灣的自由化與民主化，其實絕對不是「英明領導人的恩賜」。

而且，很多人可能不知道的是，事實上在 1987 年宣布解嚴的同時，國民黨政府立刻實施「動員戡亂時期國家安全法」，所以，根本是「愈解愈嚴」。台灣眞正的言論自由要一直等到 1991 年廢止動員戡亂時期，以及 1992 年刑法一百條修正通過（在此之前只要政府認定你「搞台獨」或者「顚覆政府」都是有罪的，最高甚至可以判死刑）才算是開花結果。

其實美國國會有許多議員關心台灣民主化的進程，前後提出 H.Res.591、H.Con.Res.129、H.Res.112S. 和 Con. Res.38 等立法對台灣的戒嚴法表達關切。也有像 H.Con. Res.344、H.Con.Res.233、S.Con.Res.121、H.Con.Res.124 和 S.Con.Res.46 等表達國會關切台灣建立代議政府、政黨、及言論自由立場的立法。

1986 年 5 月，在美國國會山莊舉辦的「台灣實施戒嚴三十七週年」記者會，諸多參、眾議員現場宣布成立「台灣民主委員會」（Committee for Democracy on Taiwan），由參議員甘迺迪（Ted Kennedy）與裴爾（Claiborne Pell）擔任榮譽主席，眾議員索拉茲與李奇任聯合主席，以協助促進台灣的民主、自由與人權，並同時對台灣當局呼籲不要阻擋民主潮流，否則可能嚴重損及台美關係。

同年的 9 月 28 日，一群黨外人士在台北圓山飯店宣布成立民主進步黨（Democratic Progressive Party，DPP），成立台灣第一個反對黨。十日之後，美國眾議院外交委員會主席法索爾（Donate Fascell）發表公開聲明，敦促國民黨政府應與剛成立的反對黨溝通，並廢除戒嚴法。美國國會在第一時間的介入，成功地保住了挑戰當時黨禁的民進黨。[22,23]

十二、35 年後的檢討－從「獨立革命」到「台美建交」

1945 年以前，根本沒有「台灣意識」的存在。戰後，台灣民眾張燈結綵地認同充當中國的一部分，這也無可厚非。然而，1947 年 228 事件後，台灣的自我意識萌芽，國際卻讓台灣歸屬中國，所以台灣民眾才開始認知：從中國來的軍隊並不把台灣人看成同胞，反而看成是戰敗國的所遺留下來的二等公民，本就該被殖民。也因此，台灣人高倡獨立建國意識才開始萌芽。

「獨立」概念的轉化

建國的概念一直延展至今無大改變，卻

22　參閱：https://reurl.cc/9OYMyX。

23　美國參議員甘迺迪、貝爾和眾議員索拉茲、李奇、多梭里等人組成台灣民主化委員會，六月二十五日，美國眾院外交委員會亞太小組與人權小組共同決議要求國民黨政府「容許新政黨成立」，以上種種「國際因素」，當然有助於台灣的解除戒嚴、開放黨禁。參閱：https://reurl.cc/Npm3Lq。

有方向上的變化。首先，當 1979 年美國與中國建交，台派運動的提法就逐漸從原本的「獨立」轉向「自決」：模糊了「從何處獨立」的議題。台澎領土法理上也根本不屬中國領域，中華民國更不是台澎領土的宗主國；尤其當 1996 年首次民選總統之後，TW 即 ROC，要從何處獨立，變成是邏輯問題。台灣派自己都選總統、掌有執政權了，台灣還要從何處獨立出來？更何況「獨立」的反面是「統一」，而「統獨」定義上根本就把台灣預設為歸屬於「一中」的內政框架。一旦承認這樣歸屬與框架，就是大忌。

「獨立」逐漸不再被高舉，隨之「建國」也似乎不流行，繼起的是狸貓換太子的「正名」。剛好「遷黨回台」運動處於 1979 年至 1996 年之間——領土未定，台灣需自決，到台灣「就地即邦，TW=ROC」的變化過程中，運動方式當然也跟著變化。從早期刊物宣傳、示威遊行、演講造勢、群眾大會，到 80 年代初期的零星爆破行動，到 86 年的「回台運動」路線調整，就是隨著客觀局勢的變化。

然而，機會不是都能從天上掉下來。雖然主觀不能製造客觀變化，但黨外運動、高雄事件，以及一連串對抗到最後民進黨的成立都說明了一點：只要跟著潮流，一旦客觀變化時，我們的力量立刻展現出來了。

北京的浮出，台灣邦格複雜化

客觀環境未曾靜止——台派運動路線在改變，國際環境也改變中。

即使季辛吉打開美中交流之門後，「統一」這名詞在70至80年代這期間的海外運動仍舊很少出現。對民進黨成立前的台派運動，北京一直都保持沉默不表態。北京開始發聲、指手劃腳、說三道四，那是遲到李登輝發表兩國論之後。

再加上因為世界經濟潮流的轉移，中國從90年代開始以大量廉價勞力吸收外資前往中國市場，連當時在台灣的許信良也曾提出「大膽西進」的主張。在整個國際對中國經濟趨之若鶩的氛圍下，世界工廠的冠冕直接提升中國、掩蓋台灣，導致台灣邦格定位的複雜性大幅增加。這時的台派運動，已經從「遷黨回台」單純對付蔣家國民黨政權，不斷蛻變到再也不是原本推翻台灣內部統治集團就可以搞定的問題，反而複雜到必須把世界雙霸都牽扯進來不可了。

「台美建交」一摠定乾坤

坦白說，在台澎領土地位未定的前提下，「中華民國」是否更改國號即可適用台灣？或，台灣人需改採如群眾力量古典方式推翻蔣家政權，宣告建立台灣主權邦國才算大功告成？要不，就是研究為何左派運動走到哪裡，哪裡就可以革命成功，所以需走左派路線，也因此引起80年代海外運動的左右意識型態的路線之爭？35年後回看這些年來海外的台派運動，確實是非常單純可愛。

不管怎樣，這些簡單想法都顯示，當時海外台派團體對於「根本問題在於台灣是國際列強地盤爭霸的中心」這點是毫不知道、無從體會的。這個最重要的關鍵，坦白說，一直到川普總統才把整個原委明朗化到非常清楚，國務卿龐皮歐甚至大剌剌講出台澎不是中國的一部分。能要走到今天，非常不容易！當下已經非常清楚，只要「台美建交」，所有台灣邦格定位的問題都解決了！35 年前誰有這通天能力洞悉這一切？

今日的台灣

有些人評論「遷黨回台」的功能算是機運。但處於恐怖氣氛下，若沒下定決心付出可能的代價來踏出這一步，國民黨會在 1986 年主動宣布開放黨禁嗎？可能性是很小的。證據就是，雖然國民黨已在 1987 年 1 月 1 日宣布解嚴，兩年後的 1989 年還在抓鄭南榕。所以若期待獨裁者的恩惠，就繼續當被壓迫的人吧！

◈ 2021 年，台灣已是享有盛名、世界高規格的民主邦國，不但有政黨輪流執政，言論的自由也堪稱世界第一流，各項人權概念的保障與提升，都擁有與歐美日相同的水準。這樣的成績是可昂然傲視的。即便如此，台灣邦國定位依舊未決。所幸，經歷這些過程，我們非常清楚：性質上，台灣邦格議題非屬革命路線，而是國際陣營爭霸的問題。

過去台灣運動還非常弱小，根本無法體驗台灣地理位置

臺灣省政府
臺灣省警備總司令部 佈告

戒字第一號

一、本部為確保本省治安秩序，特自五月二十日零時起，宣告全省戒嚴。

二、自同日起，除基隆高雄馬公三港口在本部監護之下，仍予開放，並規定省內海上交通航線（辦法另行公佈）外，其餘各港，一律封鎖，嚴禁出入。

三、戒嚴期間規定及禁止事項如左，

（一）自同日起，基隆高雄兩港市，每日上午一時起至五時止，為宵禁時間，非經特許，一律斷絕交通，其他各城市，除必要時，由各地戒嚴司令官酌情形規定實行外，暫不宵禁。

（二）基隆高雄兩市各商店及公共娛樂場所，統於下午十二時前，停止營業。

（三）全省各地商店或流動攤販，不得有抬高物價，閉門停業，囤積日用必需品擾亂市場之情事。

（四）無論出入境旅客，均應遵照本部規定，辦理出入境手續，並受出入境之檢查。

（五）嚴禁聚眾集會罷工罷課及遊行請願等行動。

（六）嚴禁以文字標語，或其他方法散佈謠言。

（七）嚴禁人民攜帶槍彈武器或危險物品。

（八）居民無論家居外出，皆須隨身攜帶身份證，以備檢查，否則一律拘捕。

四、戒嚴期間，以圖擾亂治安，有左列行為之一者，以法處死刑。

（一）造謠惑眾者

（二）聚眾暴動者

（三）擾亂金融者

（四）搶劫或搶奪財物者

（五）罷工罷市擾亂秩序者

（六）鼓動學潮，公然煽惑他人犯罪者

（七）破壞交通通信，或竊取交通通信器材者

（八）妨害公眾之用水及電氣煤氣事業者

（九）放火決水，發生公共危險者

（十）未受允准，持有槍彈或爆裂物者

五、除呈報及分令外，特此佈告通知。

主席兼總司令 陳誠

中華民國三十八年五月二十日

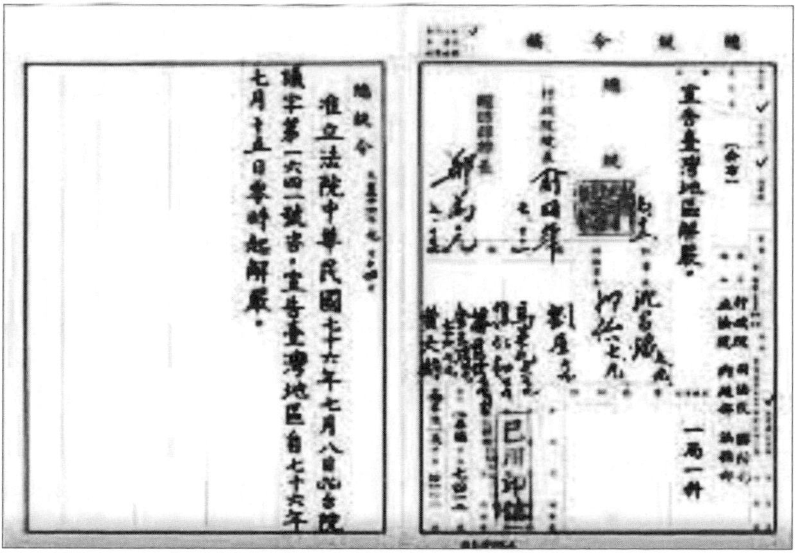
總統令

宣告臺灣地區解嚴。

總統

行政院院長 俞國華

一局一件

已用印

總統令

准立法院中華民國七十六年七月八日(76)台院議字第一六四一號咨，宣告臺灣地區自七十六年七月十五日零時起解嚴。

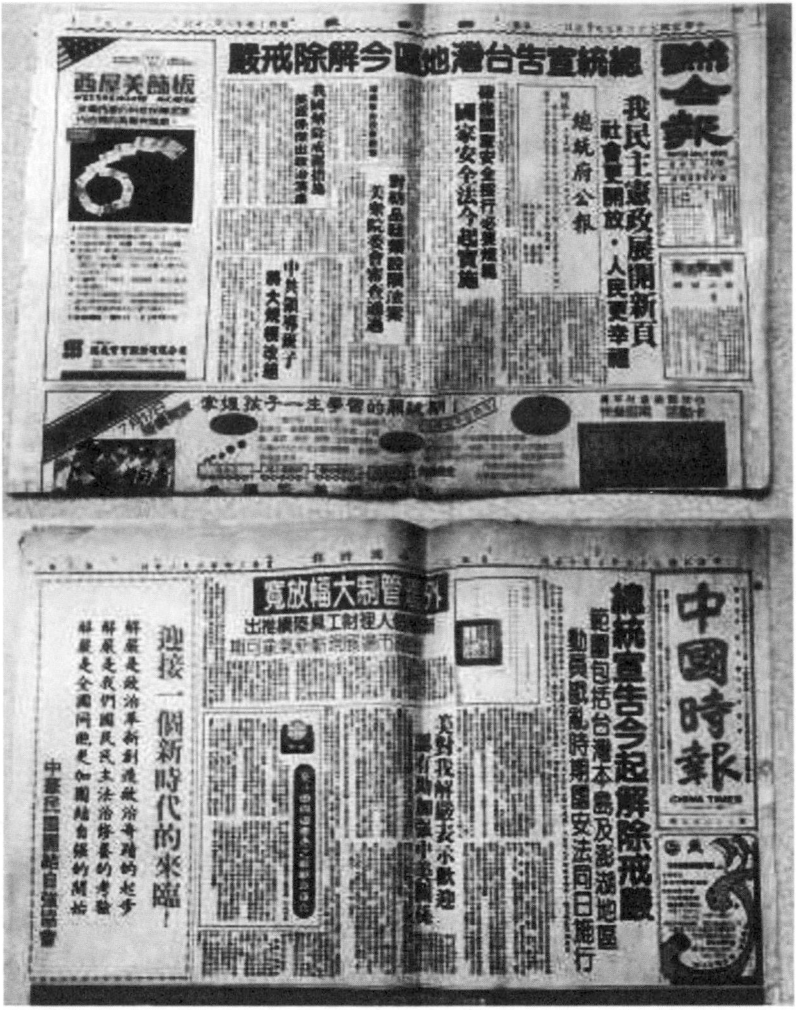
總統宣告台灣地區今解除戒嚴

聯合報

我民主憲政展開新頁 社會更開放．人民更幸福

國家安全法今起實施

總統府公報

中國時報

總統宣告今起解除戒嚴

範圍包括台灣本島及澎湖地區

動員戡亂時期國安法同日施行

外匯管制大幅放寬

美對我解嚴表示歡迎

迎接一個新時代的來臨！

解嚴是政治革新劃時代的起步

解嚴是我們國民民主法治修養的考驗

解嚴是全國同胞更加團結自強的開始

中華民國團結自強協會

對國際列強的重要性。我們感受到的，只是從 KMT 直接而來的欺壓霸凌。於是，台灣民眾要從蔣介石的獨裁專制下爭取民主自由。以體制內的合法鬥爭參與各種選舉，我們吶喊

要成立政黨，要言論自由，要民意代表全面改選，要廢除戒嚴法，要總統民選……我們做到了！代價呢？說低不低；說高？也沒啥流血。事過境遷來看，台灣的民主化，算走得非常平順。

此後呢？

面對北京非常強大的上層建築侵略，影視、經濟、貿易、文化、媒體，加上運用赤藍政客，在言論自由的台灣大規模公開地呼籲統一。這樣的環境下，敵我陣營的對立，不再是如建不建黨的民主訴求層次而已，而是牽涉到自我意識是否建立在堅強鄉土認同的基礎上。

本著幾千年來的宮廷政治經驗，藍營的政治文化用來對付綠營是綽綽有餘，赤藍人更容易用放大鏡非常嚴密監視，讓綠營執政連犯錯的機會都沒有。雖然綠色已經第二次執政，而且綠色執政的好處是讓台灣人原本對政治的恐懼與陌生，都徹底因藍營對綠營的肆無忌憚而冰釋。此舉反而教育了選民，讓選民知道該如何運用民主制度，體驗到原來民眾對執政者是可以這樣管理的。觀看今天的年輕一代，生下來就是言論自由了，要罵總統，罵任何高官，本來就是天經地義，有啥了不起。然而卻不知，當下的一切理所當然都是過去徹底不准的，是大忌。大忌對年輕人來說，無法理解！

沒有政黨的成立，不可能有 1996 年的總統大選，也不可能有 2000 年第一次由非國民黨執政。這結果甚至震撼了白宮，也導致白宮注目台派運動的起伏與亞太戰略的關係。樂山雷達就是在 2003 年開始規劃建置，這與白宮承認台灣走進政黨政治運作模式有絕對關係。

從 2000 年以後，民進黨已執政兩次。期間不時存在驚濤駭浪，而且創造了許多台灣政治史上的第一次，包括：總統首次被羈押入獄；韓國瑜現象與首次罷免市長成功；美國總統首次恭賀台灣總統當選；台澎領土地位首次被明白宣稱不屬中國等。這一切現象，不管緣出何由，可以確認的是：激烈的政黨政治競爭現象，那是 1986 年不可能想像到的情景。

2016 年小英帶著台派無限的祝福與期望就職總統。此時立法院民進黨占多數，總統也是民進黨，這樣一片大好的時機下，以台派運動的傳統角度來看，只要更改國號，制定新憲法，就達成所謂的法理建國的目標。然而，眞的這樣嗎？爲何不做呢？難不成這些概念根本就是從中國朝代史傳下來的，根本不是二戰後大西洋憲章發表後的現代邦格概念？

兩次的執政讓台派長大，概念也更加成熟。我們體會到，建立政黨，「遷黨回台」，這些只是在解決戒嚴專制體制下，台灣民眾要消除國民黨一黨獨大的獨裁統治，所必須具有的工具與反抗方式。苦澀的實情是：並非有了政黨，就可順便解決台灣邦格的問題，也更不是台灣需不需要獨立的問題。樂觀的態度是：雖然「遷黨回台」的功能僅能有這麼多，但天才就是從一顆受精卵開始成長的。沒有「遷黨回台」豁出去，以及之前與之後無數人的奉獻犧牲，今天的台灣不可能享有這麼民主自由的空間。

此後呢？固然台澎領土的歸屬依然是未決，屬國際問題，但光意識上對台灣人的侵略洗腦，如鄉土教育的認同依舊占國民教育中非常少的份量，語言文化認同依然是以大中國結構當骨架，加上北京一直不斷文攻武嚇，商業利益引誘，台灣人運動對鄉土的認同意識努力，依然太不足夠。

「遷黨回台」既衝破國民黨的黨禁，也打破國民黨的黑名單，更把四十多年來捆在海外的台派力量轉回主戰場台灣島內，一舉數得。雖說「遷黨回台」很可能是撞上了機運，但畢竟也是台灣人大膽豁出去的共同傑作。如今，台灣的主要敵人已更換了，是全世界強國——北京共產黨政權。雖然我們不再面對戒嚴法與特務統治的恐怖，但我們仍需以類似「遷黨回台」的創意方法來徹底打破中國侵略台灣的威脅，這才是保衛台灣鄉土永遠自由民主的最佳保障。

附件一

自立晚報報導 1

立委嚴重關切核電安全
要求勿貿然興建核四廠
下年度總預算中核四廠並未編列

有關人士指出部分成員擬脫離台獨成分
「台灣民主黨」若遷回國
執政當局絕不可能允許

舉世談核色變 台灣自不例外
專家希望大家不必過慮

立院委員會通過 廢止最低工資法

黨外人士抱持樂觀態度指出
組黨宜在國內進行
依循穩健步驟以免徒增疑慮

海內外皆傳組黨聲 黨外如何面對衝擊

貿易外匯改申報制具有前瞻性

陳齊忠拜會金大使
感謝韓國政府協助投奔自由

四會計公會請願 反對設立稅務士

參加國際政府組織 我不更改名號
朱撫松答覆立委質詢說

高普考試日期擬定 八月廿起舉行
簡併類科共設一〇四組

水利會長內定提名 執政黨今完成作業

防止電廠熱排水破壞生態
不宜設置於魚類產卵地帶

沙烏地阿拉伯改頭換面!
歐沙之旅系列報導之五

·554·

自立晚報報導 2

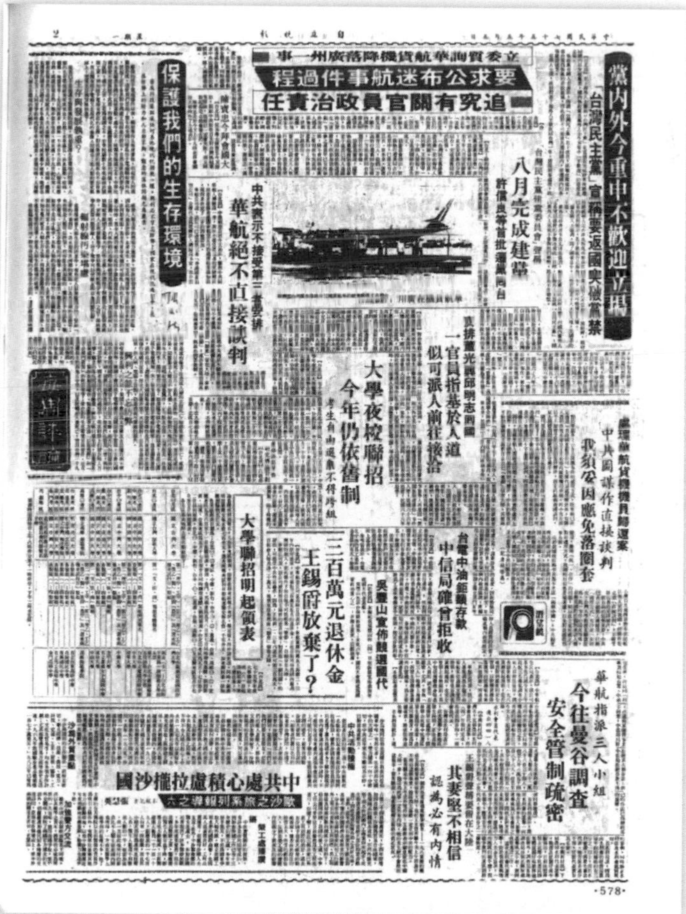
黨內外今重申不歡迎立場

「台灣民主黨」宣稱要返國突破黨禁

立委質詢華航貨機降落廣州一事

要求公布迷航事件過程

追究有關官員政治責任

八月完成建黨

保護我們的生存環境

華航絕不直接談判

大學夜校聯招 今年仍依舊制

我須妥因應免落圈套

台電中油鉅額存款 中信局確曾拒收

三百萬元退休金 王錫爵放棄了？

大學聯招明起領表

吳豐山宣佈競選國代

華航指派三人小組 今往曼谷調查 安全管制疏密

其妻堅不相信 認為必有內情

中共處心積慮拉攏沙國

•578•

附件二

參閱：https://reurl.cc/9OYgOv

三、民進黨籌備階段的歷史回顧（國民黨說法）

早在組黨前的一兩個月左右，中山站就已經從各方面接到該任務的情報，而各種不斷交代下來的先期準備工作，也都不斷持續在進行當中。其實現在我們只要再翻開當時的新聞資料來分析，就可以發現那個「組黨神話」的漏洞：

1. 在那年（一九八六年）的五月一日，許信良等人就在紐約市集會， 準備要設立「台灣民主黨」，調查局當然會注意到此事對台灣內部 所造成的影響；
2. 在五月到組黨之前的這段期間內，黨外公政會在各地的分會都紛紛成立；
3. 八月九日，首都分會在金華國中舉行「組黨說明會」；
4. 八月十五日，黨外公政會與編聯會在台北市中山國小舉行「行憲組黨說明會」；

5. 八月廿四日，黨外選舉後援會成立；
6. 九月七日，《時代》雜誌刊登黨外編聯會「組黨工作小組」研擬之黨綱草案；
7. 在謝長廷所著的《人生這條路》一書中，也曾提到，他曾就「民主進步黨」這個黨名，事先對各黨外人士發出過問卷調查。

當時還是戒嚴時期，調查局對黨外人士的活動一向密切注意，當時組黨的情勢既然已經發展到公開舉辦說明會，黨綱、黨名都已萬事俱備的地步，調查局怎麼可能還會不對黨外人士的競選造勢活動嚴加監控，不去留意組黨籌備工作的進展？謝長廷公開對黨名發出問卷調查，調查局能夠不掌握這個警示性的情報嗎？更荒唐的是，還會讓他們在圓山飯店組黨完成之後，才發現已經措手不及，沒辦法預先阻止？這種天真說法，未免也把當時情治單位的監控能力，整個都看扁了。

唯一合理的解釋就是，高層有意要放水，讓黨外的組黨可以成功。這點可以從民進黨組黨之後，蔣經國於十月七日接受美國《華盛頓郵報》和《新聞週刊》記者訪問的時候， 就率先預告了台灣將要解嚴以及開放黨禁的消息。而於十月十五日國民黨的中常會中，也很快的就通過了解嚴和開放黨禁的決議。

在真正組黨之前的密商階段，調查局必定早已經透過領導內線布建的調查員，對整個情況有過全盤的掌控和演練，據當時任職台北市調查處處長的鄒紓予表示，調查局高層長官早在組黨之前便已完成整個沙盤推演，並在國賓飯店開了好幾個房間，在一個禮拜的時間之內，分別邀集各個重要的內線布建，一一交付各自負責的任務，在所有的交付任務和組黨過程之中，都安裝了俗稱「小老鼠」的竊聽器，對整個過程加以全程監聽紀錄。

附件三

海外組織代表名單

140《坐看雲起時》

Chicago	代表／陳清風
Colorado	代表／蕭廣志
Dallas	代表／蔡靜燦
Houston	代表／張淑婉
Los Angeles	代表／謝清志
Louisiana	代表／陳榮儒
New Jersey	代表／蘇藤宗
New York	代表／黃美幸
San Antonio	代表／梁余城
San Francisco	代表／洪順五
Toronto	代表／施明雄
Vancouver B.C.	代表／陳玲玉
Washington D.C.	代表／林　芸
Wisconsin	代表／田弘茂

民主進步黨海外組織

✲工作委員當選名單

王桂榮	王能祥	江昭儀	艾琳達	李婉婉
李文雄	李丁山	林　芸	林水泉	范良信
施明雄	施敏輝	洪順五	康泰山	許信良
許丕龍	許盛男	陳國文	陳惠亨	陳英燦
陳清風	陳榮儒	陳重任	黃美幸	黃學榮
黃淑靜	張淑婉	張邦良	栗加興	高成[illegible]
高寬弘	彭良治	楊加猷	楊明昊	徐福棟
彭阿井	謝聰敏	謝英敏	謝清志	歐煌坤
賴文雄	鍾金江	蔡靜燦	鄭紹良	鄭天助
魏瑞明	魏廷朝	戴慶淳	崔蓉芝	蕭廣志
盧欣義				

✲授旗典禮

Boston

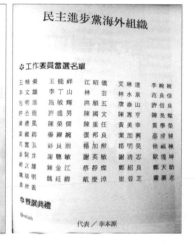

代表／李本源

參考資料

1. The Taiwan Revolutionary Party and Sinophone Political Praxis in New York, 1970–1986 by Wendy Cheng (https://www.tandfonline.com/doi/abs/10.1080/00447471.2019.1665962)

In particular, I consider how a subset of New York-based Taiwanese activists known as the Taiwan Revolutionary Party (TRP) strove to develop a leftist political praxis influenced by the Third World Left and internationalism, despite Cold War political and ideological conditions that severely limited their ability to do so. Their lives, thoughts, and actions, I argue, should be understood as part of a long and ongoing history of Asian/American political praxis and nationalist struggle. The TRP's enactment of Taiwanese consciousness revitalizes significant debates surrounding national identity, in particular, Frantz Fanon's distinction between national consciousness and nationalism, and contributes to a growing dialogue on the heterogeneity of Sinophone cultures, peoples, and politics.

2. 《顧台灣—蔡同榮回憶錄》（第 1-14 集）13. 民進黨中常委 14. 立法院 - 台灣海外網 www.taiwanus.net › dnew

協助許信良回台。我於 1986 年 4 月 17 日拜訪費根眾議員（Edward F. Feighan），請他陪許信良回台，他說他陪金大中回韓後，受到俄亥俄州不少地方報紙的攻擊，差點兒就在 1984 年國會議員選舉時落選，不敢再嘗試這種事。我也在該天拜訪佛理耶達眾議員（Thomas M Foglietta），他由費城選出，與台灣同鄉鮮有接觸，不過在該年 3 月初，我們一道在菲律賓一星期，相互間很熟。他說 1984 年民主黨國會議員初選時，他險被擊敗。那位當時跟他競選的政敵，1986 年將再度出來跟他爭取民主黨的議員提名，對他的威脅很大，實在沒有心情跟我談許信良回台事。

不久，謝聰敏與前台北市議員林水泉決定跟許信良一同回台。他們的企劃案已傳遍台灣社區，並計畫於 5 月 1 日在紐約召開一個中文記者會，公開宣布這件事。我建議在記者會前，禮貌上應向美國有關機關打個招呼。於是 4 月 30 日，我與許信良、謝聰敏、許國泰、鍾金江及田台仁拜訪國務院的一些官員，他們對許信良回台都表示保留的態度。一方面擔心他回台後的安全，另方面惟恐他回台會提升黨外人士與國民黨的衝突，影響台灣政治的安定。

那天，我們也去拜訪索拉茲，他婉轉地拒絕陪許信良回台。他的助理卜睿哲在旁邊插嘴說，他不相信國民黨會答應讓許信良進入台灣，將會在桃園機場把他遣送出去。

---

3. 祝賀民主進步黨二十八週年黨慶 台美人歷史協會會長楊嘉猷 ...www.tahistory.org › 台美人團體

在 1985 年 6 月 30 日 ，南加州一群包括許信良、許丕龍、謝清志、陳昭南、胡忠信、歐煌坤、鍾金江、江昭儀一一的鄉親以及我本人決定對被關在國民黨黑牢的施明德所進行的絕食行動加以聲援，這些人士從該年 7 月 1 日起，在美國國會前絕食七天， 就記憶所及，居住在美東地區的鄉親王能祥、楊黃美幸、陳南天 (南加州)、洪哲勝、黃再添、林邁爾與田台仁等人士也都來參加絕食活動，以喚醒美國政界與民衆對施明德及台灣其他政治犯的關懷與注意。

經過數月的討論與努力，這些南加州的鄉親會同來自美國各地的台灣人兄姊（黃彰輝、彭明敏、許信良、蔡同榮、王桂榮、蕭欣義、王能祥、林水泉、謝聰敏、艾琳達、崔蓉芝、陳榮儒——都在列，我與內人也有幸忝列其中，彭明敏與許信良分別膺任榮譽主席與臨時主席），於 1986 年 5 月 1 日，在聯合國廣場飯店 (United Nations Plaza Hotel) 一起宣佈成立「台灣民主黨建黨委員會」，並另設「台灣民主黨組黨促進會」(Promotion Committee for Forming Opposition Party in Taiwan)，以對「台灣民主黨建黨委員會」進行人力與財力支援。

由於我們這群在美國的台美人的努力，台灣的黨外陣營（包括公政會與編聯會）受到激勵與鞭策，也重啓組黨的舊議，並加快組黨的步伐，不讓海外的台灣人先馳得點，這種壓力終於催生了於 1986 年 9 月 28 日在台北圓山飯店誕生的民主進步黨 。

---

4. 《人物》職業革命家—洪哲勝　文 / 朱蒲青
新頭殼 newtalk　發布 2019.06.04 | 20:38
https://reurl.cc/QjM72p

不過到了 1984 年間，為了台獨聯盟主席選舉及組

織路線的問題，洪哲勝他們決定離開台獨聯盟。他與田台仁、黃再添、林哲台、陳昭南等退盟人士，邀請紐約的康泰山和加州的許信良、胡忠信、洪順五等人士、經過長期的溝通和準備，創建了台灣革命黨。後來，台灣革命黨在一次黨員會議時經過熱烈討論，認可許信良回台的要求，並在其後將重心放在協助許信良闖關運動上面。此事，田台仁發揮了很大的影響。

從字面意義來看，台灣革命黨好像是個非常激進的組織，洪哲勝解釋說，其實大家誤會了，革命黨並不鼓吹暴力，而是主張採取啓蒙式的活動，通過公民參與和公民組織，來構建一個主權真正在民的文明社會與國家。

革命黨歷經二年的運作，在台灣本土協助了一些學生運動和勞工運動。在蔣經國展示他即將開放政權時，革命黨在很短的時間内決定給予響應。最後派遣洪哲勝、黃再添，以及陳昭南在紐約市的台灣會館開了一個記者會，宣布「已經見到民主的曙光，決定解散台灣革命黨，今後將採取不同方式的行動推進台灣的民主」。台灣革命黨是海外台獨組織當中宣布解散的唯一一個。

第4章
鮭台專案參考資料
1986年5月3日
台灣革命黨編

中報 1986.5.3 1/2

台灣民主黨建黨委員會

在紐約成立

八月完成建黨年底遷黨回台

主張非暴力爭取實現五目標

要求總統直接民選廢除戒嚴黨禁及報禁

【本報記者陳國坤紐約訊】以激發台灣島內民衆組織反對黨爲職志的「台灣民主黨建黨委員會」，五月一日在紐約宣佈成立。該委員會聲言將於八月完成建黨，並在今年年底台灣舉行大選之前，遷黨回台。

「委員會」的三位負責人—前台灣桃園縣長許信良、前台灣政治犯謝聰敏和前台北市議員林水泉，一日在紐約聯合國廣場酒店的酒會與記者會上宣佈，「台灣民主黨建黨委員會」正式成立。「委員會」預定在八月完成建黨作業，並將在年底台灣舉行大選前，由國府的「叛亂罪」通緝犯許信良率團返台。

「委員會」成立大會由紐約台灣同鄉康泰山主持。他先宣讀了「委員會」的成立聲明，表明未來台灣民主黨的組成，將是一個從事合法、非暴力的爭取民衆的政黨。該黨未來在台灣的努力目標包括：㈠總統由人民直接選舉；㈡全體中央民意代表由人民選出；㈢廢除戒嚴令；㈣釋放政治犯；㈤廢除黨禁和報禁，保障言論自由。

許信良等「委員會」的發言人，並表示此舉意在激發台灣的民衆突破黨禁，組織反對黨。若台灣的黨外人士自己起來組成反對黨，該黨將自動歸併成台灣反對黨的海外支部。

由於未來的台灣民主黨主張非暴力爭取在台灣實現上述五項目標，因此過去以暴力推翻國民黨政府的部份參與人士，已修正他們的主張，準備「組黨遷台」的許信良，亦宣佈於四月三十日退出「台灣革命黨」。

謝聰敏表示，七年來在海外激烈反國民黨的許信良決心回台灣從事「合法鬥爭」，正表示他肯定國府體制，對國民黨而言，應該是好事，國民黨應表示歡迎。

謝氏又指出，在國共長期的對峙中，最後的悲劇是訴諸戰爭。他說，對中國而言，亦應歡迎台灣民主黨的成立。因爲，台灣民主黨是要爲人民說話的黨，而站在人民的立場勢必要調整台灣和中共的關係。

謝又說「委員會」已聘台灣人公共事務會會長彭明敏擔任榮譽主席。

許信良謝聰敏林水泉負責

決定帶頭返鄉突破黨禁

台灣黨外人士若及時組成反對黨

該黨將會自動歸併成爲海外支部

三位發言人在海外皆是知名的反國民黨人士，他們三位亦都決定在「組黨遷台」時，返回台灣。他們亦都覺悟可能面臨一些危險的情況。林水泉在發言時說，過去常有人批評一些在海外主張激烈反國民黨的人士是抱持着「別人的孩子死不完」的心態。他說這一次「我們自己回去，有危險自己也先承擔。」同時，他認爲組黨是台灣人民主運動的一項歷史任務，在這歷史上的關鍵時刻，總必須有人踏出去，爲子孫留下一些值得紀念的事。

許信良說：「台灣已發展到現代化、工業化的階段，而居然沒有反對黨，這不僅說明了執政黨的可惡，也是一千九百萬人民的恥辱。所有被統治的台灣人民都有責任共同來洗刷這項恥辱。」

爲什麼他們認爲在這個時機組黨是適當的？許信良說，台灣黨外民主運動已

中報 1986.5.3 2/2

七年前高雄事件發生時，更具整體性、組織性和挑戰性。同時菲律賓的革命成功對台灣人民亦有很大的鼓舞。他認為在台灣民主運動再具成熟的現在，最重要的任務就是突破黨禁。

他並呼籲，關心台灣民主前途的所有人士，共同奮鬥，務期在今年內使台灣出現反對黨。

許信良並說，在八月建黨完成後，他們三位負責人要擇期於台灣年底選舉前返台。

據謝聰敏說，三位「委員會」的發言人，目前都仍持台灣護照，也沒有美國永久居留卡。當與會記者詢及他們是否依「阿奎諾模式」找美國議員陪同回台？他們如何確保一定能進入台灣？林水泉表示這是自己的事，無需請求美國議員陪伴，至於用什麼方式以及何時回去，他表示無可奉告。謝聰敏說他們已在進行交涉。

剛好出國訪問的許信良胞弟許國泰亦出現在會場。他對某華文報紙說他賦有國民黨任務遊說許信良不要回去的說法，表示不屑的態度。他稱來美之前，根本不知海外有組黨這回事。他說：「說我奉國民黨之命前來是不實在的，且身為黨外人士也不可能奉國民黨之命辦事。」至於國民黨為什麼允許他出國，他認為這是黨外和海外的民主人士努力的結果。他說：「組黨是我們的責任和任務。」

一些台灣社團的聞人如許丕龍、楊加猷、艾琳達、洪哲勝、賴文雄、陳英燦等人皆相繼發言，稱國府應允許成立反對黨，因為依照國府的憲法規定，人民組黨表達意願完全是合法的行為。他們並呼籲各界人士支持許信良等人壯烈的決定。

台灣黨外人士憂喜參半

論及組黨前景看法各異

【本報台北訊】「台灣民主黨建黨委員會」宣佈成立後，台灣黨外人士有數種不同的反應。以下是一些具有代表性的黨外人士的看法：

▲尤清（監察委員、公政會理事長）：

基本上組黨是國內的事。海外做出這種動作，對我們來說是一種刺激，也表現出海外同鄉有心推動民主政治的朋友的共同願望。我要告訴海外同鄉，我們已經在進行大家所期待的事情。

▲邱義仁（原編聯會會長）：

對海外這件事我不贊成。國民黨在台灣實施黨禁，純就法律層面言，是講不通的，因為它壓制了基本人權，是非法的。但組黨並不是法律問題而是政治鬥爭。國民黨在台灣佔據了整個權力結構，它根本不讓你有分配的可能。黨外可以做的是經長期的努力在基層建立群眾實力，然後透過對群眾的動員來對抗它。基於此，海外組成黨是一個沒有根的政治團體，而且他們也要考慮給黨外帶來的困擾。

▲林正杰（台北市議員）：

對海外這些同鄉我表示欽佩。「台灣民主黨」建黨委員會的成立，從成員中可發現代表性相當大，姿態也相當成熟（尤其和島內狀況比較一。我寄望他們能更擴大代表性，並在意識型態的表達（黨綱）上，能真正符合台灣民眾主流的要求。

▲陳水扁（前台北市議員）：

現在獲得的資料不完整，不予置評。我七八月去美國時再作進一步了解。

▲江鵬堅（立法委員）：

海外台灣同鄉對台灣民主之關心我感到安慰與欽佩；他們對台灣不民主之不耐煩我也能了解。

「台灣民主黨建黨委員會」之成立不應該被認為是「逼迫」島內黨外人士行動，因為島內外情況各不相同，應分開來做。如果他們覺得時候到了，就去組，我們樂見其成。目前黨外以組黨為近程最大目標，但島內外的行動應該切開，否則容易落入國民黨的圈套。

▲顏錦福（台北市議員）：

海外同鄉要組黨，應該回台組才對。你組了黨，國民黨當然不讓你進來，也就是說，這件事你是表明不回台灣了。我認為海外組黨沒什麼政治意義。

北美日報

聯袂宣佈
黨委會
反對黨
求民主自由

。聲明中並揭櫫「台灣民主黨」的五項主張：一、總統由台灣人民直接選舉產生；二、全體中央民意代表由台灣人民選出；三、廢除戒嚴令；四、釋放政治犯；五、廢除黨禁和報禁，保障言論自由。

康泰山表示，目前列名的建黨委員共有一百十三位，包括了贊成合法競爭的各方人士，該會已推舉「台灣人公共事務會」會長彭明敏擔任榮譽主席，前桃園縣長許信良擔任臨時主席，另外亦委任了九名執行委員，分別是林水泉、康泰山、許信良、許丕龍、蔡國榮、賴文雄、賴金江、謝清志、謝聰敏。

謝聰敏於發言時表示，組黨的意念早在去年施明德進行絕食時便已產生，當時就在華府籌備，而後在洛杉磯成立了「台灣民主黨組黨促進會」，原先屬意由郭雨新負責帶黨回台的任務，但不意郭雨新却於去年底逝世，隨後經過周詳的考慮，才決定由許信良擔任此一重任。

他說，「台灣民主黨」的成立實際上對國民黨有好處，而遷黨回台更是國民黨應該引以為傲的事，因為這樣無疑是肯定了合法競爭的民主正軌。

林水泉表示，他個人已來美五年之久，深切感覺到海外同

懲罰。」

許信良認為，台

的任務已經完成。

「台灣民主黨建黨委員會」一日下午在聯合國廣場旅館宣佈成立。（本報記者梁東屏）

1986.5.3　2/1

許信良彭明敏蔡同榮謝聰敏等

成立台灣民主黨建

爭取返台合法組織

決以和平合法公開方法

【本報訊】「台灣民主黨建黨委員會」一日下午在紐約宣佈成立，預定在今年八月以前完成建黨工作。臨時主席許信良在發言時指出，「台灣民主黨」將是一個突破黨禁的政黨，組成之後就遷黨回台，因此目前只任命臨時幹部，執行遷黨回台任務，這項任務則由他本人、林水泉、謝聰敏負責實際執行。

該會計劃部門負責人康泰山於宣讀成立聲明時表示，反對黨的成立是現代民主政治的特徵，沒有反對黨就沒有民主政治，而台灣還停留在一黨專制的階段，因為民、青兩黨只是政治花瓶，不是符合民主需要的反對黨。

聲明中又指出，「台灣民主黨」只是一種民主運動，不屬於任何革命團體，主要的目的是以公開的．和平的、合法的方

鄉已逐漸揚棄過去的武力、革命方式，而更傾向於合法、合理的民主競爭，他認為「台灣民主黨」的成立代表了海外、島內關係的突破，海外不應否認島內黨外的努力，同樣地，島內亦應肯定海外同鄉在外交上的努力。

他特別指出，民主政治是責任政治，因此他們三人要以身作則，抱著「先下地獄」的心情走向危險的地方，但絕不是回台跟黨外爭奪利益或領導權，不論用何種方式，回台的目的一定要達到，至於時間或方式，則暫時無法奉告。

許信良則於發言時首先指出，他本人自從一九七九年十月離開台灣，轉眼已經過了七年，當時如果知道事情會這樣發展，他就絕對不會離開台灣，他說，「沒有一個政治人物是願意

灣發展至今，無論在社會、經濟、教育各方面都已有一定的成就，然而卻沒有一個像樣的反對黨，實在是從事民主運動人士及一千八百萬人的恥辱。而目前台灣的反對力量已有整體性、組織性的發展，時機已經成熟，應當是成立反對黨的時候了，如今能夠受到海外人士的託付帶黨回台，他個人的感覺是「義不容辭」。

他最後表示，「台灣民主黨」所揭櫫的五個政綱是民主的基本要件，如果這五點都無法辦到，其他的根本就不用談了。他說，「台灣民主黨」決定在八月之前完成建黨工作，八月之後就準備回台，年底之前一定要達成目標；回台之後，如果台灣島內能建黨成功，「台灣民主黨」會加入當地的政黨，甚至於會自動取消，因為

北美日報

1986.5.3 2/2

服膺合法和平競爭精神
許信良退出革命黨 從事民主改革運動

【本報訊】前桃園縣長許信良因參與「台灣民主黨建黨委員會」，已於四月卅日正式退出「台灣革命黨」。「台灣革命黨」亦於五月一日發表聲明，表示該黨中央委員會於四月下旬決議，同意許信良參與島內、外民主人士的組黨回台運動。

「台灣革命黨」成立於一九八五年一月，由洪哲勝擔任該黨總書記，洪哲勝本人則係於八四年四月退出「台獨聯盟」組織。

許信良於一九七九年十月來美，一九八〇年八月創辦美麗島週報，隨後於一九八五年七月易名爲台灣民報，他是在「台灣革命黨」成立之初便已加入迄今。

此次，「台灣民主黨建黨委員會」籌備之初便屬意許信良帶黨返台，但是該委員會標榜民主、自由、公開和平鬥爭，並不歡迎革命組織成員跨黨參與，因此曾先後多次與「台灣革命黨」交涉，希望能允許許信良退黨。

洪哲勝聲明中指出，爲使民主運動工作順利進行起見，該黨中央委員會決定接受許信良自四月卅日起退黨。

【本報訊】台灣民主黨建黨委員會一日下午在記者會上堅稱，該黨將在台灣現有政治體制下從事和平、公開與合法的改革運動。

由於這個宣佈引起在座人士的興趣，大家談到「中華民國憲法」，該黨强調中華民國憲法是一部相當民主的法典，可惜國民黨違憲。

隨後有人詢問：「這部憲法開宗明義提到三民主義，那麼請問貴黨是否贊成國府在台灣的『三民主義統一中國』政策。」

台灣民主黨人未直接回答這個問題，只强調「三民主義統一中國」只是國府的一項政策，而政策在基本上是應該依人民的意願修改的，不是一成不變的。

贊同台灣民主黨政綱
崔蓉芝助陣列名委員
籲海外起催化帶動作用

【本報訊】江南（劉宜良）遺孀崔蓉芝一日表示，她所以同意列名爲「台灣民主黨建設委員會」之一員，實際上是因爲贊同「台灣民主黨」的政綱，認爲台灣不宜再繼續一黨專政，同時期望「台灣民主黨」要朝大目標邁進，全力促成民主的實現。

崔蓉芝表示，她於四月卅日接獲許信良的電話，徵求她參與的意願。她說，許信良當時向她說明了「台灣民主黨」的五大政綱，她就深表贊同，立刻答應列名爲委員之一。

崔蓉芝說，她本人不會走上政治的道路，但是對台灣的政局還是相當關心，尤其促使台灣更加民主化、自由化，同樣是江南生前的心願，就是基於這種相同的信念，她才贊同「台灣民主黨」突破黨禁的做法，並且對許信良等人的氣魄亦十分欽佩。

她說，希望大家都能放棄己見，朝大目標邁進，對台灣的民主起催化、帶動的作用。

「台灣民主黨」預定於本年八月之前完成建黨，準備帶黨回台的三位人士分別是（自左至右）許信良、林水泉、謝聰敏。

我們回去創造民主運動的動力

許信良表示台灣未罹患「不動員」症

中下層羣衆蓄勢待發只需有人領導

本報記者 陳國坤專訪

在許信良揚言「台灣民主黨」的成立，以及遷黨回台，終必能激起台灣民衆於今年之內，在台灣出現反對黨之際，卻有不少人抱持懷疑的態度。

這幾年來許信良對台灣局勢和民心的估計與預測，常有失算的情況，但他對自己的判斷仍保持着極度樂觀。他樂觀的基礎何在？

一日在「台灣民主黨建黨委員會」成立酒會之後，他接受本報記者和台北一份黨外雜誌以及美國「台灣與世界」雜誌的記者採訪，暢談他對台灣情勢的判斷。

當記者提及，黨外的聲望以及對台灣民衆影響力，這幾年來比一九七七年「中壢事件」到一九七九年「高雄事件」當時遜低，許信良不同意這種看法。他說，個別黨外人士的起落，並不代表黨外民衆勢力的消長。他認爲七年來，台灣人民的力量不斷地增長，而這種力量的增長有可能以非暴力的方法，讓台灣的民主運動大幅度突破。

他說，七年前的黨外仍多數是地方性的黨外，這幾年來，黨外力量已融成一體。他舉尤清去年在台北縣的選舉造成的「旋風」爲例說，尤清對台北縣的選民而言是一個外地人，但他卻能以黨外的形象，在地方上造成極大的聲勢，這說明黨外群衆已突破「地方性」。他認爲這是台灣社會的進步，改變了傳統必須依靠地域、宗親等封建的社會落後性。

他認爲黨外的「組織性」七年來也有長足的進步。例如公政會、編聯會和選舉時的黨外後援會的成立都可說明黨外組織比七年前強。黨外要求成立組織主要來自群衆的壓力。他舉例說，去年黨外選舉後援會成立時，後援會的新生代雖不能令各地黨外候選人佩服，但那些各擁山頭的黨外候選人後來還是「乖乖的」加入後援會。這說明黨外候選人在群衆要求組織的壓力下，亦不敢貿然違抗那股壓力。他又說，當今的黨外領袖相當懼怕擔負組黨的責任，但卻不得不宣稱要走組黨的路，主要的壓力亦是來自民衆。他認爲領袖並不是民主運動中的重要因素，民衆才是。他說，當今台灣黨外領袖的領導能力，也許沒那麼理想，但黨外的群衆和幹部都比一九七九年時還強。

他又舉出台灣現在到處可見的抗議示威，說明台灣黨外群衆的挑戰性已比從前強大。

他不同意台灣社會存在著「不動員症」，他認爲「不動員症」基本上是描述台灣消費社會的中產階級之現象，卻不是台灣整體的事實。他表示，整個台灣社會是一個都山，群衆運動可以在很短的時間內迅速發展。他說，只要看台灣選舉時那種萬人空巷參加政見會的現象，就可說明台灣的中下階層群衆已準備好被動員。他說，台灣每一次選舉，都出現像菲律賓那種情況。那是美、日等不動員社會所見不到的。他說，在美國，即使是雷根站在街頭發表政見會，很難有一萬人去聽。

他又認爲已準備被動員的群衆，需要有人領導。他說中共領導中國農民革命，並不是中共的領導特別能幹，而是中國農民的群衆力量，幾千年來就存在。他說，群衆的潛力需要強有力的領導，否則機會來時，還會照樣浪費掉。他說：「我們回去是創造一個台灣民主運動的動力（Momentum），一旦動力產生，它就可以自己運作。」

記者詢及許信良在作這項決定前，心理上有何心路歷程？許信良認爲他這幾年並沒有什麼改變，他說在海外這幾年從辦「美麗島週刊」，一直到參加革命黨，幾個階段都在要求台灣的民主化。但記者指出他曾在台灣獨立建國聯合陣線的宣言上署名，該宣言曾謂「要讓國民黨從地球上消失。」從要消滅國民黨到「組黨遷台」，這之間心理態度的變化，不能說不大。許信良不否認他簽署過該文件，並稱自己也準備爲那件事付出代價，他說回台後也已準備被審判。

但他表示縱使付出代價，亦是值得的。因爲他判斷在台灣目前的形勢下，他們回去的確有激盪人心的作用，組黨是可以成功的，而成功還是要靠人民。

他說台灣和中國都面臨民主的問題，人民怎樣眞正的當家作主，一直是海峽兩岸的根本問題。他認爲中國太大，海外對她根本不能發生影響，但台灣一旦施行民主，確實可以影響中國的民主。他又指出，即使美國也可能越來越不民主，民主危機是世界性的，而全世界任何一個地方民主成功，都能助長世界民主的力量。

在作這樣重大的決定和在人性的層面上，許信良怎樣安排他的家庭呢？

許承認自己沒有盡到很大的家庭責任。他說天下沒有一個太太希望先生去從事這種工作，且這種政治人物的太太大都不幸。但他又指出，在傳統台灣文化教養下的女人，又使她們沒有選擇的隨著自己的丈夫奔波。對妻、子他愧疚的表示：「我個人的條件沒辦法顧慮她們。我如顧慮她們就什麼事都做不成。」

許信良說：「有人把我們要回去的決定看成是祭禮、是犧牲。我其實不這樣感覺。我喜歡在困難中工作，且很樂於接受挑戰和戰鬥。也許有人認爲這種戰鬥方式很愚蠢，你們可以這樣判斷，我可能錯誤，但願爲錯誤付出代價。如果我們此項決定沒有在台灣造成衝擊，那就是失敗，但有時候政治人物也沒有辦法避免失敗。」

在談及整個台灣島外的國際形勢時，記者指出，無論對台灣有重大影響力的美國或中國大陸，都不希望台灣發生改變目前安定局勢的大變動，在各方勢力均要維持現況的情勢下，許氏等人要鼓吹民衆造成時勢能有何種機會呢？許信良說，中共革命未勝利之前，伊朗、菲律賓革命成功前，對她們有影響力的國際勢力，沒有不是主張維持現狀的。他認爲決定一個社會發展方向的原動力，最終是取決於人民的意願與力量，其他因素都較次要。

黨建黨委員會」
林水泉
突破黨禁
人將率團遷黨回台

革命黨，擔任台灣民主黨臨時主席。台灣人公共事務會（FAPA）會長彭明敏則被推舉為該黨榮譽主席。

許信良表示，該黨將爭取在八月以前成立，在今年十一月台灣進行中央民意代表選舉前，遷黨返台。雖然建黨委員會拒絕透露該黨將如何返台，但已宣佈許信良、謝聰敏、林水泉三人將率先帶黨闖關。謝氏和林氏分別因撰寫「台灣自救宣言」和涉及顏尹謨案，坐過政治監獄。

台灣有關當局和黨外，對於台灣民主黨建黨委員會的成立，抱持審慎的態度，不願加以置評。（消息見二版）

求，因應制訂「對中國的政策」。他指出，國共兩黨間的僵局，是一個悲劇，台灣民主黨在這方面或許可扮演角色。他強調，該黨的建立不僅是一個民主的運動，也是個和平運動。

謝氏透露，八五年原有計劃請已故台灣民主運動前輩郭雨新組黨返台，但郭氏不幸去世，因此請許信良挑起此重擔。由於該黨禁止跨黨，許氏已退出台灣革命黨，他對革命黨的批准，表示感謝。台灣革命黨總書記在會中宣讀一份聲明，表示該黨認識現階段推展非暴力運動是必要途徑，因此批准該黨副總書記脫黨並祝賀台灣民主黨成立。

林水泉在致詞中說，過去許多人主張用

的事，因為爭取民主，非得以行動突破黨禁的禁區，另外對他個人來講，「作為政治人物，離開了自己的故鄉，是最大的受罪。」

接着他沉痛地說，「在台灣這樣一個工業及經濟如此進步的地方，竟然沒有一個反對黨存在，這不止要痛罵國民黨的專政，也是我們一千八百萬人共有的恥辱。我們一定要來洗刷掉這個恥辱。」

許氏對在今年內台灣出現反對黨的展望非常樂觀，因為他認為台灣反對運動的整體性、組織性和挑戰性，都比以前有了很大的發展，而且菲律賓群眾革命已影響了南朝鮮、巴基斯坦等地，他「不相信台灣人民沒有受到鼓舞」。

華僑日報 1986.5.3

美台人設「台灣民主

許信良謝聰

將捨身返台

許氏擔任臨時黨主席宣佈

【本報記者力行、鄭衣德報導】現居美國的新任台灣民主黨臨時主席、前黨外桃園縣長許信良，二日在該黨建黨委員會成立酒會上強調，台灣民主黨是一個「突破黨禁的黨」，成立後，將遷黨返台，打破黨禁僵局，但若在這之前，島內組成反對黨，台灣民主黨將會自動改為台灣該反對黨海外支部，或宣佈解散。

宣佈五項共同主張
將制訂對中國政策
強調和平民主運動

酒會於一日下午二時在聯合國廣場旅社舉行，約有近百人出席。首先由建委會組織部負責人康泰山宣讀「成立聲明」。聲明除述說建立該黨的原因外，並列舉五項共同主張：一、直接民選總統；二、進行全體中央民意代表選舉；三、廢除戒嚴令；四、釋放政治犯；五、廢除黨禁和報禁，保障言論自由。

謝聰敏在解釋組台灣民主黨的原因時說，國民黨是集權政黨，若單求黨外組黨是很困難的；海外台灣同鄉經檢討後，認為組黨返台才能實踐組

暴力打倒國民黨，現在他本人也不反對別人有這種想法，但是台灣的局勢一直在變，目前已演變成可以用合法、和平的手段去爭取的階段。他表示，他和許、謝兩人領黨返台，雖不一定會有「壯士一去不復還」的結果，但前途未能預卜，然而民主政治就是責任政治，這就必須有人干冒「入地獄」的危險去領頭。

在島內外一直保有影響力的許信良在演說中，情緒顯得激動。他說，七九年十月離台來美時，若是知道這七年要呆在海外

該建黨委員會已任命九名執行委員：許信良、謝聰敏（秘書處）、林水泉（組織部）、柏文雄（財政部）、許不能（宣傳部）、康泰山、鍾金江、謝清志和FAPA執行長蔡同榮。另外，該建黨委員會已吸收了一百零四名委員，其中包括江南遺孀崔蓉芝、陳文成遺孀陳素貞、施明德美籍妻子艾琳達和全美台灣同鄉會會長鄭英敏等。

華僑日報 1986.5.3 3.2

台灣民主黨跨出建黨第一步

島內有關人士咸持審愼態度

林正杰稱台當局或藉此羅織罪名

【本報記者鄭衣德報導】對於海外台灣人成立台灣民主黨建黨委員會，台灣有關部門和一些黨外人士態度審愼，表示在未進一步瞭解事實眞相前，無法置評。

負責處理黨外公政會事宜的國民黨中央政策會副秘書長蕭天讚在接受記者越洋電話採訪時說，他是第一次聽到這個消息，他本人做過十年法官，因此在無法進一步求證眞相前，不便做出判斷。

國民黨文工會主任宋楚瑜和該黨中央黨部副秘書長馬英九的秘書稱，宋、馬二先生不在辦公室，但秘書建議記者採訪新聞局，以獲取官方的反應。台灣新聞局長張京育的秘書在接到記者電話後表示，張氏二日行程排得很緊，無法接受訪問。

在黨外人士方面，據許榮淑服務處的一名辦事人員表示，許女士已於四月廿八日離台飛往夏威夷，至於她是否要來目前海外台灣人團體負責人雲集的紐約市，以及她因何來美，這位辦事人員表示不清楚。

台灣史專家、哲學系教授王曉波及前台灣黨外立委康寧祥聽到這個消息後，均表吃驚。他們說，由於資料沒有，對台灣民主黨建黨委員會的組織背景又不瞭解，所以不能評論。

黨外北市議員林正杰則表示，對於海外的任何努力，島內都是欽佩的，但是對於此事，則必須加以分析才能評論。他認爲島內公政會爭取設立分會和海外組黨，是兩個不同層次的事情，後者對前者既有負面也有正面的影響。他指出，國民黨可能會以後者羅織黨外「海內外呼應」的罪名，但也可能因爲後者比前者的動作大、層次高，而讓公政會分會順利在各地設立。

林氏最後說，「海外運動不斷地從失敗中再組合起來，沒有什麼累積性和連續性，因此島內很難對這件事下判斷。」

許信良胞弟在建黨大會上宣稱

訪美前夕對組黨事件一無所悉

兄弟睽違七年此番係探親觀光而來

【本報紐市訊】台灣民主黨臨時黨主席許信良之弟許國泰週四（五月一日）說，他此次從台灣赴美訪問之前，絲毫不知道海外組織反對黨的事。

「『國際日報』稱我這次訪美是『奉命』，這並非事實」。許國泰在台灣民主黨建黨委員會成立大會上這樣說。

許國泰在會後對記者說，他於四月二十八日攜母訪美，在訪美前曾在菲律賓作過短暫逗留。此次訪美純爲探親及觀光。他稱，自從許信良七年前離台後，便一直未與父母兄弟見過面。

許國泰現爲台灣「生根」周刊發行人，並是桃園黨外服務處的負責人。他告訴記者，此次出訪美國，在申請出境證時，有關方面有意拖延，但終於還是簽發了出境證。他擬於本月底返台。

記者問許國泰返台後是否會因其兄在海外組黨，而受到壓力，許國泰笑著說：「對於壓力，我們早就習慣了。」

台灣民主黨建黨委員會計劃部負責人唐泰山發表聲明宣佈該委員會成立。（本報記者攝）

華僑日報 1986.5.3 3-3

台灣民主黨建黨委會酒會

美、台與大陸記者提問

【本報紐市訊】台灣民主黨建黨委員會幾名負責人，二日在成立酒會中，答覆來自中國大陸、台灣和紐約華文新聞界的提問，摘要如下：

問：台灣民主黨禁止跨黨，是指海外那些團體成員必須退出後始能參加？

謝聰敏：一些主張暴力運動有公開身份的人，暫時不能參加。我們仿效西德綠黨，包容各種意識型態的個人。

問：和台灣革命黨之間的關係？

謝：毫無關係。

問：黨綱是什麼？你們說只要台灣黨外組黨，你們便自動成爲其海外支部甚至解散。有鑑於台灣黨外的分裂和山頭主義，若眞這樣去做，是否對寄望於你們的群衆不負責任？

許信良：我們是「突破黨禁的黨」，是運動的黨，在歷史任務完成了之後，就可以消失。五項共同主張，就是我們黨的性質，如果連這五項都沒能做到，談其他的都將是空談。

問：你們將進行合法鬥爭是意味著承認國民黨的合法性？是否要維持所謂的「中華民國」？

謝：我們強調在台灣現行的體制下活動，但不僅是議會內的活動。若五項主張實踐了，變的是國民黨而不是我們。至於怎麼變，將由台灣人民自己決定。

問：但台獨是不承認國民黨政權的。

賴文雄：我是個老台獨，我認爲要在他體制下活動，就要承認國民黨存在的事實，若可以在這種情況下達到我們的目的，那又何樂而不爲！

問：海外一直存在合法與非法鬥爭的問題，如發生抵觸怎麼辦？

謝：我這一年來，就是在設法說服革命團體，接受合法鬥爭可行性的此一事實。

林水泉：這個問題完全要看國民黨的做法。它如果使合法活動無法進行，革命團體的力量自然會增長。

問：有沒有考慮要和北京接觸？

謝：目前還沒有考慮這個問題，還沒有決定。

問：若海外有人要建台灣共和黨，你們怎麼對待？

謝：我們絕不說我們是唯一的反對黨。

問：你們說要合法鬥爭，是合什麼「法」？

林：合法是指不從事暴力活動，所謂「法」是老百姓要的法。

問：島內要求直接民選省長，但你們卻提出總統直接民選，這和台灣現行憲法是否抵觸？

謝：國民黨在憲法外，立了個臨時條款，這路是它走出來的，它當然也可以再開出一條路來。

問：你們回去後，有可能被永久隔離起來，那麼對台灣群衆怎會產生影響？

許：我們回到台灣，黨也就進了台灣，這就一定會產生影響的。

新聞分析

海外三人行的一局棋

許信良、謝聰敏與林水泉決定成立「台灣民主黨」，「遷黨回台」，拚身「突破黨禁」的決定，顯然將造成國民黨的一個兩難之局。無論國民黨如何「因應」，都將爲卅多年的戒嚴，「黨禁」與「報禁」等等不民主作法付出一定的代價。代價的大小，取決於國民黨採什麼對策。

雖然「多黨制」並不構成民主的充份條件，但在台灣，國民黨的組織無疑是民間人士取得參政的平等條件的阻礙之一。欲突破這種阻礙，打破「黨禁」已成爲使民間力量能組織起來的現實與必要之途徑。廿多年前，雷震等人組黨時的時機尚未成熟，台灣民間人士當中不少人也未能充份體會到組黨的實際意義。但現在，突破「黨禁」、「報禁」已成爲黨外的「共識」。時機顯然成熟。

「遷黨回台」之舉，無論通過何種方式進行，若果能打破黨禁，無疑將對台灣島內政治產生轉捩性影響。現在許、謝、林三人皆堅信他們能到台灣去。其中許信良是台灣當局的「通緝犯」，他送上門去，便往國民黨手中塞了一隻「熱紅薯」。對通緝犯又不能不逮捕，但逮捕了許信良，不僅會引起美國的強烈輿論反應，而且會增加一名「綠島教授」，且更會促成島內黨外的團結與組黨。這正好滿足了三人「拚身」破黨禁的願望。如果不逮捕，而是放三人入境自由活動，則島內與海外台人團體將串連成一線，「台灣民主黨」之棋已下成活局。如果三人被「阿奎諾模式」到了台灣，其中一人被「陳文成」了、「江南」了，或者被「阿奎諾」了，則恰如三人所願，國民黨也許將面臨一場菲律賓式的棋局。

若國民黨在機場阻止三人入境，或當場發生事端，島內黨外人士將「不得不」作出呼應，這不僅對民間將形成衝擊或影響，而且隨行記者或其他人士也顧將在海外造成一定輿論，大損國民黨形象。

所以，「三人行」顯然是一局志在必勝的棋。國民黨將下何子，尚難預料。謝聰敏給國民黨作了個提示，「上著」是讓康寧祥組黨。如果眞能「老康出馬」，三人行仍是勝了一目，因爲他們的願望本就是突破「黨禁」。黨禁一破，什麼「黨」都能成立。

（記者陳新）

北美日報 1986.5.3

專訪

「台灣民主黨建黨委員會」的成立，成為這幾天台灣人社團的新聞話題。而許信良又是話題中的主角。

不管在台上演講或私下聊天，許信良的風采依舊。他目前正在積極尋求回台的機會。如果能夠組一個民主政黨回台，衝破國府的黨禁，將是許信良的第二個事業高峰。

本報記者於五月一日晚特地訪問了許氏，請他談他自己以及台灣的未來。

記：據我所記，你以前在台灣搞黨外運動時，並未特別強調社會主義，但來美之後，尤其在辦美麗島週報期間，你曾經大力宣揚社會主義革命。

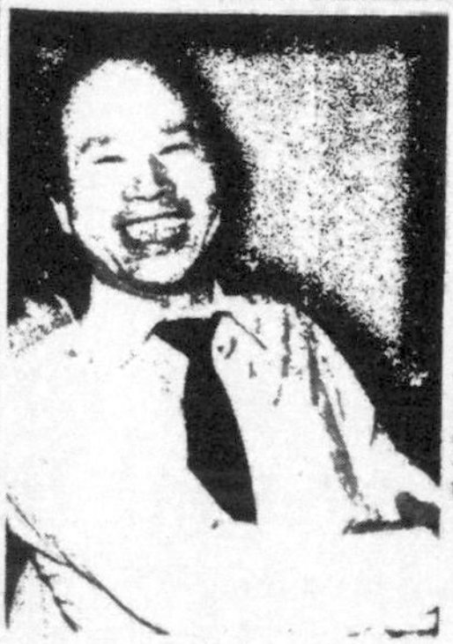

海外七年的心路歷程

訪許信良談「革命」「組黨」與「社會主義」

許：從台灣到美國，我不敢說我沒有變，用「變」這個字不大好，用「發展」兩字好一些，許多客觀的環境在發展中，我個人也有一些「發展」。不過，如果你注意「選舉萬歲」那本書的後半部份，一定可以領略到我的社會主義色彩。

我從頭到尾是一個社會主義者，台灣來的人常會對社會主義產生莫名其妙的恐懼，其實一個真正的社會主義者是不會主張硬幹的，我認為毛澤東他能在中國四十年代搞的是農民革命，他們在拿到中國政權之前已握有重兵，那是中國傳統的農民武裝革命，而不是什麼社會主義革命。

記：你認為台灣目前的社會，有那種社會主義革命的條件嗎？

許：有，但只能和平革命，目前的台灣社會基本上是一種「市民社會」，它的社會發展條件，已解決了許多原本要用流血來解決的問題，台灣目前有可能用最少的犧牲從事相當的和平改革。對民主來說，各種改革愈慢，時機愈成熟，改變愈容易。我一向主張如此，基本上沒變。

記：你認為籌組民主政黨，宣佈回台從事體制內改革，你們就能順利回台嗎？

許：在法理上，我是絕對可以回台灣的，你想想看，我是被國府宣佈通緝的「叛亂犯」，如今一個通緝犯決定自動回去投案，作為辦案單位的國民黨如何能拒絕？其次，它們也沒有權利拒絕我回去，我是中華民國公民，中華民國又沒有什麼「放逐法」，一個國家那有權拒絕它的公民回國。

記：你們要「組黨回台」這件事，在基本上不是法理上的問題，而是能力上的問題，你認為你「應該」能回台，但實際上可能嗎？

許：我知道你的意思，不管我在法理上如何站得住腳，它不讓你入關就是不讓你入關，是不是？我想，國民黨到底有沒有能力阻止我回台灣，那是一場政治鬥爭，我不敢說有把握，但誰勝誰負，尚在未定之天。

記：還有一個問題，你今天已宣佈脫離「台灣革命黨」，但另有一個「台灣建國聯盟」。

許：它是一個在高雄事件後，海外台灣人社團聯合一致譴責國府的組織，它曾經發揮協調各社團的功能，目前它的階段性任務已經完成。

記：你什麼時候開始有籌組「台灣民主黨」並「帶黨回台」的念頭？

許：我們的靈感其實是施明德的，他在去年那一次絕食中，曾清楚的表示樂見海外先組成民主政黨，然後影響、協助、促進島內的組黨事業。我們一直是在執行施明德的這個構想。

另一個使我們決定更積極組黨的是菲律賓局勢，它用民主、和平、又合法的方式推翻現政權，應可仿效。

記：有許多人擔心目前島內黨外陣營四分五裂的現狀，你是否也感到不妥？

許：黨外目前四分五裂，亦只是領導者之間的問題，而領導者在整個運動中並非最重要，我認為領導者的問題並不是整個黨外的問題，這個觀念一打開，就不必再擔憂，仍能樂觀前進。

至於領導者的問題，我倒有點責怪康寧祥。自美麗島事件後，老康是黨外唯一眾望所歸，又有實力的自然領袖，他後來做得很好，整合大家，重新出發；但他一直不願進一步積極領導，那時，「天予不取反遭殃」，對整個黨外和對老康本人而言，都是如此。

本報記者 李鳴元

遭國府通緝者擬集體自動投案

試圖運用苦肉計「遷黨回國」

成員包括許信良謝聰敏林水泉洪哲勝陳昭南

均屬「台灣革命黨」聲稱要喚醒國府開放黨禁

【本報洛杉磯訊】據此間消息靈通人士透露，包括前台灣桃園縣長許信良在內的一批反對派人士，將於近期內以「被通緝者自動到案」為理由，集體組團返台。

據來自台灣人社團的消息透露，上述集團返台「投案」行動，將於五月上旬舉行的一項記者會中公佈。這幾天，台灣人社團均傳言，五月上旬將有「爆炸性的行動要公佈」。據消息人士說，上述由台灣反對派人士稱為「遷黨回國」的行動，將在二次「美東台議」之後，在紐約召開的記者會中宣佈。

消息人士說，這些要集體回國「投案」的人當中包括許信良、謝聰敏、林水泉、洪哲勝、陳昭南在內。他們都是「台灣革命黨」的成員。

前台灣政治犯謝聰敏在最近出版的一份台灣人社團刊物中，以「國外結社有例可循，通緝令就是簽證」為題發表文章說，許信良等人要集體組團回國的傳言乃得到肯定和證實。

謝聰敏在文中以日據時期日本總督禁止「台灣議會期成同盟會」而使蔡培火、蔣渭水等離台赴日籌備而成立大會為由，並認為是啟示海外同鄉組黨，然後「遷黨回國」。他在文中並稱，在海外組黨是合法的。

據消息靈通人士透露，上述要採「遷黨回國」行動的成員中，均係被國府通緝在案之人士。據悉，其中不乏因經濟罪名、叛亂罪名而被通緝者。

謝聰敏在文中也稱：「國民政府的通緝令就是最好的入境簽證。」因此，消息靈通人士分析說，組黨如不被接受入境，那麼，組團回台人士將運用被通緝者自動到案的方式入境，使國府無法拒絕。風聞此「遷黨回國」計劃者均表示，這是一種集體自動入獄的行動，為喚醒國府開放黨禁。據悉這個黨將是「台灣革命黨」。

根據國府的規定「凡中華民國國民在護照有效期間內均得自由進入中華民國」，但是若護照失效，則需前往國府駐外單位申請「單程回台簽證」。因此上述人士想回台，勢必要提出申請。

國際日報 86.4.28

華僑日報 1986.4.26 三1 (2-1)

美台人即將組黨 返台突破黨禁

與島內掛鉤借外力迫使國民黨接受新黨

傳肯尼迪五月將談黨事・索拉茲八月訪台施壓

【本報記者鄭衣德報導】突破台灣「黨禁」僵局的呼聲，已隨着國民黨當局決定嚴禁黨外公政會設立分會，以及島內外局勢近來一連串的變化，在美國台灣人政治圈內，變得更迫切。據悉，以南加州爲基地的「台灣民主黨促進會」將於日內解散，正式成立「台灣民主黨」，並將以返台的直接行動，突破組黨這個禁區。

自從非律賓局勢巨變，美國衆議員索拉茲和參議員肯尼迪先後在國會提出要求台灣解除黨禁的決議案，以及里根總統宣佈將不支持左、右派獨裁政權後，美國的一些台籍人士早已放出要從「促進」躍昇爲「組織」反對黨返台的風聲。他們認爲，台灣黨外曾在關鍵時刻態度軟化，未能突破僵局，因此海外必須組黨，以返台的行動，直闖禁區，刺激甚至迫使黨外向組黨邁開腳步。

據一位與「促進會」關係密切的人士推測，台灣在今年底可望出現反對黨。他透露，肯尼迪將在五月中就台灣組黨問題舉行記者會；而索拉茲則定於八月中以衆院亞太事務小組主席的身份，率團訪台。在這種壓力下，配合上馬科斯被迫下台的前例、南朝鮮日益昇級的反對運動，以及今年十一月台灣中央民意代表選舉所必然發生的高潮，他認爲，只要海外台灣人把握住組黨返台的時機，島內的黨外加以配合，國民黨在不能不爲了繼續爭取美國支持，而被迫接受組織黨外黨這個潮流。

記者廿四日就上述兩消息致電肯尼迪與索拉茲辦公室，肯尼迪辦公室負責台灣問題的助理南茜・索德柏格，證實肯尼迪將於五月中在國會舉行有關「台灣問題」的記者會。她對於記者會是否包括台灣黨禁的問題，不予置評。但索拉茲辦公室負責亞太事務的助理查・布什卻表示，據他個人了解，索氏尚未作出訪台的安排。

由於美國台灣人社團對於應否依靠外力達成組黨看法不同，（譬如，代表新台灣同志會的張金策，日前就在一次座談會上，猛烈抨擊依靠外力的做法），預期「台灣民主黨」縱然能迅速組成，一些潛在的問題，可能會在建黨後暴露出來。

根據現有關於嚴禁黨外公政會成立的消息，一些台籍人士認爲，國民黨當局已作出讓步。譬如，它表示將依據刑法第一百五十三條，而非引用戒嚴法或叛亂罪來阻止公政會設立分會；又如，國民黨中央政策會副秘書長蕭天讚提出，若公政會放棄設分會，他將與有關方面協商，允許黨外民意代表以「黨外」名義懸掛聯合服務處的招牌。這與過去一度限制冠用「黨外」一詞的態度，有天壤之別。

然而，也有人對此不表樂觀。首先，他們認爲，讓已有公職的民意代表用黨外招牌設聯合辦事處，目的是進一步分化已經山頭分明、矛盾重重的黨外；其次，他們指出，由於國民黨明言公政會傾向於分離主義，而行政院又於廿四日書面答覆立法委員伍千鈞「聲討台獨份子」的質詢中，指控台獨已成中共的工具，因此國民黨仍會隨時引用戒嚴法和叛亂罪名來壓制民主運動。

台問題政論家洪大銘稱 十二執行小組六人撤換 露出端倪表軍人保守派得勢

宋美齡或藉悼蔣氏冥誕返台

（上接一版）由於海外組黨正進入敏感的一刻，著名的台灣問題政論家洪大銘，願意公開發表他的看法。

洪氏表示，一些跡象顯示，台灣政局可能已落入元老派和軍方的手中。第一，他指出，國民黨在中常委中選出十二名所謂的「執行委員」，而其四月九日公佈的十二名執委名單，和出席十六日第二次執委會議者的名單對比，竟有六人被撤換。

洪大銘說，依照他手頭擁有的資料，十六日被除名的六名執委是嚴家淦、謝東閔、俞國華、李煥、邱創煥和吳伯雄，頂補上來的則爲高魁元、曹聖芬、李國鼎、何宜武、黃尊秋和洪壽南。他分析道，「值得注意的是，蔣經國是在四月十六日做心電圖檢查時，被發現心律不整，而於十八日裝置人工心律調節器的。我們再看看，換上來的兩名台籍人士黃尊秋和洪壽南的背景，他們都是以走黃少谷路線而聞名的。因此，再把原來在執委會中的谷正綱、黃少谷、沈昌煥等人，以及他們與軍事強人郝柏村的關係作一分析，令人很難不懷疑保守派和軍方勢力已佔上風。」

國府官員首度公開表明立場
不允台灣民主黨遷黨回台
指許信良等「叛亂犯」若返鄉將依法逮捕

【本報台北訊】台北「自立晚報」三日引述國府有關官員的話說，由海外人士彭明敏、許信良、蔡同榮等人發起的「台灣民主黨」，若回到台灣，有關單位將站在維護國家安全立場，依據相關法令嚴予審核，若其為非法組織，將予以取締。

該官員指出，「台灣民主黨」的發起人中，有不少是通緝在案的「叛亂犯」，他們如果回到國內，有關單位將依法逮捕歸案。

執政的國民黨有關人士指出，所謂「台灣民主黨」的部份成員，曾經參加過台獨聯盟組織，而政府已公開依法聲明台獨聯盟組織為叛亂團體；因此，「台灣民主黨」聲稱要遷回台灣，將不可能被允許。

有關人士進一步指出，部份曾經參加台獨聯盟的「台灣民主黨」成員曾表示，他們已與台獨劃清界線，但據資料顯示，他們目前雖已暫時脫離台獨組織，不過他們是因為權力鬥爭而脫離，而不是在思想、意識型態上劃清界線。

該人士並表示，中國國民黨在國內致力民主憲政之建設，創造了進步、繁榮的社會，值此非常時期，亟待國人團結和諧，致力國家建設，因此執政黨絕不可能允許所謂「台灣民主黨」遷回國內；更何況目前不宜組黨乃執政黨既定立場，在社會條件未成熟前，不可能開放組黨，以避免國家利益遭受破壞。

他同時勸告國內黨外人士，從事政治活動，應在法律範疇內依法為之，不要與若干海外人士連成一氣，減低國人對黨外人士的疑慮。

中報
1986.5.5

公政會認建黨不應「移植」
宣稱黨外不會與之「聯繫」
要在島內穩健發展「自然形成」政黨

自立晚報說，對於海外人士組織「台灣民主黨建黨委員會」，並將「遷黨回台」，由黨外人士擔任常設幹部一事，部份黨外個人士均持慎重態度，認為黨外組黨宜在島內自行進行，並採穩健步驟，以免引起政府及民眾的疑慮。

黨外公政會理事長尤清表示，任何民主政黨都是在國內組織發展的，不應在海外先行成立再移回國內，所謂「台灣民主黨建黨委員會」的成立，事先並未與島內黨外人士有所連繫，成立之後，黨外人士也不會與其連繫，而將循穩健腳步，先發展公政會組織，俟時機成熟，再行組黨。

公政會理事謝長廷說，海外人士此一舉動，雖然悲壯，但不易被島內民眾所接受，只顯示了台灣民主政治的不成熟。黨外公政會是黨外人士長期共同經營出來的組織，未來將朝組黨的方向努力，但政黨是自然形成的，既不[illegible]從事，也不應擅加阻撓。

立法委員江鵬堅指出，海外台灣同鄉關心鄉土的心情，值得肯定，但海內外環境不一樣，組黨運動不宜由海外引導，以免導致政府與民眾疑慮，組黨是憲法保障的人權，大可堂堂正正地在島內進行。

許信良崎嶇多折的返台之路

／秦懷碧

特約專欄

傳聞已久的台灣民主黨組黨案，終於在五月一日獲得確證。以許信良、謝聰敏、林水泉為主的建黨委員會，擁有一百多名非革命派海外台灣人士的後盾，將於八月成立台灣民主黨，然後在年底島內選舉前「遷黨回台」。回台成員是許信良、謝聰敏、林水泉三位黨外人士。

回台乃「勢在必行」

許信良的回台是「勢在必行」。身為一個具有「克里斯瑪」（群衆魅力）的反對派領袖，長期流亡海外，政治生命很快即將結束。阿奎諾、金大中及布托之女貝納琪爾先後返國，皆是顧慮及此。而他們回國後，也都帶動了民主運動高潮。許信良顯然受到他們鼓舞，回台的計劃在最近兩個月內迅速成熟。

在七十年代的台灣黨外運動中，許信良一直是靈魂人物，由大學雜誌時代到美麗島政團時代，黨外的每一次突破性創意，歸本溯源，都可以找到許信良的影子。「台灣社會力的分析」這部震撼一時的書，主要意念及結構就來自許信良，而由張俊宏執筆。七七年的桃園縣長選舉，是台灣地方自治史上最輝煌的一仗，此次選舉引發的中壢事件也迫使國民黨不得不在全台灣「放手」，讓黨外大批當選，造成七七年至七九年波瀾壯濶的民主運動。「美麗島」雜誌的成立及各地分社的拓展模式，又是由許信良一手規劃。若論七七年到七九年台灣的風雲人物，許信良無疑當屬第一。

八十年代的許信良，在海外落落寡合，「美麗島」人士的集體入獄也為許信良帶來黯淡時刻。在「風雲欲捲人才盡」的八〇年，許信良作了兩件「壯士一去不復還」的大事，一是成立建國聯合陣線，二是復刊「美麗島」。這兩件事顯露的意圖就是：一，許信良決定不回台灣了；二、許信良決定在海外創立基業，和國民黨長期對抗。

身遭通緝去路暫阻

建國聯合陣線最明確使國民黨「從地球上消失」，國民黨並未就此事對他通緝，他當時的罪名還是高雄事件「五人小組」中虛構的罪名。「美麗島」復刊初期走的是自由主義路線，更不會引起通緝。但許信良周圍聚集一批自認是在從事「偉大革命事業」的人士，「美麗島」逐漸變質為革命刊物，許信良也因此遭到通緝。他的回台之路似乎已經斷絕。這與阿奎諾、金大中、貝納琪爾的始終堅持民主運動是大不相同的。

海外創業不盡如意

另一方面，許信良在海外的創業也不如意。台獨聯盟從一開始就對「美麗島」暗中造謠抵制，一本他們不准別人坐大的初衷。許信良在孤立無援下，不得不求助非聯盟的系統，其中許多是社會主義者，這使「美麗島」的色彩無法見容於反社會主義的海外同鄉主流，財政來源受到限制。而許信良是一個思想家，人事及行政皆非所長，「美麗島」內部問題層出不窮。經過數年的波折後，許信良終於發現，海外並不是台灣民主運動或革命運動的沃土，海外已經脫離台灣而自成勢力。「海外」與「黨外」基本上是兩個勢力範圍，「黨外」想要領導「海外」也勢有不許。

默默忍受謠言與誤解

許信良自稱這幾年的逆境是「兩萬五千里長征」。他默默忍受來自四面八方的謠言與誤解，不屑辯駁；國民黨是為了政治目的而對他造謠，海外台灣人卻為一些莫名其妙的黨籍問題或個人動向而對他猜忌。他也不像彭明敏及郭雨新那樣，在生活上有人照顧；他太驕傲了，從來不屑開口向人要錢。他的生活就像陶淵明寫的「五柳先生傳」。外界對他的經濟來源風風雨雨，其實他早期的收入全靠許國泰接濟。許國泰八三年競選立委，經濟陷入困境，許信良也跟着陷入困境。海外台灣人號稱有許多富可敵國的資本家，可是，除了少數幾個不算富有的知己朋友外，在這兩年許信良最潦倒的時刻，竟然無人聞問。他為政治獻出了自己，十餘年如一日，家無恒產，也不事生產，妻子兒女一起受苦，大多數海外台灣人卻認為這是許信良個人

中報 1986.5.5 2/1

的事。

「美麗島」週刊首開海外有系統分析國民黨權力矛盾的先河，美麗島提昇了政論的水平，它對國民黨問題的研究闡發比黨外雜誌還早，黨外也不斷從海外的美麗島汲取選戰策略靈感。這種啟蒙教化，主要應歸功許信良。「美麗島」兩大筆手施敏輝及洪大銘，由政治的門外漢，一躍成為名政論家，完全是許信良創造的奇蹟。可以說，沒有近十年台灣黨外人物的「外銷」，就沒有今日海外台灣人運動的規模及視野。而海外台灣人對運動提昇扮演最大角色的許信良，竟是如此漠視與無情。許信良居無定所，開最破的車，穿最寒酸的衣服，妻子急病無錢入院，兒子上學三餐不繼。這種事會在經濟普遍寬裕的海外台灣人社會發生，實在是台灣人政治良心的最大挑戰。在許信良最不如意時，僅僅聽聞其事的許榮淑，還會雪中送炭，托人轉送數千元，而海外台灣人卻若無其事。「黨外」不屬於「海外」，這已經是血淋淋的事實了。

永遠不會被擊倒的人

許信良的遭遇使台灣旅美的一些黨外人士大感不平。然而，許信良「五柳先生」式的樂觀卻令人驚訝。他是永遠不會被擊倒的人。他念念不忘的只是如何待機再回台灣，去作最後一場戰鬥。當他兩年前發現海外不可寄望後，他就已收起在海外創立基業的雄心，隨時留意島內動態。而馬可仕下台後，他認為台灣民主運動的時機已經成熟，所差的只是領導。他決心回去領導，或至少觸發黨外運動的高潮，把目前最急切的組黨問題突破。

返台的三種可能遭遇

許信良的魅力猶在，是毫無疑問的。由七七年到七九年，國民黨最怕的黨外人士一直是許信良，因為他瞭解國民黨，善謀能斷，又不惜在關鍵時候一拚。美麗島運動到後期，已非許信良所能控制，他由相士口中獲知黨外早晚會遭人劫，其中以他劫數最重，於是他出國避劫，希望期限過後再回台灣，他及「美麗島」都能安然逃過一關（相士說劫數主要應在他身上），沒想到出國才二月，高雄事件沒有他還是照樣發生。經過這件事後，許信良以劫後之身，對個人生死早已看淡了，他唯一在乎的只是「死有重於泰山，有輕於鴻毛」而已。

許信良今年回台，可能遭遇三種情況，第一種是阿奎諾模式，在某一時候死於意外；第二種是金大中模式，以叛亂罪被起訴，入獄服刑，或僅僅被軟禁；第三種是貝納琪爾模式，直接走入黨外。第三種模式幾乎不可能。第二種模式比較有可能。金大中去年初回去，既能造成反對黨選舉大勝，許信良自然也希望見賢思齊，所以他選在年底選舉前（但時間表隨時可能變動）回去。第一種模式同樣不太可能，因為國民黨沒有馬可仕狠，它目前的體質也不堪承受這種劇變。

此外，還有第四種情況，就是國民黨根本不讓他入境。以國民黨一貫的「漢賊不兩立」作風，它再拒絕一次主動回台投案的「叛亂犯」，一點也不令人意外。然而，無論許信良能不能回到台灣，此一事件都會對島內造成衝擊。

島內三方面均受到激勵

許信良已經放棄了革命，退出了革命組織，又出面組織了一個政黨，準備「遷黨回台」。他的決定，同時挑戰了近年開放非革命派台灣人士入境的國民黨，沒有領導才具及毅力的黨外現階段領導層，以及對是否宣佈成立公政會分會猶在徘徊的各地黨外。島內三方面都受到他的壓力。而壓力能否真正落實，端看這幾個月海外與島內之間的角力。如果海外力量足夠大、團結足夠堅強、有關方面足夠合作，許信良就是另一個金大中或貝納琪爾。如果以上要素皆為否定，許信良就是另一個郭雨新。但郭雨新沒有在生前走上回台之路，許信良至少試過，而且會一再嘗試。

中報 1986.5.5. 2/2

成立反對黨雖大勢所趨
島內扎根方是光明正途

尤清江鵬堅謝長廷等相繼發表聲明
咸認政黨形成乃自然趨勢不宜莽撞行事

【本報台北訊】黨外公政會的主要幹部昨天相繼發表聲明，認爲反對黨不應先在海外成立，在島內發展公政會組織才是明智之舉。

尤清率先以黨外公政會理事長的名義發表聲明，他說，任何民主政黨都是在國內組織並發表的，反對黨不應在海外先行成立後再移植台灣，五月一日海外人士所組成的所謂「台灣民主黨」，事先既未與台灣黨外人士連繫，將來成立之後，黨外也不會與其連繫。

尤清說，他們將先行發展黨外公政會的地方組織，俟時機更成熟後再行在國內宣佈組黨。

公政會秘書長謝長廷說，海外此一舉動雖然悲壯，但不易被台灣民衆接受，此舉只顯示了台灣民主政治的不成熟，此外別無意義。黨外公政會已經過長期的醞釀和經營，政黨是自然形成的產物，不宜莽撞衝動行事，也不宜由任何外力橫加阻撓。

黨外立委江鵬堅則表示，海外鄉親關懷鄉土的心情值得敬佩，但海內外的客觀環境不一樣，民主運動不宜由海外引導，組黨乃憲法保障的人權之一，是莊嚴之事，大可在國內堂堂皇皇的進行。

以上三人的談話和聲明，曾已於五月一日刊登於台北自立晚報。

此外，台北市議員林正杰在接受本報訪問時表示，海外還有些同鄉敢回來坐牢，值得欽佩，但海外的台灣人運動多年來一直分分合合，每有什麼組織出現，不久就失敗了。他希望新的「台灣民主黨建黨委員會」在海外要增強其凝聚力，要能持久，不要像玩積木一樣。

林正杰希望海外人士要深切瞭解台灣島內目前的民情。台灣的黨外所有的努力都偏向於溫和的改革，海外這幾年來的「革命論」若移植回來，未必爲民衆接受。

不過，「台灣民主黨建黨委員會」到目前爲止的調子還算適當，在海外如此發展，他樂觀其成，至於「建黨回台」，他說尚有待於後再發表意見，因爲他發覺島內的黨外對這件事，認爲應該「劃清界線」者佔大多數。

對海外成立反對黨
國民黨官員表反對

【本報台北訊】一位國民黨的權威人士在接受台北自立晚報訪問時表示，所謂「台灣民主黨建黨委員會」，其部份成員曾參加台獨聯盟組織，而該組織業經政府一再宣佈爲叛亂團體，因而「台灣民主黨」既使在海外成立，也不可能被「政府」接受，讓其回台。

該權威人士要求不具名，自立晚報在刊登其談話時，強調是一位「國民黨內極具權威的有關人士」。

該人士又說，雖然「台灣民主黨建黨委員」中有部份成員宣佈脫離「台獨革命黨」或「台獨聯盟」，但那只是權力傾軋下的暫時脫離，而非思想意識上的劃清界線。

該人士同時「勸告」島內黨外人士，從事政治活動，宜在法律範圍內爲主，不應與海外連成一氣，「徒增國人的疑慮」。

北美日報 1986.5.5

第5章

鮭台專案參考資料
1986年6月1日
台灣革命黨編

國民黨與黨外進入攤牌階段

中報 86.5.6

／李尋梅

特約專欄

二、三月時氣氛猶相當沈悶的黨外公政會設立分會案，自康寧祥於四月十四日提出申請成立台北市分會後，突然高潮迭起，黨內外很快進入了攤牌階段。

在這一提案的鼓舞之下，各地分會申請案迅速提出。四月十八日公政會召開理事會，就通過了五個分會申請案，使分會總數達到九個。而情報顯示，黨外公政會將在廿六日的會員大會上，正式宣佈各地分會同時成立，以集體行動防止國民黨「各個擊破」。

國民黨恫嚇並未收效

黨外的決定震撼了國民黨。四月十四日、十七日，國府行政院曾經兩度在立法院表示反對公政會成立分會。但這種虛應故事的恫嚇，顯然已無法對黨外產生作用。國民黨不得不在廿三日的中常會上緊急討論此事，並作出決策正式宣佈取締公政會分會的決心。廿四日，國民黨進一步下達「最後通牒」，限令公政會組織分會的行動在廿五日晚上之前終止，否則將依法處理。凡此等等，目標無不針對廿六日的公政會會員大會。

國民黨的威嚇收到了一定成效，但不太大。黨外聲稱將四月廿六日的公政會會員大會中，設分會事宜仍按原訂計劃進行，如果國民黨強行取締，黨外將一本「打不還手」原則，爭取海內外同情支持。這表示黨外無視國民黨的「最後通牒」。然而，另一方面，宣佈各地分會同時成立的會議取消了。這表示黨外不想馬上就在行動上攤牌。

黨內外行動攤牌為時不遠

行動上不攤牌，言語上卻可以攤牌。廿八日，六位黨外立委提出聯合質詢，指稱國民黨要求人民團體登記的根據，是訓政時期的法令，其中的主管官署社會部已不存在，所以此一要求並不合法。這是黨外繼過去堅持「國民黨、民青兩黨及救國團等並未登記，所以黨外結社也不必登記」的論調以來，在法理上的另一個突破。

接着，同一日，十一名黨外台北市議員身披「黨外公政會台北市分會」綵帶，在市議會宣佈「公政會台北市兩個分會正式成立」。理論上說，黨外已經突破了不准設立分會的禁律。

雖然，言語上的宣佈並無實質意義，只有宣傳或象徵意義。然而，對黨外來說，這個意義已經重大無比，因為這是第一個宣佈成立的公政會分會。援用相同的模式，其他分會也可宣佈成立。而國民黨真正要取締的是分會的正式活動，只要分會採非正式性質成立，再由非正式而逐步變成正式，國民黨就可能因防不勝防而不再小題大作。

問題是，黨外公政會分會絕不可能止於非正式性質，未來一定會有正式掛名的活動出現，由「有名無實」變為「名實相副」。此時，黨內外的行動攤牌也將發生。

國民黨在法理上站不住腳

行動攤牌必須計算得失。體質虛弱的國民黨顯然相當不願行動攤牌，因為國民黨在法理上站不住腳。第一、以和平為宗旨的公政會分會，無法援用戒嚴法加以取締。第二、黨外吸取了高雄事件的教訓，勢必不會重蹈暴力對抗的覆轍。而「打不還手」的策略將使國民黨在取締上落於下風。第三、國民黨斤斤計較於登記不登記的問題，完全是故意找麻煩，因為許多人民團體皆未登記，只因不是黨外，就能暢行無阻；而過去黨外想申請成立公政會及台灣人權會時，國民黨都馬上搶先推出同性質的組織，以制止黨外通過。第四、國民黨剛在三中全會中宣稱「革新」，如果立即取締黨外公政會，無異承認「革新」是自欺欺人。第五、目前的國際空氣及島內輿論皆對黨外成立公政會分會有利，而且認為公政會分會是組黨的中間階段，可以減低立即宣佈組黨的不測因素，在漸進中朝向政黨政治。第六、由於在法律上站不住腳，國民黨中常會四月廿三日的決議也偏向形勢問題，認為一旦准許公政會設立分會，則公政會勢將成為「實質」政黨，以公政會目前主要成員的政治取向判斷，將來的活動必將強化分離意識，影響政治和諧，所以基於政治安定的考慮，必須加以取締。

「八部爺心態」極為明顯

然而，這種自由心證式的推論同樣站不住腳。第一，設立分會絕不等於「實質」政黨。因為各地分會基本上還是各自為政，受各地山頭把持，而且公政會乃是鬆散組織，談不上黨紀及黨綱。第二、台灣意識並不等於分離（台獨）意識。公政會成員大部具有務實取向，強烈的分離意識者只佔極少數；同時縱使某些人有分離意識，也不能斷定公政會就會強化分離意識，因為公政會的宗旨並無分離意識。

國民黨的自由心證令人想到日本八部爺的故事。八部爺因為看到東京多風沙，就斷定盲人必多，而盲人只能彈三絃琴為業，三絃琴需用貓皮製造，貓的數量就會減少，鼠患隨之增加，鼠患增加，瘟疫必然流行。於是，八部爺預先製造治療瘟疫的藥，把所有財產投入。結果，瘟疫並未發生，八部爺終於破產。

國民黨的「八部爺心態」十足反映出它的懼變怕變及杞人憂天。它對中共「三通」、「四流」及「亞銀會籍」的排斥，也是源自同樣心態。這種心態，造成國府有關單位的信口開河及言不顧行，永遠逃避面對現實。例如黨外公政會登不登記明明不是問題所在，四月廿九日內政部卻故示大方的說，黨外公政會只要改變名稱及章程內容，向內政部提出申請，內政部就會依法審慎處理。內政部這些話，是在為黨外公政會的不登記找尋取締理由。然而，如果公政會真的改變名稱及章程，向內政部提出申請，「依法處理」的結果也一定是不准或拖延。這就是國民黨處理問題的方式。

組黨是決心與毅力的問題

國民黨與黨外已進入攤牌階段。國民黨是理屈辭窮，但強顏作態；黨外是義正辭嚴，但逡巡瞻顧。誠如尤清不斷強調的，「國民黨找不出任何法令禁止黨外組黨」。組黨如此，成立公政會分會更是如此；這不是法律問題，而是決心與毅力的問題。攤牌對峙的局面必會繼續下去，島內外的情勢也會繼續對黨外有利，國民黨更犯不着為了逮捕一二個人而導致年底選舉失利，把目前敏感時刻的國際焦點轉向台灣。

老康再度出馬為公政北市分會之一召集人
決議近日召開大會籌組分會章程
當局加派梁肅戎黃光平從中斡旋

【台北訊】據中國時報六日報導中指稱，組「黨外公政會台北市分會」之一的廿多位發起人五日聚會，推舉康寧祥為籌備會召集人，林正杰為發言人、林文郎負責服務。同時決議近日內召開籌備大會草擬分會章程。在籌備大會召開前，將加強吸收會員，會議中對於江鵬堅、顏錦福等人籌設北市另一分會的關係，與會者皆表示相當關心，推由康寧祥負責協調、溝通，以避免雙方發生磨擦。

執政黨有關方面，重視黨外公政會籌組分會的問題，為進一步加強協調諮商功能，已指派高層黨務首長，加入執行溝通任務行列，加派政策會另兩位副秘書長梁肅戎與黃光平加入溝通任務執行行列。

梁肅戎在黨內素以開明形象著稱，其擁有日本明治大學法學博士學位，一向堅持法治精神之處事原則，不但見諸於過去擔任律師時期，即使與黨外人士往來，一般認為較能被接受，他在一九七八年曾與關中從事過溝通任務。

而黃光平則為政策會負責協調監察院業務的副秘書長，其加入從事溝通的行列，據悉是藉監委職務之便，與公政會理事長尤清就近多加連繫協調。

據了解，由於海外部份人士日前發言將組「台灣民主黨」，並且稱將於年底前回台活動，此舉之影響，已使黨內外雙方就公政會籌設分會之溝通更加審慎以對。就黨外而言，此一變數之發展在未能確切掌握之前，亦不願貿然有新的行動，而執政黨方面也希望加強溝通之必要，此一形勢之形成，或將有助於黨內外雙方對公政會籌組分會一事，達成實質溝通效益。

台灣民主黨聲言組黨遷台局勢更撲朔迷離

海外組黨回台刮起風風雨雨
台報稱同鄉未必附和移植島內難上青天
指出列名人物崗位敗退具投機想法

【台北訊】多位曾經在台灣政界活動過的台籍人士，於本月一日在紐約宣佈成立「台灣民主黨建黨委員會」，並宣稱將在建黨完成後遷回台灣。此事已引起台灣黨內外的一致關切。

高雄「民衆日報」六日引述未透露姓名的「了解人士」稱，有關方面對此事件會保持了解，但不認為海外台灣同鄉一定會盲目附和，有關方面會以何種態度對待，尚言之過早。

黨外人士對海外建黨的消息更意見紛紛。有人認為這是海外台灣同鄉繼台灣人公共事務協會（FAPA）在台灣設立分會遭遇挫折後的升級行動。而以經商為宗旨的FAPA遷台都困難重重，要把在美國組織的政黨移入台灣，恐怕不是談談就可以的。

一些黨外政壇中堅人士更直指民主改革，不論就歷史事實，或現實需要，都只有由內部自覺要求而產生，才可能持久，達到真正的目標。

另一種看法則認為海外台籍人士此時倡議組黨，難免被解釋為投機行動，列名於建黨委員會的人物，很多曾在台有活躍的紀錄，後來自崗位上退出或轉移陣地，但也未嘗沒有逃避的想法。

華僑日報
86.5.7

黨內外協調需重視潛在複雜因素

因黨外公政會籌設分會而使黨內外日趨昇高的對立情勢，由於幾位素具聲望的學者出面居間協調，且執政黨表現加強溝通的誠意，雙方緊張的情勢，可望暫獲緩和。但因雙方互動的過程中，台灣內外一些因素的刺激及雙方本身的客觀條件，使整個情勢變得複雜而微妙，協調工作將面臨考驗。

背景微妙考驗重重

事實上，黨外公政會這個問題，原是雙方對立的導因，但因整個背景趨於複雜而微妙，使這個問題變成激發雙方互動潛在因素的表徵而已。

黨外公政會籌設分會係於去年經會員大會決定，但起初並未引起太大的回應，在菲律賓變局發生後，籌設分會的腳步加快；繼而韓國反對黨修憲風潮，黨外公政會理事長尤清曾說：「台灣的反對運動太溫和了！」。

菲律賓和韓國的政情演變，黨內外各有不同的理解與看法，雖然黨外人士非常同意國民黨有關「台灣國情與菲律賓、韓國不同」的說法。但黨外人士能確信的一點是在菲律賓之後，西太平洋各國的政情，已廣受國際輿論的注意，台灣自也不例外。

其次，美國國務院亞太事務助理國務卿席格爾在四月中旬發表一篇演講談到：「任何地方，只要有抗拒政治多元主義和反對人民參與的情形存在，就會產生不穩，希望仁慈的領袖能維持溝通管道暢通，並與要求做有秩序民主改革的人合作，而那些向現行政治制度挑戰的人，能維持他們的民主整合，避免訴諸暴力或做不切實際、破壞穩定的要求……」。

席格爾促重視溝通

席格爾這篇講詞被視爲美國對東亞的政策，在台灣黨內外之間又引起不同的詮釋與理解，執政黨特別強調「避免訴諸暴力或做不切實際、破壞穩定的要求……」這段話，認定這段話是美國給東亞各國的反對黨「潑一盆冷水」，警告黨外人士不要對美國存有幻想。而黨外人士則強調「任何抗拒政治多元主義和反對人民參與的情形存在，就會產生不穩……領袖能維持溝通管道」這段話。

另外，美國國會七日舉行「台灣關係法」聽證會，其中人權條款部份邀請台灣人公共事務協會（ＦＡＰＡ）會長彭明敏作證。美國參院將於本月中旬討論參議員愛德華甘迺迪有關台灣民主化的提案，甘迺迪提案促請台灣國會全面改選、解除戒嚴等。據有關人士預測，甘迺迪這個提案很可能成爲美國參衆兩院的共同聲明。若干海外人士倡言籌組「台灣民主黨」，聲稱將遷回台灣，他們並將於五月十九日在台駐美辦事處前遊行，呼籲台灣解除戒嚴。

這些活動，有的對黨外產生相當程度的激化作用，對執政黨而言，則加深了黨外人士的疑慮。雙方潛在的認知差距愈來愈明朗化。

這些複雜而牽涉廣泛的背景因素，都是黨內外在溝通過程中所要面對的問題，否則即使黨外公政會這個問題暫時和緩，但潛在的衝突因素仍將不能避免。

就目前而言，執政黨表現了溝通的誠意，但在溝通過程中首先面臨的問題是黨外內部分歧的問題。

黨外民代壓力沉重

應邀參加十日餐敘溝通的部份黨外公職人員，日前爲了應否赴約，爆發一場爭執，顯示自公政會會員大會決議籌設分會，負責推動的部份黨外公職人員心理壓力負擔之重，意義頗不尋常。

這場爭執反映了來自黨外內部批判力量的仍然旺盛，部份海外人士籌組「台灣民主黨」的壓力，以及公政會內部派系儼然形成的競爭，而無非選舉因素與運動觀的詮釋。

「批康事件」的歷史經驗，對黨外公職人員的影響相當微妙，造成重新確認黨外新生代的影響力，雖然這一年來代表黨外新生代團體的黨外編聯會，不似以前活躍，但新生代在黨外雜誌中仍扮演極重要的角色，這股勢力並不能忽視。

雖然黨外人士對部份海外人士籌組「台灣民主黨」，並邀黨同台的方式，曾表示「不歡迎」的立場，但幾位黨外公職人員承認，海外人士這種舉動，已對黨外公政會籌設分會的步調產生壓力。這種壓力反映在黨外如何因應執政黨行爲時，格外明顯，因爲黨外人士與部份海外人士，在組黨目標的基準上，已造成步調快慢的比較效果，以致連「溝通」這一政治舉措，都因感受壓力強弱不同，而賦予差異甚大的解釋。

此次公政會第三屆理事改選，因新進議員的加入，產生結構上的變化，並且選舉中首次出現跑票，內部派系已儼然成形，內部競爭勢所難免，對溝通過程的任何決定，未來都必須面臨會員大會，急進與溫和意見的分野，而給予不同的政治評論，顯然部份黨外公職人員對溝通形成接受與否前，已將此列入考慮。

宜避免情緒化反應

尤其是今年底將改選立委與國代，部份黨外公職人員舉壓力是無法避免，除了運動觀點詮釋之不同，黨外公職人員考慮選舉的情勢，及自身形象的確立，在選前勢必反映在其政治舉動上。

影響日前爭執赴不赴約的諸外因素，同樣在日後溝通過程中也會產生左右的力量。在衡量這些因素所占的比重，如何避免過度情緒性的反應，尤爲黨外人士必須深思。

（轉載自台灣自立晚報）

社論

在台灣，組黨與反組黨常是一場戰爭。黨外公政會這次發展地方分會顯然是變相的組黨行為，國民黨並沒有放棄遏阻的機會，不過這一次時移勢遷，公政會諸君碰到的是一個氣勢較弱但鬥爭技巧較老練的對手。

四十年來在台灣出現的反對勢力集結行動，通常在集結之初即被「破案」，譬如在一九六二年的「高雄地區軍官學生事件」、一九六七年的「劉顏事件」和「台灣大衆幸福黨事件」、以及一九六八年的「民主台灣聯盟事件」中，有的只有結社的意圖而尚無行動，有的連意圖都還沒有成熟，就被瓦解了。

在廣為人知的「自由中國組黨事件」和「美麗島事件」中，則是先有一批擁有相當的社會聲望的政治異議份子，先集結成政治團體，然後才在他們致力於結合地方人士並發展基層組織時，遭到致命性的摧毀。

今日的黨外公政會顯然是破了記錄，它從一九八四年成立至今，已有二年，目前在台北市設有固定辦公室，掛着大幅招牌。國民黨政權在它成立前即已動手加以抨擊，首先是叫一批御用學者搶先成立「中華民國公政會」並辦妥登記，使黨外公政會因為社團名稱雷同而不能合法登記；接着聲言要强拆招牌，除非黨外公政會願意易名登記。但公政會强韌的撐了下來，不為所動。

公政會成立之初並無組黨的意圖，熟悉黨外的人都知道它其實是黨外內部權力鬥爭的產物。但後來的發展，尤其在一九八五年施明德絕食以及台北市議員選舉黨外大勝之後，島外的天空中瀰漫着組黨的氣流，公政會才在尤清等人的推動下，試着把它發展成政黨。成立地方分會只是政黨化的第一個行動。

這種發展當然瞞不過國民黨。在歷次反組黨的戰爭中，可以看出國民黨有三道防線，第一道是不讓它集結，第二道是萬一集結後不讓它下鄉，第三道是萬一反對黨俗結又下鄉後，設法引進自己的體制之內，再設法讓它「民青兩黨化」。

自從五月十日由陶百川等人邀約的溝通餐會達成協議後，黨外公政會似已闖過了二關，國民黨這次在阻撓時不像從前那麼順利，手到擒來，其原因在於：

第一、國民黨雖然仍在島內控制着絕大多數傳播媒體，但很難取得輿論上的優勢。以前可以抓人而不[illegible]長足的進步，已是一個資訊流通、民智大開的社會，國民黨固然是那個社會的主導者，但一個比較進步發展的社會，反過來卻迫使國民黨在對付政治異己時不再能為所欲為。

第二、近年來國府的外交處境十分困難，許多主客觀因素使他不能變也不敢變。而它愈不敢變，對外便更多窘迫，對內也更多疑慮，內外惡性循環不已。近年來，在危疑震撼中，它變得更需要一個良好的國際形象，尤其是在美國的形象。偏偏在這種處境中，國民黨不斷犯錯，陳文成案、江南案、李亞頻案，層出不窮，大大削弱了自己，壯大了「敵人」——國民黨向來是把大部份旅美台灣人社團當成敵人的，那些台灣人社團拜國民黨在島內頻頻迫害政治異己之賜，逐漸凝聚人力物力，逐漸有效的向美國國會進行遊說，因而使國民黨的任何壓制行動都必須在國際上付出相當的代價。

第三、國民黨內部權力結構的微妙結合也逐漸影響到黨內外鬥爭情勢。自王昇外放，李煥回朝，大批台籍政客登上舞台，與國民黨老中青三代幹部一齊組成權力班子之後，保守的軍特與政工不再是主流勢力，許多新的元素，譬如台籍政客的專業知識和表態這

功的必要性，譬如國民黨第三代青壯幹部的强烈使命感與現代化知能，都已對國民黨近年來的作為，產生了影響——它比較能認清敵手，計算代價，不傾向於疑幹强壓，但這並不表示它比較傾向開放自由；它是被迫也是自覺的開放或讓步一些與政權存亡無立即關係的措施，但對於最重要的幾項基本政策還是緊握不放。此處所謂被迫，指的是被客觀的社會發展所迫，自覺指的是，國民黨已自覺到必須開放較多的外圍事務，才能技巧的應衍核心政策。

我們認為用前述三個觀點較能充分瞭解今日的國府當局，以及最近發生的公政會風波。至於國民黨十二位中常委裏寥會議的雷大雨小，我們亦作如是觀。

對黨外公政會而言，它以堅定的行動，先成立分會，再參與溝通，逼使國民黨不得不讓步，固然使黨外暫時贏了這場戰爭；但國民黨以較大的政治實力，卻以較低的姿勢，作較大的讓步，國民黨好像也沒有輸。國民黨似已贏得了輿論，一種出手打人之前事先減少責難的輿情準備。如果它在冷靜估計之後認為可以出手的話。

政治鬥爭講究的永遠是實力而非空泛的理想，以今日台灣的全盤政情來看，公政會與國民黨都很有機會突破歷史的窠臼，公政會如果團結，很可能成為一個實質的反對黨，國民黨在這種情況中，也可能成為實質的民主政黨，這在台灣的歷史中，都是首次，我們願焚香以待。

北美日報 86 5.16

國民黨又不按牌理出牌

本報特稿

據報導，國民黨對黨外公政會設立地方分會事，表明了將採取的堅定政策：禁止設立分會，如逕行設立即強制解散，如不解散則將依刑法第一百五十三條的煽惑罪治辦。又據國民黨一位高階層人士分析，「政府不可能讓步，除非黨外人士充分證明，他們已放棄分離意識，他們的政治活動不致妨礙國家團結」。

據說，當局如此「原則」的確定，係經有關方面就採取行動的可能後遺症及取締的法律依據和程序，多次會商研討所獲取的具體結論。

看了這段消息報導，不禁令人感到驚訝。對付黨外公政會設立分會事，竟要採取「不按牌理出牌」方式，再次暴露了當局的「霸道有理」心態，面對黨外公政會的發展，想要出師却無名。因此祭出「不按牌理出牌」的簡易法寶。有了它，黨外的任何舉止行動都將被置於此一法寶籠罩之下，且增加了隨時都有被治罪的可能性。

當局「不按牌理出牌」的事例，司空見慣，但以此次的露骨與坦白，最引起筆者的注意與興趣。

據國民黨人士分析，「公政會逕行成立後，勢必招募會員，以目前主要成員的政治取向判斷，公政會的將來活動必然强化分離意識，而影響政治和諧」，因此「政府基於政治安定的考慮」，「採取取締行動，不難獲得多數民意的支持」，對於抗拒解散命令者，依刑法煽惑他人抗拒合法命令罪處刑。

上述這位人士的「分析」，事實上均出於想像、假設與臆測。這些假設的命題之間，似有必然的關連，更有必然的因果關係，且最後必然導致刑法第一百五十三條的引用。

讓我們順着這位高層人士的推理程序，也根據我們的「假設」或「想像」，來看看「地方分會」在刑事法律上的可能結果。刑法第一百五十三條規定「以文字、圖畫、演說或他法，公然爲左列行爲之一者，處二年以下有期徒刑、拘役或一千元以下罰金：一、煽惑他人犯罪者。二、煽惑他人違背法令，或抗拒合法之命令者。」然而，公政會逕行成立分會後，①如果不招募會員，要根據什麼樣的法條加以取締？②即使招募會員，但却純以推行民主爲主旨，會員沒有强化分離意識的作爲，又根據什麼取締處罰？又即使向會員灌輸分離意識，但只是私下爲之，又能根據第一百五十三條予以治罪嗎？③逕行設立後，當局也下了命令解散，而分會的發起人或會員沒有煽惑其他會員抗拒解散命令，而是個人自動自發予以抗拒，則又能根據第一百五十三條懲罪嗎？又如私底下予以煽惑而非公然者，本條的罪刑能成立嗎？

以上問題的答案觀之刑法第一百五十三條之規定，應該全部都是否定。然而，這位作分析的有關人士竟如此偏愛這一法條，且在衆多的行家面前班門弄斧。也許就是因爲這種强盜邏輯，才造成那麼多冤獄，才增加了那麼多的冤魂。

據另一位高階層人士說，如果黨外確實放棄分離意識，並有充份的證明，黨外的政治活動也不致妨害「國家」團結，則黨外可以正式組黨。這是可能的嗎？筆者不相信即使滿足了這些條件，組黨能夠付諸實行。只要看這位高層人士在分析中所用的邏輯，就可以清楚地看出，國民黨毫無誠意讓別人分享政治權力，即使活動空間的「賜與」也顯得非常吝嗇。「國家團結」的帽子會把黨外壓得透不過氣來。這頂可大可小、變化自如的大帽，眞是套諸「各頭」皆「合」也。黨外要突破，有待努力。

國民黨要求黨外「充份證明」「放棄分離意識」幾乎是無理取鬧。蓋「放棄」的前提是「有」—即客觀的存在。如果原就沒「有」，又如何放棄？至於是否「有」，又由誰來證明？照理應由說「有」的人來舉認。國民黨如果懷疑黨外有分離意識嫌疑—即「存在」，應由國民黨充份舉出事實來證明其「存在」—有（分離意識），而不是由黨外自我充份證明。

台灣司法、警政之所以不健全，法庭上有那麼多的翻口供、揭發逼供之情事，上述國民黨高層人士的心態，正是最好的注解。

鄒冬雨

華僑日報
75.2.28

鮭台

中報 86.5.13

黨內外溝通、達成三項結論
國府同意設立公政會及分會
登記及名稱問題爭持不下、將繼續磋商

【本報台北訊】黨內外人士十日在來來飯店進行長達五個小時的溝通，達成三項結論。其中對黨外公政會籌設分會的問題，執政黨同意其分會之設立，但是否應先登記，參加人員仍有不同意見，有待繼續磋商。

在會中達成的三點結論是：㈠參加人士對中華民國憲法的實施具有共識，至於如何積極推動民主憲政，仍有待繼續磋商。㈡參加人士對黨外公政會及分會之設立，咸表同意，至於登記及名稱問題，彼此有不同意見，有待繼續磋商。㈢參加人士同意在磋商期間，共同為政治和諧而努力。

餐會一開始，由於黨外公政會台北市分會搶先成立，氣氛非常凝重，執政黨人士及部份學者認為黨外不應該「邊打邊談」。尤清及謝長廷則分別解釋說，台北市分會的成立，籌備多時，其在昨天已正式成立，純屬偶然，並非有意杯葛。謝長廷又說，執政黨認為溝通進行前台北市分會宣佈成立不應該，那執政黨在溝通前夕突然停刊三本黨外雜誌，查禁三本黨外雜誌（康寧祥的「八十年代」在五月九日被停刊一年），也是破壞誠意溝通的行動。雙方才針鋒相對，後經居間協調的學者勸圓，氣氛轉趨和諧、理性。

尤清首先表達黨外對此次溝通的六點期望：

—希望執政黨在今年八月中央民意代表候選人提名之前，公布「健全政黨政治」的具體方案。

—人民有集會結社之自由，這是憲法所明文規定，政治團體的結社，不以登記為先決條件。

—希望執政黨不要濫行查禁、查扣黨外雜誌。

—省政府應確遵省政府組織法，不得有越權情形。

—對「二二八」等不幸事件，政府應拿出誠意撫慰政治受難者的家屬，並公布事實真相。

—對黨外公職人員聯名請求陳文輝交保，希望執政黨當局拿出誠意，慎重考慮。

執政黨人士也強調兩點意見，一是非常時期與承平時期不同，處此非常時期，希望大家體認與諒解。二是不要以外國標準衡量台灣民主政治的發展。

據瞭解，在溝通過程中，對於黨外公政會設分會的問題，執政黨非常堅持「登記」及「改名稱」的基本立場，雙方爭論非常激烈，居間協調的部分學者也認為，黨外公政會籌設分會，執政黨不應禁止，但黨外應先經登記後，才正式設分會，不過，執政黨對於「非常時期人民團體組織法」等過時的法律亦應修改，作為「法治基礎」的起步。最後雙方對這個問題同意將繼續磋商。

溝通餐敘、結論極富彈性且甚抽象
雖有共識、未來解釋難免各說各話

【本報台北訊】十日的黨內外溝通餐敘，雖然作成三點結論，但尤清、謝長廷事後均表示，結論為涵蓋雙方意見，定的非常抽象而有彈性，將來在解釋上可能出現各說各話的情形。

尤清表示，三點結論中，對於實施憲政及政黨政治，黨內外雙方均有共識，但對於憲政及政黨政治的內涵及實施的方式、時機，雙方可能會有不同的認知及解釋。

謝長廷也指出，第三點結論中的所謂「政治和諧」，執政黨可能解釋為黨外不繼續成立分會、不在雜誌中惡意攻訐政府，而黨外則可能解釋為執政黨不查禁黨外雜誌、不禁止黨外的集會活動等。他表示，黨內外雙方會不會出現此種解釋上的差距，就要看雙方的誠意了。

除了三點結論之外，尤清和謝長廷表示，雙方在餐敘中均提出了許多「希望」，這些「希望」能否被對方接受，不敢肯定。但執政黨代表透露，執政黨將針對省府組織法、戒嚴法、政黨政治等問題進行檢討。

當記者詢及黨外積極籌備推動的「五一九綠色行動」「抗議戒嚴是否構成破壞「政治和諧」」時；謝長廷答覆說，國民黨對五一九綠色行動似乎不太在乎，抗議戒嚴活動不致構成「破壞和諧」。

社論

國民黨與黨外的溝通

國民黨九日舉行十二名中常委會談，就中央級民意代表、戒嚴和反對力量組織化等問題進行研討。次日，國民黨中央政策會副秘書長梁肅戎、蕭天讚及黃光平在陶百川、胡佛、楊國樞、李鴻禧等人的安排下，與黨外公政會理事長尤清、秘書長謝長廷、理事游錫堃、張俊雄及立委費希平進行了五個半小時的溝通。台灣報紙說，雙方達成三點結論：一、他們對台灣「憲法」的實施具有「共識」（但如何推動民主憲政則「有待斷續磋商」）；二、對公政會與分會的成立都表示同意（但對黨外組織的「登記」與「名稱」問題看法不同）；三、同意在磋商期間共同為「政治和諧」努力。

這次的「溝通宴」，在形式意義上達成了三項結果，一是國民黨放棄了過去不准設分會的限制，正式承認公政會存在；二是國民黨與黨外公政會首次進行以團體對團體的「對等談判」；三是國民黨獲得公政會與會者對台灣體制的認同。用一句話說：國民黨以承認公政會及其分會合法地位作為要黨外認同體制的代價。

但其實質意義則仍待雙方以實際行為來界說。因為國民黨對公政會的認可雖然有雙重意義，一方面公政會的實力的確對國民黨造成相當的壓力，另一方面國民黨也希望在國際上改變一點形象。國民黨將會讓步到什麼程度，即取決於公政會的相對實力的大小。

對公政會來說，政黨原是依法可以組成的，本不需台灣執政黨來認可。實力夠了，就算國民黨不認可，它仍然是台灣政治裏的「政治實體」。但從過去的選舉來看，黨外缺乏組織，不能像國民黨那樣發動組織力量進行宣傳、配票並部署人力、財力，所以先天不利，較選下來，始終維持在三成選票的瓶頸處，欲突破瓶頸，只有爭取發展組織，而黨外發展組織，即是國民黨所不願見的。這就是黨外一直急於突破黨禁而未能成功的原因之一。現在國民黨是否在「同意」公政會及其分會成立之後能同意黨外發展組織，尚未明朗。其實，公政會使用什麼名稱，是否可登記，祇是形式上的問題，黨外若有了組織，用什麼名稱已成為枝節之事。但由於黨外組織之存在與否可能威脅到國民黨政上的存在，黨外欲求組織化，尚有一段路要走。

可以預見者是，不論黨外是否能在此次溝通後突破黨禁，緊接著下一目標將是突破「報禁」。因為，如果黨外能有組織，下一步必然會務求突破報禁以求均分宣傳之利。若黨外未能在近期突破黨禁，則突破報禁顯然會對組黨之舉產生相輔效用。

當溝通會甫告結束之時，台灣報刊已刊出有關黨外須改變戰略的說法——意即不能僅依靠反對國民黨維持下去，而是需要提出公政會的政綱及各方面策略，以一個正規政黨姿態跟國民黨競爭。這說法不算新穎，它在島內及海外曾多次經人提出。現在的溝通既是以接納體制作為換取國民黨對公政會認可的條件，那麼採行正規政黨方式跟國民黨競爭，至少在表面上看來，也就成為勢在必行之途。這在某種意義上也正是康寧祥路線的特徵。

國民黨高層當局對於溝通會作出指示，[illegible]少一些壓力，不過黨外也勢將藉著這次溝通結果而就體制內改革作出更多要求，例如戒嚴法、報禁、中央級民意代表等問題。這些問題的觸及，將會顯示出國民黨當局在對大陸政策上的看法，而這種看法的被迫表露會引起何種影響，頗值得注目。

倘就國民黨同意公政會及其分會的成立來看，若它真正能意識着國民黨接受了正規反對黨的存在，放棄了國民黨向來認為「天無二日」的傳統心態，對於整個中國而言，這倒可能是一件好事。因為國民黨若能在台灣學會如何跟另一政黨平等相處，互相[illegible]，放棄其「訓政」習慣，這對其將來跟中共「對等談判」、「長期共存、互相監督」，毋寧是多了一個預習的機會。

不過這個可能性，看來是較遙遠的。本報記者十二日訪問海外台灣人團體負責人時，除了全美台灣同鄉聯誼會會長外，其他人都表示現在未能就溝通結果預作估計。他們懷疑國民黨「可能還有花樣」。從國民黨過去的行事看來，它似乎不會這麼輕易地改變態度。

華僑日報 86.5.14

華僑日報 86.5.14

台島黨內外溝通獲結論

讀報瑣感

於國民黨國策顧問陶百川及台大教授胡佛等，邀集國民黨中央政策會副秘書長梁肅戎、蕭天讚及黃光平，黨外公政會理事長尤清、秘書長謝長廷、理事游錫堃、張俊雄、立委費希平，前立委康寧祥等黨外人士，就「黨外公共政策會設立分會」問題，在五月十日中午假台北市來來大飯店舉行「溝通餐會」之前兩小時，由黃天福和顏錦福具名邀請發起的「黨外公政會台北市第二分會」，假市議會視聽委會會議室舉行成立大會，並選出理事長謝長廷、理事黃天福、周伯倫、林永豐、陳漢卿，監事江鵬堅、顏尹謨，還決定市議會由謝長廷周伯倫議員的研究室爲會址。

北市公政會第一分會，不顧國民黨將以刑法予以取締的警告，且在黨內外「溝通餐會」以前正式成立，顯然對國民黨及其主席所宣佈的「溝通誠意」是一相當激烈的挑戰。分會成立後被任爲發言人的顏錦福雖說，還在這個時間宣佈成立，純屬偶然，與中午要進行的「溝通餐會」並無故意衝突之意；但他在成立大會進行時，從頭至尾揹着一個包袱，事後告訴在場記者，說裏面裝的是牙刷牙膏和換洗內衣褲，「我隨時準備被捕」，足見他有坐牢的決心。再據台北自立晚報報導，國民黨一有關人士於接受訪問時表示，顏錦福等人在「溝通餐會」前成立分會，是破壞「誠意溝通」的行動，將嚴重影響溝通效果，並將迫使有關單位採取必要的措施。更使人不惟有「溝通餐會」難獲成就的預感，而且擔心雙方對立的形勢將會隨之而升高。

誰知翌日報載消息，非但未見有關單位對公政會北市分會採取「必要的措施」，反謂「溝通餐會」的參加人員經過五個小時的會談後，達成三點結論：「一、參加人士對中華民國憲法的實施都具有共識，至於如何積極推動民主憲政，仍有待繼續磋商。二、參加人士對公政會與分會的成立都表示同意，至於對「登記」和「名稱」問題，仍有不同意見，有待進一步磋商。三、參加人士一致同意，在磋商期間共同爲政治的和諧而努力。」

在公政會北市第二分會於「溝通餐會」前搶先正式成立的情況下，所謂「溝通餐會」能夠按期舉行，並且獲致結論，不管國民黨人或親台論客如何以「寬容」之類的字眼來瞽解，此事顯爲台灣島上黨外空前的勝利，乃是不爭的事實。最低限度，國民黨被現實形勢所迫，非惟不敢對蔑視戒嚴違抗禁令而成立的北市分會嚴予取締，還邀當選爲分會理事長的謝長廷參加「溝通餐會」，會中且談出三點結論來。假非國民黨的被迫讓步，其誰能信？倘眞是國民黨曲意「寬容」，又何致發生公政會分會之爭！

惟從溝通的三點結論看，不但俱待作「磋商」或「進一步」的「磋商」，而且「在磋商期間」要「共同爲政治的和諧而努力」。是則國民黨雖「同意」黨外公政會及分會的成立，然黨外尚須受再「磋商」以及「政治和諧」的約束。就表面看，似屬互相讓步，從實質看，吃虧的乃是黨外。這樣的「溝通結論」，或會被向主「漸進」組黨的公政會領導層所滿意，恐非台灣政治民主化進程中的一項突破，大有違於公政會爭取分會的原旨，組黨勢將更爲延展。

海外旁觀，此次島內所謂「溝通餐會」之得以進行並獲結論，固拜「台灣民主黨建黨委會」成立之賜，因爲沒有該會「組黨回台」的主張與氣勢之刺激，國民黨在島上與黨外的對立恐難緩和。但若此番溝通使得島內黨外組織化的運動減速，以致引起民間普遍的不滿，進而對於「台灣民主黨建黨委會」特加支持，將對組黨起更大鼓舞作用。

據報，國民黨三中全會所推定的十二位中常委，原負責研擬「規劃執行各項決議案及主席講話」，近於九日開會決定，要對當前若干待解決的政治問題進行規劃，包括國會、戒嚴及反對力量組織化等。此種擴大規劃範圍中所涉及的問題多具敏感性，亦足證今天國民黨能面對現實，以各方壓力之強勁，逼得它非有所變革不可了。

百鑄

創機造勢

談兩個政策的調適空間

本報台北記者陳清喜

在「黨禁」政策下，國府執政當局日前同意「黨外公政會」設立分會；在「三不」政策下，華航前天也決定由香港分公司直接與大陸的「中國民航」交涉歸機還人事宜。

這兩個突破性的決定，不只反映執政當局思困求變的努力，也正反映執政當局對於調整政策的時機掌握。

「黨禁」政策與「三不」政策都有其存在理由。以「黨禁」政策禁止成立新黨而言，組織結社自由原為民主憲政所必須，但必須其組織結社確願為民主憲政的推展而共策共力，否則又何以在分離傾向的反對黨之下，維持民主政治的政權和平轉移？再以「三不」政策對抗中共統戰而言，中華民國政府若目前與中共談判、接觸，其後果將是如何，應當也是不言可喻。

但是，無可否認的，隨著時勢的發展，上述兩個政策都有其因應不便的政策負担。近年來，各方建議政策彈性因應，基本上應可視為時勢發展的必然反映。

只是，這兩個政策變革的衝擊不可謂不大，就一個負責任的決策者而言，這已經不只是在「變與不變」間斷然定策，展現魄力，創造歷史，而是以蒼生為念，審度時勢，在「如何變」與「何時變」的問題上考量，退而預留政策調適空間，進而創機造勢。

以公政會設立分會而言，黨外陣營已經長期擁有部分票源，公政會設立迄今的活動內容又未踰越民主國家政黨活動常軌。若格於「黨禁」政策，硬性壓制，徒顯理窮力現；但是同意設立分會，並非就是推翻「黨禁」政策，反倒是「黨禁」政策下的一種檢討試探；「黨禁」政策之轉寰，因而有較寬闊的空間。

華航貨機及機員歸還交涉亦然。半官方的華航與大陸的「中國民航」直接交涉，並未失政府與中共不接觸、不談判、不妥協的政策，反倒是在顧全人道立場下，經由此次試探性的接觸，政府將來得以在「三不」政策下，釐定處理若干特殊事例的辦法，並進而有較實際的事例檢討「三不」政策。

一個政府的效能主要表現在其對於新環境的調適，但這調適過程必然有其必須支付的代價；一個決策者的智慧不只表現在新舊政策的抉擇，更表現在其如何順利跨過新舊政策的轉換門檻。中華民國政治處境特殊，當然有立國基礎的政策堅持，但也有思困求變的生存要求，從當局同意公政會設立分會及華航決定直接交涉歸機還人事宜，這種審度時勢、創機造勢的抉擇應當是值得肯定的。

世界 5.16

中報 86.5.19

國府「三不政策」的戰略性撤退

——分析國民黨對黨外和中共的妥協策略

／易水寒

特約專欄

在對中共政策上堅持「不接觸、不談判、不妥協」，對內政策上堅持「不解嚴、不開放黨禁報禁、不放棄法統」，並且數十年如一日的國府，五月十日及十三日突然分別同意黨外公政會成立分會及同意與中共在香港舉行華航貨機事件談判。兩大政策在短短三天之內相繼突破，不但大出島內外觀察家、國際輿論及中共意料，連國民黨內部都措手不及。

形勢逆轉頗出人意表

國府該一戰略性撤退之令人意外，在於今年一至四月，它還為公政會分會問題與黨外劍拔弩張，出現高雄事件以來未有的緊張情況；同時，亞銀會籍問題的一波三折，也顯示國府苟安懼變的心理。對國府來說，黨外公政會分會案如果突破，公政會就將成為「實質政黨」，違反國府對內的「三不政策」；亞銀模式如果接受，國共就將「正式接觸」，違反國府對中共的「三不政策」。

所以，儘管島內外輿論及國民黨內溫和派曾力主允許公政會成立分會及接受亞銀模式，國府卻一再昇高對黨外的恐嚇，由春節前透過傳播工具及私人管道（梁肅戎、蕭天讚）的警告，到二月底黨政軍特高階會議的「專案處理」，到三月宋長志在立法院的正式警告，再到四月廿三日中常會的「最後通牒」，同時，國府也發明了「不接受、不退出、不出席」的亞銀會籍新對策。兩大問題的合理解決，可謂前途一片黯淡。

契機與時機配合造成突破

然而，這段時期，突破的契機也若隱若現。從來不作政治冒險的康寧祥在四月十四日領銜申請成立公政會台北市分會，導致各地黨外紛紛提出分會申請，原本奄奄一息的公政會分會案重新復活。而一向精於觀風望色的東海大學特務校長梅可望，也在國民黨三中全會建議「發動與大陸親友通信」及「前往大陸探親」。稍有政治眼光的人都會懷疑，這兩件事必定有人策動或在背後支持，以此作為「政治風向球」。同時，四月十四日高雄市議會通過「允許[illegible]」，四月廿八日十一名台北市黨外市議員在康系的林文郎率領下宣佈「公政會台北市兩個分會正式成立」；如果不是有恃無恐，這些胆小怕事的議員也不可能作此冒險。

有契機而無時機，未必就能突破。兩大問題的突破，無疑與五月一日海外成立台灣民主黨建黨委員會及五月三日王錫爵駕機投奔大陸有關。許信良等人決定「遷黨回台」，一方面挑戰了國府的黨禁，二方面對遲遲未能成立公政會分會的黨外形成壓力。而王錫爵投奔案則激起了島內外省同胞的思鄉情懷，動搖了國府的心防。國府如果不對以上二事適度反應，不但島內的組黨運動有和海外合流之虞，而且國府一向倚為統治基石的外省同胞也可能離心離德。終於，蔣經國斷然作出了突破的決定。

蔣經國點頭的兩大因素

蔣經國同意黨外公政會成立分會，是在五月七日的中常會中親自「傳達」；而兩週前中常會才剛通過取締公政會分會的「最後通牒」。蔣經國同意與中共舉行談判，是在五月十二日以後臨時決定；因為五月十二日晨國府民航局剛剛收到中共民航局的第二封電報時，還堅持要透過「間接途徑」交涉。

然而，以蔣經國的個性，光是顧慮島內外組黨運動合流及外省同胞離心離德，絕不可能作出如此石破天驚的決定，因為蔣經國並不是喜愛冒險的人。他的決定，可能還牽涉了另外兩個因素，一是國府內部的權力鬥爭，二是他對海峽兩岸關係的長遠打算。

內部權力鬥爭

先說權力鬥爭的因素。公政會分會問題之必須在中常會宣佈，因為中常會老人大多反對突破黨禁。而華航貨機問題之不必在中常會決定，因為中常會老人為勢所迫，早已贊成「三通」，梅可望在三中全會的談話贏得熱烈掌聲即是明證。但對於這兩大問題，中常會老人其實都不能構成阻力，真正足以構成阻力的反而是軍特二系的態度，特別是「郝家班」的態度。

掌握軍特二系的「郝家班」，在公政會及「三通」問題上，一直採取強硬態度。國府經濟官僚集團曾宣佈海峽兩岸「間接貿易」合法化，對「直接貿易」也睜一眼閉一眼；中華經濟研究所甚至呼籲「貿易正常化」。然而，警總卻一再以「叛亂罪」處罰「直接通商」者。軍特二系與黨政二系為此時生齟齬，立法院成為黨政二系向軍特二系施壓的戰場，軍特二系卻始終不為所動。對於公政會，軍特二系與黨政二系的態度也南轅北轍，前者主張積極進剿，後者主張予以懷柔。

軍特與黨政系統的分歧，透露了雙方的權力衝突。通常，權力愈運用愈有權力，而軍特的權力來自「內憂外患」，也就是內有動亂威脅、外有侵略威脅。對於國民黨而言，黨外及中共就是內外兩大威脅。如果黨外與國民黨由對立走向對話，海峽兩岸關係出現和諧，兩大威脅即將減輕，軍特二系的權力也會萎縮，相對的，黨政二系的權力就會增大。因此，在處置黨外及海峽兩岸「三通」問題上，黨政及軍特各系會有衝突是不足為奇的。七九年的高雄事件就是一個軍特二系壓倒黨政二系的例子，王昇成為高雄事件的最大受益者。

「郝家班」已成心腹大患

然而，目前國民黨的黨政二系是由家臣型的馬樹禮及俞國華負責，他們和郝柏村一樣，都是「顧命大臣」，照理雙方不該如此明顯衝突，這是其一。蔣經國去年兩次揭示不會傳子，行憲紀念日當天又不按預訂講稿，唸出一份自備的講詞來，公開宣稱台灣不會出現軍事統治，結果蔣孝武已奉派出國，「郝家班」幾位嫡系將領的職位卻大違常情的遲遲未曾調動，這是其二。蔣經國突然同意公政會成立分會及同意與中共舉行談判，打破卅多年來的「三不政策」，明顯的偏向黨政二系，這是其三。帶頭申請成立台北市分會而使公政會分會案再度復活的康寧祥，有可能受到黨政二系授意，結果五月七日蔣經國在中常會「傳達」同意公政會設立分會的旨意，五月九日「郝家班」控制的警總即將康寧祥的「八十年代」雜誌查禁一年，這是其四。由以上四點推斷，「郝家班」似乎已成為蔣經國新的心腹之患，「郝家班」的未來動向相當值得注意。

海峽兩岸關係的考量

再談海峽兩岸關係的因素。蔣經國生前格於蔣家和中共的歷史恩怨，絕不可能同意與中共進行政治談判。然而蔣介石曾有歸葬奉化的遺願（他在台灣慈湖「浮葬」，即表示不是正式下葬），宋美齡據稱又曾對中共傳達此事，因此蔣經國有化解恩怨的打算並非不可想像。他借助這次華航貨機案，在海內外造成「三通」的一潮流中，順水推舟，同意與中共談判，應有為今後海峽兩岸正常接觸打開門戶之意。「三通」門戶是因蔣家而封，又為蔣家所啓，「解鈴還須繫鈴人」；蔣經國在自知時日無多下，顯然考慮到了身後的歷史評價問題。

國府未來仍會繼續反對黨外組黨，也仍會繼續反對和中共談判統一。然而，黨外公政會既有了政黨的「實」，就不可能不追求政黨的名，而海峽兩岸官方企業既已第一次接觸，第二次接觸就會更便利，非官方接觸的禁忌也更容易打破。從基本上說，蔣經國石破天驚的兩大決定，不僅是國府「三不政策」的戰略性撤退，也是島內外各種新關係的起點，一連串的連鎖反應將因之產生，台灣的民主政治及台灣問題的和平解決也將展現更廣闊的遠景。

1　民報 86.5.17　台灣民報

社論

蔣經國的戰略性撤退

國民黨在五月十日同意黨外公政會得以設立分會，又在五月十三日宣佈就華航貨機案與中國進行半官方交涉。這兩件石破天驚的消息，大出所有人意料，爲國民黨遷台卅七年來未有之變局。台灣人必須深切瞭解其涵義。

國民黨直到四月廿六日黨外公政會召開會員大會，決定宣佈九個分會成立前夕，還對黨外施以恐嚇威脅，並由中常會下達「最後通牒」，準備「依法處理」。這證明國民黨取締分會的決心是堅定的。

然而，五月七日蔣經國突然親自在中常會講話，指示要「誠心誠意」與黨外溝通。情況於是急轉直下。這種情況的急轉，並不是黨外組織分會的行動促成的，事實上黨外被威嚇後，已經停止了成立分會的行動。而蔣經國一向只重實力，也不可能主動在黨外成立分會事件上讓步。這證明國民黨決定讓黨外成立分會，有更大的原因。

華航貨機案於五月三日發生，國民黨的處置態度一直是深閉固拒，看不到有突破的迹象。然而，就在國民黨同意黨外公政會成立分會後三天，它又意外的同意就貨機案與中國在香港談判。華航的負責人全是空軍退役或現役人員轉任，立法院又經常撥款予以補助，所以華航縱然名義上不算官方機構，人人都知道它是官方機構。國民黨該一突然的宣佈，也是蔣經國的決定。

蔣經國爲什麼在這兩件對黨外及對中國的歷史性、原則性重大問題上讓步？－而且是在沒有任何即刻的政治壓力下讓步？

答案必須由五月一日台灣民主黨在海外宣佈成立建黨委員會談起。台灣民主黨是「突破黨禁」的黨，是「衝鋒陷陣」的黨，它的決議「遷黨回台」及選擇年底選舉前的時機「遷黨回台」，對國民黨非常不利。公政會設立分會之議，實際上是黨外幹部及群衆推動的，黨外公職人員雖然受到威嚇而退縮，黨外幹部及群衆並不以爲然，許多人爲此憤憤不平。如此情形僵持到年底選舉時，黨外群衆必然越來越同情及渴望組黨，而競選階段正是群衆動員的最好時期，此時如果海外「遷黨回台」，兩事必然一齊併發，國民黨縱然能壓下組黨浪潮，過程也必然兇險無比，有如七七年及七八年的選舉。衡量輕重之下，蔣經國乃決定放手，讓公政會設立分會。

華航貨機案也一樣，本來這是一個孤立事件，類似過去海峽兩岸互有往還的投奔事件。然而這次王錫爵是「投奔親情」，島內老兵受到刺激，爲之挑起思鄉情緒，大陸人的心防因此發生動搖。此事與台灣民主黨的事件幾乎同時發生，國民黨爲了安撫大陸人，以便全力應付年底的「遷黨回台」，於是忍痛作出了與中國談判、交涉機貨放回的決定。

政治是一種「力」與「理」的角逐。在王錫爵投奔案上，國民黨的「三不主義」輸在「理」字；在台灣民主黨組黨案上，國民黨又憂慮島內外台灣人在選舉時結合，產生太大的「力」，造成中壢事件那種後果。蔣經國同時對黨外及中國讓步，正是一種企圖解除島內壓力，以便專心應付台灣民主黨，避免「兩面作戰」、「內外受敵」的戰略性佈置。

第 6 章

台灣革命黨與 1970 年至 1986 年間紐約的華語語系政治實踐

台灣革命黨與 1970 年至 1986 年間 紐約的華語語系政治實踐

英語原著：鄭昕＊　譯者：劉羿宏

每一代人都必得發現自己的使命，並且在相對不透明的情況下完成它或背叛它。

Frantz Fanon，The Wretched of the Earth[1]

＊

本翻譯文章為求閱讀流暢平易，略有更動成精簡版本。對台灣革命黨有興趣以及想進一步了解鄭昕教授如何詮釋台灣革命黨之歷史的讀者，請參閱鄭教授原文：Wendy Cheng, "The Taiwan Revolutionary Party and Sinophone Political Praxis in New York, 1979-1986," *Amerasia Journal* 45:2 (173-187).

鄭昕博士（Dr.Wendy Cheng）是美國斯克里普斯學院美洲學研究的副教授兼主席（Associate Professor and Chair of American Studies at Scripps College, USA）。

鄭教授在哈佛大學獲得英美語言文學學士學位，在加州伯克利大學獲得地理碩士學位，在南加州大學獲得種族與美洲學研究博士學位。她是 The Changs Next Door to the Díazes：

1 Frantz Fanon, The Wretched of the Earth (New York: Grove Press, 2004), 145.

Remapping Race in Suburban California 的作者和洛杉磯人民指南的合著者。

*

原文摘要翻譯

1960 年代至 1980 年代間，成千上萬的移民自台灣來到美國，當他們形塑自身經驗與身分認同時，「政治」總是處在核心地位。儘管如此，現行的英語文獻中，幾乎沒有關於離散台灣行動主義的學術研究。

本文分析台灣／美國政治史的重要地點：紐約，將此地定位為反殖民、華語語系政治圈的一部分。

我特別關注以紐約為據點的台灣革命黨（TRP）支部行動者，並進一步說明，雖然當時的冷戰政治狀況與意識形態極度限制了這些行動者的能力與作為，他們仍奮力發展出受到第三世界左翼與國際主義影響的左翼政治實踐。

我認為，他們的生命、思想、行動，在長遠且仍在進行中的亞／美政治實踐與民族奮鬥歷史中，是極其重要的一段。分析台灣革命黨所演繹的台灣意識，不僅能再次激發關於國族認同的重要論辯（其是法農針對國族意識與國族主義的區分）同時也能促進關於華語語系文化、族群與政治之異質性的討論。

1970年4月24日，在紐約豪華的廣場酒店外，康乃爾大學社會學研究生黃文雄試圖暗殺蔣經國，亦即當時的中華民國（台灣）副行政院長、國民黨主席蔣介石的繼承人。當蔣經國抵達廣場酒店的「午餐會」時，幾十名台灣人已在對街抗議。就在蔣經國抵達的那刻，黃文雄衝向他，並用0.25口徑的貝雷塔朝他開了一槍，但一名警衛撞了黃文雄的手臂，子彈於是偏離目標，打穿旋轉門的玻璃。黃文雄被迅速壓制在地、[2]銬上手銬，當他被拖上巡邏車時，黃文雄高呼：「台灣萬歲，台灣萬歲，打倒蔣介石！」[3]

當時有另一名台灣青年衝到黃文雄旁，但也被制服。這名男子是建築師鄭自才，也是黃文雄的妹夫，兩人均被逮捕拘留。黃文雄、鄭自才、黃晴美（自才的妻子、黃的妹妹）同賴文雄，策劃此行動。[4]前一晚，他們四人在皇后區自才和晴美的家中見面，擬妥細節。他們認為，此次行動將迫使國際社會關注台灣人民在蔣氏專制統治下的困境。許多年後，黃文雄說：「我們認為那是公開的政治行為，而且不應該傷

---

2 根據黃文雄事後自述以及至少另一位目擊者的說法，當他被擊倒時，他大喊：「讓我像台灣人一樣站起來！」見《青春之夢》（台北，台灣：吳三連基金會，2016），26。

3 Joseph Lelyveld，〈Plaza Hotel 入口處是暗殺現場〉，《紐約時報》，1970年4月25日，https://nyti.ms/1GKu3nP（2019年9月19日訪問）。

4 黃晴美於2018年逝世後，黃文雄發表聲明，紀念其妹是蔣暗殺企圖中的「革命戰士和正式搭檔」；參見太平洋時報，“Remember Cecilia Huang (1939–2018)”，http://www.pacific-imes.com/Default.aspx?RC=3&fid=437（2019年7月2日訪問）。暗殺未遂時，賴文雄經營一家雜貨店，為台獨運動籌款（黃再添，與作者的電子郵件通信，2019年6月30日）。

及無辜，所以唯一的辦法就是盡可能靠近蔣經國。」[5]

當時他們都隸屬於世界台灣獨立聯盟（WUFI），但WUFI拒絕承擔他們此次的行動。儘管如此，WUFI在自己的組織刊物上卻又表揚他們並爲他們募款。與此同時，無論是在美國或台灣，許多人視他們爲英雄，在全國各地的大學校園中或私人宅邸內，許許多多的研究生和年輕專業人士爲黃文雄和鄭自才募集保釋金，其中兩對夫婦甚至因此抵押他們的房子。當有如天文數字的資金到位時，黃文雄和鄭自才被釋放了。但他們放棄保釋，先逃到加拿大，後至瑞典。[6]

王智明的文章是少數深入探討跨太平洋台美政治運動的英文文獻。他認爲，企圖暗殺蔣經國是台灣獨立運動激進化的關鍵時刻，同時也代表了第三世界左派與全球反殖民化運動對海外台灣人的影響。執行暗殺的槍手黃文雄，正是左翼份子。多年後，黃文雄憶起1960年代中期他在匹茲堡的學生時期：當時仍是學生的他，同非暴力協調委員會（SNCC）與民主社會學生團體（SDS）的成員們，一起積極參與民權與反戰運動，並藉此過程發展出第三世界主義的觀點。推翻國民黨確實是黃文雄的直接目標，但他也視自己的行動是爲了挑戰美國帝國主義以及反對越戰，而那正因爲蔣政權就是

5 Erik Eckholm，〈台北日報：人權堅定者的不尋常簡歷〉，《紐約時報》，2000年6月13日，https://www.nytimes.com/2000/06/13/world/taipei-journal-humanrights-stalwart-has-an-unlikely-resume.html（2019年9月19日訪問）。

6 Irene Lin, "CCK's Would-be Assassin Back in the Dock," Taipei Times, February 15, 2000, 4, http://www.taipeitimes.com/News/local/archives/2000/02/15/0000024182 (accessed January 27, 2016)

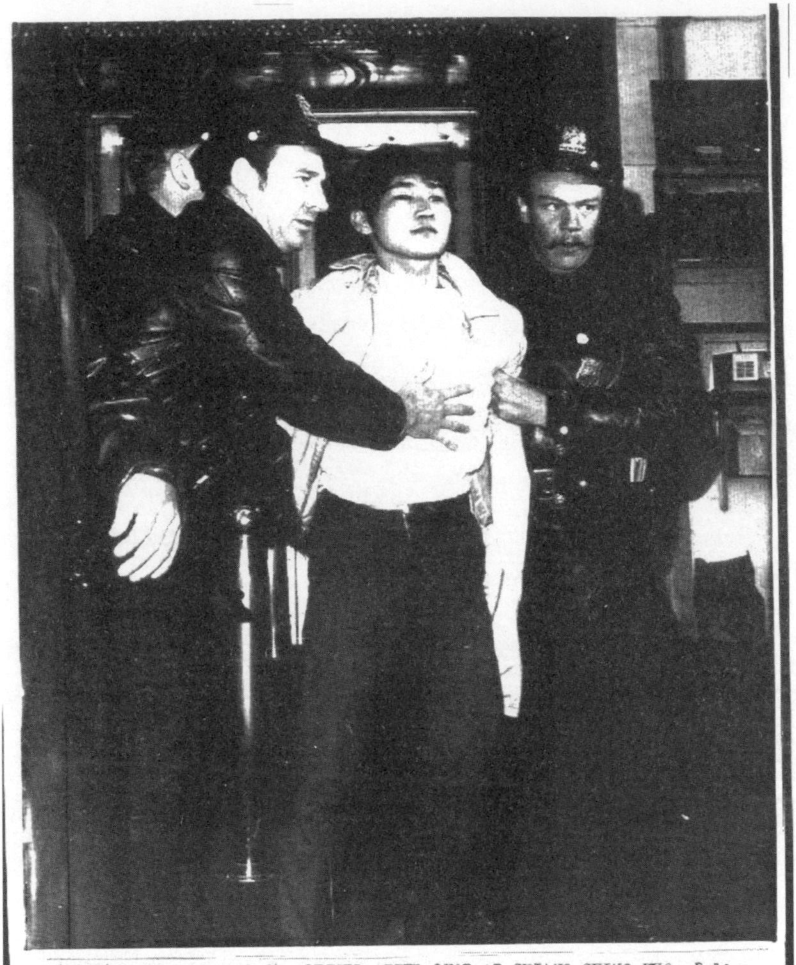

(NY26)NEW YORK,April 24--SEIZED AFTER SHOT AT CHIANG CHING-KUO--Police hold tight on to man following shot fired at Nationalist China Vice Premier Chiang Ching-Kuo today at the Hotel Plaza in New York. This photograph was made by Associated Press Photographer Tony Camerano. (AP WIREPHOTO)(61255AC)1970

黃文雄於 1970 年 4 月 24 日在紐約市企圖暗殺蔣經國後被警察制服。Anthony Camerano 攝，AP Images 提供。

「華盛頓的幫兇」。[7]黃文雄等人的行動對台獨運動而言意義重大也獲得在美台灣人的廣泛支持，但在今天的美國，這件事彷彿已被遺忘。

事實上，在1970年代至1980年代的紐約市，黃文雄與鄭自才的暗殺行動只是許多跨太平洋台灣運動中的重大事件之一。這件事發生九個月後（1971年1月），中國與台灣的留學生也在紐約市組織抗議活動，反對美國將釣魚台移交給日本。「保釣運動」發生在美國數個城市、台灣以及香港，保釣人士主張廣義上的中國主權（但其中也有明顯的內部分歧，如大多數台獨人士對此反感並視保釣爲親中運動）、反對美日帝國主義。此次運動是美國史上中國與台灣學生所共同主導、最大規模的集體政治行動。刺殺蔣經國事件與保釣運動，以及當時總部位在紐約附近（新澤西州卡尼）、自稱爲革命組織的WUFI，都代表了1970年代初期離散台灣人的激進政治行動。1977年至1982年間，紐約（特別是皇后區）亦是由台灣人夫妻張富雄與艾琳（楊宜宜 Yi-Yi Chang）所經營的台灣之音總部。台灣之音透過電話 call-in 播放關於台灣的各種資訊給社區，是此一關鍵時期中台灣政治新聞的主要來源。[8]

7 Chih-ming Wang, Transpacific Articulations: Student Migration and the Remaking of Asian America (Honolulu: University of Hawai'i Press, 2013), 98. 值得注意的是，黃文雄在2005年後發表類似看法，而主流的台獨運動已不再表達激進或任何左翼的觀點。

8 見張富雄，〈見證高雄事件——台灣之音精選錄音帶〉，《我的聲音借妳：台灣人權訴求與國際聯絡網 1960-1980》，Linda Gail Arrigo 和 Lynn Miles（台北：社會賦權聯盟，2008年），337-45。

1980年代中期，美國第一個台灣會館也設置在皇后區。[9]

1960年代至1980年代間，成千上萬的移民自台灣來到美國。當他們在形塑自身經驗與身分認同時，「政治」總是處在核心地位（無論是曾參與其中或避免介入）。但現行的英語文獻中，幾乎沒有關於離散台灣行動主義的學術研究，即便有也僅是簡短帶過，或沒有分辨「台灣」與「中國」認同，抑或是聚焦於族群認同、公民參與、選舉政治。[10] 為彌補這個研究空缺，本文將視角轉至台灣／美國政治史重要地點的紐約，並將此地定位為反殖民、華語語系政治圈的一部分。我尤其關注以紐約為據點的台灣革命黨（TRP）支部行

9 台灣會館完全由當地社區捐款資助，今天仍然是大紐約地區台灣人的文化社區中心。參見 Carole Yang，《我們的故事：16對台裔美國夫婦的生活故事》（Upland，CA：北美台灣婦女協會，2004）。

10 參閱舒章德，〈誰加入了秘密組織？海外台獨運動的一些初步證據〉，載於 Stephane Corcuff 編輯，《未來記憶：民族認同問題與尋找新台灣》（Armonk: M.E. Sharpe, 2002），47-69；C. Wang，Transpacific Articulations，第3章和第4章；Wendy Cheng，〈「這個矛盾但奇妙的事情」：冷戰台灣／美國的學生網絡與政治運動〉，《亞裔美國人研究雜誌》第20.2期（2017）：161-91。Douglas Mendel 的《台灣民族主義政治》（Berkeley: University of Carlifornia Press, 1970）仍是寶貴的資料來源。在題為〈台灣異議人士〉的小節中，儘管只有少數幾頁，Him Mark Lai 對當時發生的激進主義做了出色的總結：見 Lai, Chinese American Transnational Politics (Champaign, IL: University of Illinois Press, 2010), 39-43。政治學家連培德（Pei-te Lien）持續研究台裔美國人的種族認同與政治態度也值得一提；然而，連培德並未詳細討論台灣人在美國的政治激進主義。連培德，〈南加州華人的祖國起源和政治身份〉，《民族和種族研究》第31.8期（2008）：1381-1403。另見 Lien，〈華裔美國人對國土政府和政治的態度：來自中國、台灣和香港的移民的比較〉，《亞裔美國人研究雜誌》第14.2期（2011）：1-31；Lien 與 Jeanette Yih Harvie，〈揭開華裔美國的面紗：21世紀早期台裔美國人的政治參與〉，《亞美研究21》，第1期（2018）：31-63。

動者，分析他們如何奮力發展出受到第三世界左翼與國際主義影響的左翼政治實踐——儘管他們的行動與能力受限於當時冷戰的政治狀況與意識形態。

這些行動者的生命、思想、行動，在長遠且仍在進行中的亞／美政治實踐與民族奮鬥歷史中，是極其重要的一段。本文以反思批判民族主義為底蘊，我重新回到法農（Frantz Fanon）針對革命國族主義與族群國族主義的區分；這兩種國族主義雖非全然對立或互斥，但它們的實踐過程與最終目標是截然不同的。法農認為，藉由革命國族主義打造出的國族意識，從根本上即是由解放鬥爭所塑造，能如實代表人民的意志；較為常見的「國族主義」，則是由本地資產階級領導層所形塑的國族主義表述，扣連著排他、本質主義式的文化與族群概念。這樣的國族主義表述未曾動搖既有的殖民、資本主義權力結構，也讓殖民代理人與本地資產階級間的權力移轉極為容易。此外，經由鬥爭產生的革命式國族意識，也來自於「神秘不穩定的地帶」[11]或「隱匿的變動」[12]。如法農所說：

> 在人民已不在的過去與他們重聚是不夠的。我們倒不如且必須在人民剛起步的反抗鬥爭中與他們

11 Fanon, *The Wretched of the Earth*, 168.

12 感謝 Ruthie Gilmore 在與 Sujatha Fernandes 的對話中，於紐約市立大學研究生中心（2016 年 5 月 13 日）舉行的「意識與革命」會議期間讓我知道法農的這一見解。

重聚，他們的鬥爭將讓我們質疑一切；我們必須專注於那個隱藏著的變動的地帶，在那裡，我們會找到人民——不用懷疑，正是在那裡，他們的靈魂凝聚了，他們的感知與氣息昇華了。[13]

也就是說，革命式國族意識在其形塑過程中，必須不斷地汲取當下的物質條件以及群眾針對那些物質條件的解讀方式。這樣的「意識」，絕不是透過相對精英少數對過往的靜態想像所能成型的。

* * * * * * * *

一直以來，美國亞裔社群的民族鬥爭總是錯綜複雜、時而對立，且往往是策略性的，同時也深受美國權力與意識形態的影響，也就是說，「美國」激勵但也壓迫著這些鬥爭。例如1910年代，美國西北岸的反殖民南亞運動者，當他們因種族而不被視爲公民且禁止移民時，他們從美國的革命歷史和自由主義理想中汲取靈感。[14] 又如20世紀上半葉的朝鮮民族主義者，他們在日本殖民統治期間居於美國，並在美國創建了類外交

13 Fanon, *The Wretched of the Earth*, 163.

14 Kornel Chang, "Mobilizing Revolutionary Manhood: Race, Gender, and Resistance in the Pacific Northwest Borderlands," in The Rising Tide of Color: Race, State Violence, and Radical Movements, ed. Moon-Ho Jung (Seattle: Washington University Press, 2014), 72-101；Seema Sohi，《兵變的迴聲：北美的種族、監視和印度反殖民主義》（紐約：牛津大學出版社，2014年）。

且反殖民的韓國政治實體。[15] 1970年代和1980年代的菲律賓民主菲律賓人聯盟（Katipunan ng mga Demokratikong Pilipino，KDP），則制定了一項「雙軌」議程，既支持美國的「社會主義革命」也支持菲律賓民主的落實，他們認爲，這兩者在「反對美帝國主義的國際鬥爭中，是緊密相連的。」[16]

在這些鬥爭中，爲數眾多的移民、流亡者、學生與知識份子，都參與其中或處於核心地位，[17] 但他們在亞美研究中卻往往遭到忽視或邊緣化。正如奧古斯托．埃斯皮里圖（Augusto Espiritu）所說，亞裔美國人的歷史書寫總是偏向移民第二代與勞動／工人階級的經驗。[18] 聚焦於移民第二代經歷的分析，有時也造成了過於著重種族而非階級的結果，也就是同質化各個群體並高度關注亞裔在美國的從屬位置，較少處理藉由跨國網絡而形成的複雜且對立的身分與政治。[19] 過去二十年來，即便亞美研究中的跨國、跨太平洋取徑已蓬

15 Richard Kim，《國家地位的追求：韓國移民民族主義和美國主權，1905-1945》（紐約：牛津大學出版社，2011 年）。

16 Augusto Espiritu，〈發現與差異之旅〉，《亞裔美國人的跨國政治》，Christian Collet 與 Pei-te Lien 編輯（費城：天普大學出版社，2009 年），38-55。另見 Rene P. Ciria-Cruz、Cindy Domingo 和 Bruce Occena，《崛起的時代：民主菲律賓人聯盟 (KDP) 的集體回憶錄》（西雅圖：華盛頓大學出版社，2017 年）。

17 C. Wang，*Transpacific Articulations.*

18 Augusto Espiritu，《流亡的五張面孔：民族和菲律賓裔美國知識分子》（史丹佛大學出版社，2005）。

19 Eiichiro Azuma，《在兩個帝國之間：日裔美國的種族、歷史和跨國主義》（紐約：牛津大學出版社，2015 年）。

勃發展，但諸多問題仍有待探索，例如亞裔與美國帝國的共謀、亞裔社群內的對立政治、意識形態的差異等。[20] 正如東榮一郎（Eiichiro Azuma）所述，這些議題是雙重的，既關係著移民自身的身分認同與所在位置，也關聯著他們移民後在美國社會內部的定位。[21] 若要理解台裔美國人的政治，這樣的雙重性是很重要的。當他們來到美國時，他們帶著多重殖民社會的內部差異和敵對關係：[22] [23] 有些人的自我認同是中國人，另些則是台灣人，而他們的政治信條與態度也有所差異。然而，在亞美研究中，這些不同和對立因著「華裔」這個單一分類，卻較少被提及或處理。

20 這方面的一項重要工作是 Setsu Shigematsu 和 Keith Camacho 的合集，*Militarized Currents: Toward a Decolonized Future in Asia and the Pacific*（明尼蘇達大學出版社，2011 年）。另見 Janet Hoskins 和 Viet Thanh Nguyen 編，《跨太平洋研究：構建新興領域》（夏威夷大學出版社，2014 年）。早在 2002 年，Viet Thanh Nguyen 就呼籲在亞裔美國人研究中更加關注意識形態的異質性，見 Nguyen，《種族與抵抗：亞裔美國的文學與政治》（紐約：牛津大學出版社，2002 年）。

21 Azuma，《在兩個帝國之間》。

22 Shu-mei Shih and Ping-hui Liao 指出，台灣是一個分層和連續的殖民主義場所：Shu-mei Shih 和 Ping-hui Liao 編，《比較台灣》（紐約：Routledge，2014 年）。

23 Long Bui 指出的，1990 年代台裔美國科學家李文和的案例概括了其中一些問題：許多受大學亞美研究課程影響的亞裔美國人，動員起來抗議李文和的境遇，但沒有質疑李文和在美國國家實驗室的核武器工作正支撐了美國軍國主義且與種族研究的一些基本政治相矛盾。見 Long Bui，〈更好的生活？亞裔美國人和高等教育的死靈政治〉，《批判性民族研究：讀者》，批判民族研究編輯群（北卡羅來納州達勒姆：杜克大學出版社，2016 年），161-174。

我認爲，史書美（Shu-Mei Shih）所架構的「華語語系」一詞，能幫助我們思考多重背景下的離散台灣運動。根據史書美的定義，「華語語系」研究的是「位在中國與中國性之邊緣的漢語文化與社群」。[24] 史書美並非第一位使用這個詞的學者，但她明確且刻意地讓「華語語系」不受限於以語言爲基礎的詮釋，進而思考這個詞的潛力：「華語語系」如何標記著帝國、殖民與去殖民的生活、文化與實踐。[25] 如同「英語圈」與「法語圈」這兩詞所描述的，全球知識與政治傳統既受到英國與法國帝國主義的形塑，但同時也與之對抗，「華語語系」則突破了將種族、國族、文化混爲一談的漢族本質主義：「簡言之，華語語系一詞分離了中國性與中國」。」[26] 同時，史書美主張加以關注在地性的文化與實踐，並指出，雖然華語語系文化「在構成與形成上是跨國的」，但它的「實行與表述始終是在地的」。[27] 史書美進一步闡述「華語語系」對當代台灣與香港的含意：

---

24 Shu-mei Shih, "Against Diaspora: The Sinophone as Places of Cultural Production," in Sinophone Studies: A Critical Reader, ed. Shu-mei Shih, Chien-hsin Tsai, and Brian Bernards (New York: Columbia University Press, 2013), 25–42; 19.

25 值得注意的是，在亞美研究中，Sau-ling Wong 使用 Sinophone 一詞，將華裔美國人寫的中文文學劃定為亞美研究的重要對象。包括王令琦在內的學者早就注意到「英語世界在亞裔美國人研究中的特權」。見 Ling-chi Wang，〈雙重統治的結構：走向美國僑民研究範式〉，Amerasia Journal 33, no. 1 (1995)：143-166, 163.

26 Shih et al., *Sinophone Studies: A Critical Reader,* 20.

27 同上，7。

華語語系表述……可能具有針對中國霸權的反殖民意圖。……它可說是一個對各種建構中國性既渴望又拒絕的場域。無論眞實或想像，「華語語系」作爲一個場域可以是遠距國族主義，也可以是反中國政治，更可以無關中國。[28]

就目前來看，援用史書美的華語語系概念的，主要是亞洲研究的文學與文化學者。[29]而據我所知，儘管亞美研究的學者自1990年代起即呼籲應對中國性有更批判且細緻的研究，但至今仍較少關注「華語語系」一詞以及其所帶來的，在知識與政治上的挑戰。[30]我認爲，華語語系對亞美研究來說，是一個具有潛在價値（以及挑戰性）的框架，促使亞美研究可以直面「亞美」內部意識形態以及族裔與種族的差異，尤其是「中國

28 Shih, "Against Diaspora," 33.

29 史書美與他的同事們承認，這方面仍須與社會科學進行更多實質性的工作和對話。這些工作建立在1990年代以來亞洲研究、文化研究和人類學的對話上，而這些對話叩問了中國性如何在跨國權力政權中，體驗且部署中國性。有關這方面的早期且具有影響力的工作，參閱Rey Chow，Writing Diaspora: Tactics of Intervention in Contemporary Culture Studies（印第安納大學出版社，1993年）；Allen Chun，〈操中國性：論民族作為文化身份的歧義〉，Boundary 2第23. 2期（1996）：111-38；Aihwa Ong，《靈活的公民身份：跨國性的文化邏輯》（杜克大學出版社，1999年）；Ien Ang，《不說中文：生活在亞洲和西方之間》（London: Routledge，2001）。

30 L. Wang，《雙重統治。關於與中國人的不同關係如何影響政治行為》，見Lien，"Homeland Origins"；連，〈華裔美國人的態度〉等。

性」的異質性。那麼，身爲亞美研究者的我們，特別是研究政治運動的我們，應當如何充分認識亞／美內不同群體的異質歷史、身分，以及政治？華語語系的政治實踐會是什麼樣子？這些問題不僅聯繫著台／美政治運動，也與整個亞美研究有所關聯。

＊＊＊＊＊＊＊＊

冷戰時期，尤其是1960年代至1980年代間，因著科學知識與權力的競逐，美國在1965年通過移民法案，偕同美國的大學積極招聘外國學生。在此期間，超過十萬名台灣人移居美國留學，多半就讀於科學、技術及工程等相關的研究所。[31] 台灣學生移民美國的條件有著許多內在矛盾，但是對無數生活在美國的移民和難民來說，美國的兩面性，也就是既在國外採取暴力卻又在國內施惠，卻一點也不奇怪。[32] 當這些能夠移民的學生們完成學業並成功就業後，他們對美國心懷感恩，並讚賞美國給了他們在戒嚴台灣下不能想像的個人自由；但與此同時，美國卻正是設置了壓迫他們的政府的始作俑者，美國也持續支持那一個威權體制。於是，正因爲他們是受國民黨支配的人民，他們與美國有了依附關係，也

31 Wendy Cheng，〈「這個矛盾但奇妙的事情」〉。

32 關於美國的「自由禮贈」如何受到戰爭和全球統治的支持，參見 Mimi Thi Nguyen，《自由禮贈：戰爭、債務與其他難民通道》（杜克大學出版社，2012年），Yen Le Espiritu，*Body Counts: The Vietnam War and Militarized Refugees*（加州大學出版社，2014年）。

因爲他們是留學生且即將成爲科學、技術、工程等領域的專業人員，他們事實上爲美國支配全球的軍工業複合體做出貢獻，並從中受益。

離散海外的台灣運動者共享上述的條件與位置，並藉此建立起引人注目的社會與政治網絡，讓國際社會注意到台灣內部的不公義，促使台灣當局解除戒嚴令並加快台灣的民主化，這個過程往往讓他們自己及他們的親人付出巨大代價。[33]而或許因爲上述條件難以互相妥協，他們的組織工作大多分成兩個目的進行：結束國民黨在台灣的統治，以及確保台灣獨立。然而，革命後的台灣應該是什麼樣的社會、這個小島的鬥爭將如何聯繫上世界各地的反殖民主權運動浪潮，卻很少被提及，更少被討論的則是冷戰困境下自我認同是台灣人的人們，如何同時面對國民黨、中華人民共和國、美國這三方各自的利益。造成這種結果的部分原因是，台灣內部的左派在 1960 年代之前早已被肅清，大多數的台灣人也成功被灌輸了親美反共的意識形態。[34]不過，仍有少數的左派堅持理想，其中最著名的是曾與中國共產黨合作的激進革命者，《台灣族群 400 年歷史》的作者史明，台灣的運動者曾以他在東京經營的麵店作爲行動的國際中心。[35] 1979 年，美國

33 Wendy Cheng，〈「這個矛盾但奇妙的事情」〉。

34 見賴，《美籍華人跨國政治》；陳光興，《亞洲作為方法：走向去帝國化》（杜克大學出版社，2010 年）。

35 史明，《台灣族群 400 年歷史：台灣社會和人民的起源和持續發展》（台灣文化草根協會，1986），以及 2015 年陳立貴導演的《革命家蘇崩》。

承認中華人民共和國爲「中國」並結束與台灣（ROC）的外交關係。自此之後，大多數的台灣獨立運動人士視中華人民共和國、任何一種左派意識形態、中國性爲鐵板一塊，認爲這些東西與台灣的國族認同毫不相容。[36] 主流的台獨運動人士轉向以美國爲基礎的「公民跨國主義」，[37] 遊說美國政府的同時，以台灣的民主與人權等自由理想吸引美國大眾。儘管如此，一小部分的台灣移民運動者仍發展出非單一性的全球分析，其中有些人接觸到並採納了左翼理想，試圖更爲批判地理解自己的故國家園與生存狀態，在1960年代至1970年代間，隨著正在發生的解放與去殖民等大規模運動，想像未來。[38]

1982年的紐約市就出現了一個這樣的團體。這個團體源自WUFI，而WUFI在1960年代末至1990年代初，可說是美國最力挺台灣獨立的運動組織。[39] WUFI一開始經常自我定位爲激進的第三世界組織，1968年至1969年間，該組織在日本發行了面向國際的雜誌，刊登了全球學生運動、切格瓦拉（Che Guevara）、越戰、冷戰地緣政治等文章，並將這些議題與

36 見陳光興，《亞洲作為方法：走向去帝國化》，賴，《美籍華人跨國政治》。

37 C. Wang, *Transpacific Articulations*.

38 雖然學術文獻承認這些活動家的存在，但現實中很難找到他們（舒，〈誰加入了秘密政治運動？〉，54）。由於左派理想與中國混為一談，加之對國民黨迫害的持續恐懼，他們希望避免與此類信仰相關的任何污名。

39 C. Wang, *Transpacific Articulations*，第三章。

台灣聯繫起來，敦促台灣應當響應革命的號召。[40]然而，就如同許多在專制政體或殖民支配下的國族主義團體，WUFI的唯一目標是推翻國民黨、確保台灣獨立，並未多加思索台灣可以或應該成爲什麼樣的社會。WUFI內部也充斥著矛盾與實踐上的問題。儘管WUFI在海外台獨運動中占據主導地位數十年之久，但WUFI的批評者（其中許多都是該組織的舊成員）認爲，WUFI領導層級的運作方式往往是不透明、精英且威權式的，而那樣的方式正正複製了他們試圖推翻的政府的邏輯。WUFI得以在全世界有效地募集資金並聯繫台獨活動人士，但並未特別關心政治對話或群眾組織，而這兩項工作正是左翼政治實踐的基石。1980年代初期，WUFI的手段與運動戰略，開始讓組織內部的少數人益發感到沮喪。[41]

洪哲勝（Cary Hung）和黃再添（Patrick Huang）曾是WUFI的成員。就如同許多投身WUFI的人們，爲了運動，他們都放棄自己的事業。洪哲勝曾是一名水利工程師，但他放棄穩定的工作，效力於WUFI，而黃再添當時是社會學博士生，他的妻子黃淑卿（楊淑卿）則在哥倫比亞長老會醫學中心任程式分析師一職，支撐家庭經濟。[42]當他們爲了WUFI的台獨使命犧牲個人生活時，洪哲勝與黃再添同時也在發展左翼政治思想。洪哲勝成長於台南，他的父親是一位思想自由的佛教

40　同上，98。

41　作者訪談黃再添，2015年11月7日，紐約皇后區里奇伍德。

42　楊遠薰，《我們的故事》，36；Patrick和Sharon Huang與作者的對談，2015年11月10日，紐約布魯克林。

住持，赴美之前，洪哲勝就接觸過包括日本馬克思主義、中國自由主義等禁書。成長過程中，洪哲勝也曾目睹父親的僧人密友「被消失」，後來才知道他的失蹤緣由是因爲參與了1947年的228事件，遭到國民黨政府處決。洪哲勝十多歲時，就已經決定「想做點什麼來推翻這個政府」。[43]他在1968年抵達美國，就讀於科羅拉多州立大學水利工程博士班，六個月後，他就加入美國台灣獨立組織，該組織在1970年與世界各地的其他台灣獨立激進組織合併爲WUFI。

黃再添同樣來自台灣南部一個貧窮的農民家庭。1973年，黃再添抵達明尼蘇達大學後，爲了讓台灣的貧困青年得以赴美求學，致力於籌組「台灣貧困教育基金」（Educational Fund for the Needy in Taiwan，EFNT）。但EFNT的例行會很快就遭到親國民黨同學們的懷疑，並質問黃再添：「教育基金的眞正目的是什麼？他們參與了什麼樣的活動？……他們問爲什麼基金會的中文名稱中會出現『互助』一詞。」[44]不久後，黃再添得知自己被列入國民黨的政治黑名單。事實上，黃再添早就曾以國民黨員的身分批評國民黨政府。[45]到了美國後，他因緣際會在大學圖書館讀到葛超智的《被出賣的台灣》等書。凡此種種都加強了黃再添的反政府信念。在明尼蘇達約莫一年後，他

43 洪哲勝，作者訪談，2015年11月7日，皇后區里奇伍德。

44 楊遠薰，《我們的故事》，33。

45 國民黨招募各種背景的頂尖大學生加入該黨是極為常見的。黃再添談到自己的經歷時説，他加入是出於「想做社會公益」，成為「我們國家的未來領導人」，但這個願望很快就幻滅了。Patrick和Sharon Huang，採訪。

認識了 WUFI 成員，加入該組織。

效力於 WUFI 的數年間，洪哲勝與黃再添都注意到實踐以及意識形態的問題。根據黃再添的講述，當他們發起如關於解放神學、勞工運動、社會主義或馬克思主義等主題的讀書會時，「WUFI 內許多人想把我們踢出去。」[46] 他進一步解釋：

> WUFI的領導層級不夠進步。……如果你有不同的意見，你不能提出討論，而且變得好像你是麻煩製造者之類的……但其實這些思考不僅僅是意識形態，而是想像什麼才是正確的。[47]

對洪哲勝來說，「馬克思主義意識形態最重要的元素是，如果你想改變社會，你必須從頭開始改變社會的運作方式，而不是推翻取代那個領導者而已。」[48]

* * * * * * * *

1982 年，洪哲勝與黃再添等 27 名不滿 WUFI 領導層級的成員，自行成立台灣革命黨（TRP）。[49] 相較於 WUFI，TRP 著重大眾民主並積極強化公民社會。洪哲勝成了 TRP

46 黃再添，與作者的電郵通信。

47 黃再添，作者採訪。

48 洪哲勝，作者採訪。

49 作者採訪黃再添與洪哲勝。另見艾琳達（Linda Gail Arrigo），〈台灣裔美國人的個人和政治生活模式〉（Taiwan Inquiry 2005）。

的總書記，並自承受到保羅・弗雷勒（Paulo Freire）的影響，亦即社會運動必須在過程中「建立」並「賦予人民權力」，而「不僅僅是……推翻政府」。根據弗雷勒的說法，眞正的民主不只是關於投票，更包括每位公民閱讀、寫作、批判性思考的能力，以及公民們如何參與運動建設與決策，洪哲勝說，如此一來，「通過運動，人們才成爲合格的公民。」[50]

1984年，另一位前WUFI成員田台仁（Joshua Tin）從渥太華來到紐約，辭去了資深經濟學者的工作，投入TRP。[51]對田台仁來說，當時WUFI與TRP之間的主要區別在於WUFI致力於在美國組織間遊說，而TRP則專注於建立關係、促進政治教育，並支持台灣的行動：「如果你想革命……主要戰場不在美國，而在台灣。……如果你想打架，打架的地方就在台灣。」[52]

爲了達到目的，關注階級議題的TRP，首先就試圖聯繫台灣的工人運動組織。當WUFI視台灣獨立爲最首要的議題時，TRP的立場則是，無論人民對台灣獨立的看法如何，台灣的工會運動應該團結所有人。TRP也著重發展知識，因此成立了出版部門，翻譯出版關於革命與社會運動的書籍以便在台灣流通。他們還在布希維克（Bushwick）設置

50 同註48。

51 田台仁是支持台獨的鄭兒玉牧師之子，與洪哲勝一樣，從小就有政治覺悟。田台仁，作者通過Skype採訪，2015年9月10日。

52 同上。

一個安全屋，爲的是「讓台灣年輕人去讀他們在台灣不能讀的一切」。TRP 也在布希維克、紐約州北部、海茨敦（新澤西州 Hightstown）及洛杉磯等地，舉辦與工會組織活動相關的政治教育訓練營。[53] 左傾的台獨運動者艾琳達（Linda Gail Arrigo）也曾與 TRP 合作，她認爲，許多參與台灣反對運動的「更激進的人」（其中包括台灣原住民族的領導人），都參與過 TRP 訓練營並深受此影響。[54]

TRP 也是「非 WUFI」反抗運動團體的聯絡站，串連起許多其他組織，如當時在日本的史明以及流亡於洛杉磯並公開宣揚社會主義的許信良。1985 年，TRP 的成員們參與由艾琳達在華盛頓特區主導的絕食抗議，聲援反對運動領袖施明德（艾琳達的丈夫）當時在台灣的絕食，他們的訴求是立即結束戒嚴禁令。[55] 次年，以田台仁爲代表的 TRP 成員策劃了海外台灣人運動中最引人注目的事件之一：「帶在野黨回台灣」運動。[56]

此一計畫所受到的啓發是菲律賓反對運動領袖艾奎諾（Benigno Aquino）於 1983 年回國，以及 1986 年 2 月由人

53 Linda Gail Arrigo，作者訪談，2018 年 10 月 26 日，台灣台北。另見艾琳達，〈個人和政治生活的模式〉，以及黃再添，電子郵件通信。

54 艾琳達的採訪。艾琳達曾被台灣驅逐出境，然後在紐約州立大學賓漢姆頓分校攻讀社會學博士學位。

55 Arrigo，〈個人和政治生活的模式〉；作者與黃再添的電子郵件通信。另見《台灣公報》20，〈因絕食而被監禁的台灣反對派領導人〉，1985 年 6 月，https://www.taiwandc.org/twcom/tc20-int.pdf（2019 年 7 月 2 日訪問）。

56 田台仁，採訪。

民力量（People Power）發起，試圖推翻馬可仕（Ferdinand Marcos）的群眾運動。計畫此次運動的 TRP 成員們，試圖讓許信良和另兩名被列入黑名單的反對派人士回到台灣；[57] 這次的計畫不只直接對抗了國民黨的黑名單，同時還試圖串接島外與島內的運動。

1986 年的夏天，TRP 成員所推展的運動獲得了包括 WUFI 在內的主流台獨運動支持。以許信良爲主角的計畫雖然沒有成功，但公開闖關的挑戰贏得台灣民眾的支持，這同時也標記著島內外獨立運動互相結合並促成民進黨（DPP）成立的新階段，許多黑名單上的人也因此計畫得以回到台灣。[58] 換言之，「攜黨回台」成了台灣逐步民主化的一環。蔣經國政府也開始權宜地容許在野黨的活動，關注勞工、環保等議題的社會運動也開始壯大。[59] 所有的這些活動都促成了 1987 年解嚴、1996 年第一次民主總統選舉。

1986 年後，TRP 成員遵循了「讓組織工作回到台灣」的承諾，同意解散。隨後，這些成員們與某些台灣政治團體組成了民主台灣海外聯盟（Overseas Alliance for a Democratic

57 謝聰敏與林水泉。

58 當時，約一萬名台灣人在桃園機場外的街頭集結，支持許信良的回國權利，與警方進行「九小時對峙」、「推倒 26 輛警車」，見 George Katsiaficas，《亞洲未知的起義：菲律賓、緬甸、西藏、中國、台灣、孟加拉國、尼泊爾、泰國與印尼的人民力量，1947-2009》（奧克蘭：PM 出版社，2013 年），193。

59 Jaushieh Joseph Wu，《台灣的民主化：新動力背後的力量》（牛津大學出版社，1995 年），33-72。

Taiwan）。1991 年，部分的 TRP 前成員參加了紐約市民進黨美東海外分部的成立，並投身於建設法拉盛台灣會館（Taiwan Center）。至此，TRP 成員們從激進的革命運動家變成較中立的公民社區團體人士。這樣的轉變並非特例，但仍值得重視。TRP 成員們的特別之處在於，當他們聚焦台灣時，也關注台灣在華語世界中的位置。1989 年天安門事件後更是如此：在紐約，前 TRP 的成員聯繫上西藏、維吾爾族政治團體，安排非正式的會議與對談，參與他們的活動，同時也提供資金，讓青年學子參加自由西藏學生運動（Students for a Free Tibet）的培訓營隊。雖然前 TRP 成員從未與這些團體建立持續性的關係，活動規模也不大，但他們展現出的是「華語語系」的視野，而那在海外台灣人運動圈內是相對罕見的。

1996 年左右，當時在紐約皇后區觀察台灣第一次總統選舉的洪哲勝，做出了對台獨運動人士而言更不尋常的一件事。他認爲，爲了牽制國民黨持續的體制化並確保台灣有著更好的未來，現下工作的眼界必須是區域性與文化性的。他說：「台灣的問題⋯⋯不可能在台灣島內獲得解決。」因此，1998 年起，洪哲勝以具台獨立場的自由時報美東版爲平台，開闢「民主論壇」（由亞洲民主基金會資助），每天戮力編輯刊登中國異議人士的作品。洪哲勝相信，打造一個民主的中國公共領域可能是確保台灣未來安全的關鍵。[60]

60 亞洲民主基金會獲得一位志同道合的巴西台商資助，也得到了黃再添的從 1998 年至 2015 年，洪哲勝退出任何社交或公共生活，每週工作七天，每天工作 12 小時，都是爲了維持論壇的運作，最後，他總共刊登了約兩千多位作家對中國的批判。洪哲勝接觸過的作家包括參與天安門運動的流亡文人茉莉，以及已故諾貝爾獎得主劉曉波等。劉曉波更曾爲民主論壇的重要性寫下如此證言：

> 不管是統一還是獨立，若要保證海峽兩岸和平、確保兩地人民的福祉，唯一的辦法就是盡快讓中國民主化。[61]

當洪哲勝以及和他合作的亞洲民主基金會將注意力轉至到中國民主運動時，他們意識到，台灣主權的問題是一個更大的議題，而這些議題必須被視爲區域性且大規模民主化的一部分，絕不能僅是透過疆界來制定國族目標與最終目的。

時至今日，紐約市的台裔美國人數僅次於洛杉磯，成了全美第二大的台裔美國人家園。這些人們大多是中產階級專業人士，許多是以學生身分來到美國，畢業後就留下繼

幫助。

61 洪哲勝個人收藏，中文口譯。就像許多早年受中國自由主義思想家影響的台灣運動家一樣，劉曉波的政治是自由主義而非左翼，劉曉波也支持歐美軍國主義與帝國主義。舉例來說，劉曉波理想化西方，口頭上支持小布希主導的伊拉克入侵，而且反對巴勒斯坦人民的抗爭。

續商業或教育活動，同時也是爲了逃離台灣的政治壓迫與不穩定。自 1970 年代以來，台灣移民集中住在皇后區，藉由大規模開發、小企業經營到高房屋擁有率，重建了法拉盛（Flushing）、艾姆赫斯特（Elmhurst）、可樂那（Corona）等地的風景。WUFI 以紐約地區作爲長期總部是有原因的：最積極投入運動的人們包括黃文雄、鄭自才等，以及後來創建 TRP 的人們，都集中在紐約。紐約的地理位置讓他們更靠近聯合國大廈，若要前往華府也堪稱方便。1970 年代至 1980 年代間，身爲中產階級的他們生活在這個多種族的社區，或多或少接觸了紐約激進的政治文化。[62]

我在 2015 年年底左右，於紐約採訪了三位前 TRP 成員及其附屬機構。他們仍持續爲了他們的使命做出奉獻。黃再添與楊淑卿在布希維克經營他們的房地產公司，多年來，他們的辦公室提供各種資源給台灣的運動；在辦公室隔壁，他們經營著一個社區藝術空間，歡迎台灣藝術家與運動者們造訪紐約市。洪哲勝則因近年身體狀況欠安，不得不放慢步調，但他仍盡可能抽空與中國異議作家交流。在洪哲勝不起眼的家中，他的車庫內收藏了大量且罕見的、發表於 1960 年代至 1990 年代的中文左派書寫——洪哲勝的車庫，正是藏於陋巷的全球華語政治文獻庫。

即便 TRP 取得的成就相對較小，但它所代表的是雖然

62 Hsiang-shui Chen，《唐人街不再：當代紐約的台灣移民》（康乃爾大學出版社，1992 年）。

洪哲勝在皇后區的家和車庫，2015 年 11 月。照片：鄭昕提供。

少數卻極其重要的滯美離散台灣運動者。他們深受左翼政治運動與意識形態的影響，積極將各自組織的思想及立場推往更左、更反帝國主義，推播由工人階級主導的國際主義觀點。然而，以後見之明來看，這個目標實在難以達成。當 TRP 致力於運動之際，到達法定年齡的台灣人民多半抱持著親美立場，而多數的台灣移民又憑藉著他們在結構上的有利位置，被賦予了美國全球社經優勢的地位。[63] 另外，由於台灣移民們主要的工作領域是科學與技術，他們便較少有機會發展英語技能，也使得他們僅能在中文的政治文獻內獲取

63 Madeline Hsu，《好移民：黃禍如何成為模範少數族裔》（普林斯頓大學出版社，2014 年）。

資訊，因此，他們較難與非中文圈的社會運動、政治運動建立聯盟，共同交流學習的機會也因此受到限制。儘管如此，透過全球華語語系視角解讀他們的意識形態與實踐，我們就能夠理解，他們所發展出的理念與運動，並非以族裔國族主義爲基礎，而是立基在黃再添所說的，一種「何謂正確的想像」。

在海外的台獨運動中，TRP 承擔了一種義務，亦即去相信人們在落實社會改革時所經歷的過程與所把持的原則，相比於那些最終脫穎而出取得領導權的人們，是同等或甚至更爲重要。在他們的世代中，TRP 前成員挑戰了在該世代移民與運動人士間具有主導地位的族裔國族主義，同時也印證了全球解放運動在當時的影響力道。TRP 運動者的行動與思想，確認了台裔美國人在紐約的活動正是因多重帝國主義而形成的複雜華語圈政治世界之一部分——而在地方上、區域間、全球內擔任媒介角色的 TRP 成員，卻往往不被世界所看見。

第7章

鮭台交響曲

Overture È Finale

前奏與終章

鮭台交響曲Overture È Finale 前奏與終章

陳昭南

上世紀 80 年代，是台灣海內外民主運動轉變台灣歷史的空前蓬勃年代。從 70 年代台灣島內發起「鄉土文學論戰」以至 1979 年的「美麗島事件」後，在海外一群有志之士，咸認爲海外的「週末革命家」已跟不上時代的突飛猛進而產生了「職業革命家」的概念，當時包括我在內從歐洲來到美國西部洛杉磯，和從台灣來美的許信良、謝聰敏、林水泉以及結合在地的許丕龍、楊嘉猷、鄭紹良、江昭儀、陳芳明、羅慕義、王耀南、顏朝明、蔡建仁、胡忠信、孫慶餘、陳婉眞，以及從法國來的張維嘉、李鳳音等人共同組成一個團隊成立「美國美麗島週報社」發行「美麗島週報」，展開了從事「職業」的反國民黨運動（後來日本來的史明獨立台灣會也加入）。

1983 年在美國的「台灣獨立聯盟」由於長期內部反蔣建國運動的路線爭議，加上適逢當時的聯盟主席改選，被內部成員認爲選舉不公不透明，而包括洪哲勝、田台仁、黃再添等部分盟員退出該組織，之後與在西部洛杉磯的美麗島週報社部分成員（許信良、陳昭南等人）結合共同組成更激進的反蔣建國團體「台灣革命黨」，並由洪哲勝擔任總書記，許信良擔任副總書記，鄭自才、田台仁、黃再添，及其他兩人擔任中央委員；康泰山、陳昭南、李文雄、陳淑敏擔任中央監察委員（尚有部分幹部，目前不宜公布）繼續在海外與國民黨勢力鬥爭。

從 1986 年 5 月 1 日之後，海外運動隨即落實一連串建黨及遷黨回台行動，尤其以洛杉磯爲最主要活動中心，策劃大型造勢活動，推展遷黨回台，直至促成台灣島內「民主進步黨」的成立，在本書各篇文章中都已具體陳述，在此不再重覆。

在 1989 年美國洛杉磯的某月，從台灣來一位國民黨內有名的人士，在機場接受華文媒體的採訪，問起來洛杉磯訪問的任務時，他毫不掩飾地直言，此行的目的是來見住在洛杉磯的許信良。

之後雙方就在該人士的友人 Acadia 的住家見面，當時尚有另一人在場，談話中許信良直接問說：「今天的談話內容，會向李總統報告嗎？」

該人士直接回答：「不會多一個字，也不會少一個字。」（高手過招值得我輩學習），許信良就直接說：

「李總統現在正坐在火山上面，隨時會有危險！化解的方法，我直接建議：第一，聯合次要敵人，打擊主要敵人。第二，讓在野的民進黨勢力越大，李總統在國民黨內，就越安全，而最後的目標就是要還政於民，讓台灣能夠長治久安！」[1]

尤其是1996年3月23日的總統直接民選，當時國外媒體直稱台灣完成一場「不流血革命」，把專制政體改變成民主政體！從此台灣人民的主權已受到完全的保障而成爲主權國，只剩下依民主方式由人民直接「制憲改國號」而已。

最後値得一提，而留做日後歷史評鑑的是：台灣革命黨解散的第一個結論，由我單獨用行動去執行。

當「民主進步黨」在圓山飯店宣告成立之際，史上最大惡法的「懲治叛亂條例」尙未廢除的當口上，1990年6月24日我搭機回到台灣，如預料中，在機場遭到逮捕並直接送到台北土城看守所羈押，稍後即以「懲治叛亂條例」第二條第三款（俗稱的二條三），最高刑期爲無期徒刑提起公訴。延至第二年因「獨台會」案在輿論界掀起巨大波瀾，政府不得不在強大民意下廢除「懲治判亂條例」，我也因而被改換成依據「刑法100條內亂罪」偵辦，最後在台灣人民勇敢的抗爭之下，刑法100條終於修正通過，我也因此得沾雨露，最終以「免訴」收場。

因此我成爲台灣最後一個政治犯（在台灣凡是依「懲治叛亂條例」偵辦起訴的人都被尊稱爲政治犯），這是後話。但有一個記憶是永難揮去的。

1990年6月24日我被羈押在土城看守所，在第二天的

1 見諸後來台灣政局的變化，從表面上看李登輝拉攏郝伯村撤換李煥，接著國會全面改選，總統直接民選，並在公元2000年才讓本土的民進黨有機會執政。

「放封」時間，我向聚集在一起的「五二九反軍人干政」被捕的難友表示：海外的反國民黨人士不久將會陸續回台參加爭取民主運動，而我只是第一位而已。

6 月 29 日就在李登輝總統舉辦「海內外國是會議」的前夕，我被檢察官提訊，在偵訊中互相攻防，最後檢察官孫長勛竟以「懲治叛亂條例」第二條第三款無期徒刑起訴，並同時宣告「律師責付交保」，在偵訊室旁聽採訪的媒體記者全體嘩然。

有記者大聲發問：「報告檢察官，依據中華民國法律規定，刑期在五年以上的罪犯，不得交保，他怎麼可以宣告律師責付交保？」這時檢察官回頭大喝：「我說可以就可以！」（完全忽視法律的規定，我確定可以說他們是無法無天之徒！例如曾被二條三起訴的美麗島事件八君子前輩們，也都是被囚禁至李登輝總統特赦才結束牢獄之災）。

我是最後一個政治犯（被以懲治叛亂條例起訴），也是廢除該惡法的第一個受益者，更是刑法 100 條修正案後的「免訴者」，我感謝所有爲台灣民主奮鬥奉獻犧牲的台灣人民！

也因此，我才能夠有幸參與國會全面改選、總統直接民選的兩大戰役，以及後來參與西元 2000 年、2004 年、2016 年、2020 年四次與國民黨的總統大選殲滅戰役，並完成了「台灣革命黨」當初解散時的主張：今後與國民黨戰鬥的主戰場在台灣的信念。

正値爲紀念洪哲勝畢生爲了台灣一路打拚的志業，昔日夥伴們編輯專書《鮭台—1986.05.01 鮭潮回台破黨禁》出版之際，謹藉此著墨，再次緬懷洪哲勝同志的偉大奉獻，以及感謝當年全體爲台灣民主運動犧牲奉獻的每一位朋友們！

第8章
圍繞著台灣民主黨的爭論

圍繞著台灣民主黨的爭論*

洪哲勝

一九八六年五月一日，擁有一百多位建黨委員的台灣民主黨建黨委員會，在紐約宣布成立，建黨委員會同時宣布：許信良、謝聰敏、及林水泉將於年底以前遷黨回台。

這一個事件，像一顆落入台灣政治山谷中的五百公斤大炸彈，引起強烈不斷的回響……

不久以前才把企圖成立公政會分會的尤清、黃玉嬌、及邱連輝嚇走海外的蔣政權，立即主動和黨外溝通，並允許公政會成立分會，此外，還成立十二人小組，研究黨外組黨及解除戒嚴等等敏感問題。有一些台灣人立即製造反對的輿論。另一些台灣人則在島內、外分別展開組黨的準備工作。

接著，台灣民主黨在島內的第一號準黨員鄭南榕，被蔣政權判刑入獄。第二號準黨員江蓋世組黨行軍被毆。而公開宣布要來美國陪伴許信良等人「遷黨回台」的林正杰，也被判刑一年半，將於近日內入獄坐牢。儘管台灣統治集團以高壓企圖封殺組黨運動，由於台灣社會已經具備成立反對黨的成熟條件，組黨運動在島內已經取得它自己的生命，並在母

* 《台灣與世界》1986 年，10 月號

腹中胎動不已。正因爲如此，咱們清楚地看到：一、黨外公政會、黨外公政會首都分會、及編聯會爭相組黨；二、數萬人參與了「行憲組黨說明會」；以及三、黨外在連續十幾天的林正杰坐監告別遊行中一再勇敢進擊等等。在海外，組黨運動也在諸多反對聲中穩步前進，並激起一波又一波的群眾熱潮。

組黨運動有它自己發展的邏輯，是任何個別的短視者、無知者、或到搗亂者的主觀願望和奪理強詞所阻擋不了的。但是，在今年夏天的多處夏令會中，台獨聯盟的一部分人和其他團體的幾個蹩脚的「革命家」，再三散播一些反對的歪理，卻也起了一定程度的困擾作用。事件的發展本身必將摧枯拉朽地粉碎所有這些說詞。不過，在事件還處於發展過程中的今日，駁斥圍繞著台灣民主黨的所有這些反對言論，或許有助於凝聚群眾的力量，並加速黨禁的突破吧！

爲了更直截了當地突出爭論的所在，本文採取針鋒相對的問答方式。

許信良——不能令人信賴的變色龍？

問：許信良這個人不可靠。一下子是國民黨黨員，一下子又變成黨外；一下子是革新者，一下子又變成革命者；一下子是自由主義者，一下子又變成社會主義者；而現在他又由革命者搖身一變而成革新者。他是一個不能令人信賴的變

色龍！

答：每一個人都有他成長的過程；變是正常的，不變才反常。問題在於越變越好，還是越變越糟。

孫文曾向李鴻章投書追求體制內革新，後來變成一個革命者；他所主張的民族主義，也由「驅逐韃虜」變成「五族共和」及「聯合世界上以平等待我之民族」。馬克思及恩格斯曾經是一個黑格爾主義者，後來成了批判黑格爾的費爾巴哈派，最後成爲揚棄費爾巴哈哲學的唯物辯證論者。……所有這些變化，只能證明他們的持續進步及成熟，不應該因而認爲他們是不能令人信賴的變色龍。

許信良從一個國民黨黨員轉變成黨外，從一個革新者轉變成革命者，從一個自由主義者轉變成社會主義者，在在表示他的成熟化，是值得咱們歡迎的。如今，他要從一個在海外大部分時間只能從事空談的革命者，轉變成一個冒著被關及喪失生命危險、回台從事合法——非暴力——公開性鬥爭的志士，更是一大突破，更是值得咱們歡迎的。因此，如果許信良是一條變色龍，那麼他顯然是一條越變越好的變色龍！

投機分子？

問：他脫離國民黨時，宣稱自己「此心長爲國民黨員」。這表示他並沒有眞心脫離國民黨，想和國民黨保持藕

斷絲連的關係。

答：許信良以優越的選戰策略，打敗國民黨的歐憲瑜，並引發鼎鼎有名的中壢事件。「此心長為國民黨員」的聲明正是他所使用的絕妙招術之一。這個口號的意義不容任意加以曲解。它表示「蔣家控制下的國民黨」，已經喪失爭取「民族－民權－民生」的國民黨初衷，不再值得支持：它進一步表示，許信良仍然堅持這些理念，此心長為「眞正的國民黨」的黨員。正是通過這種理性的說詞，淡化「反叛國民黨」的色彩，吸引並凝聚了包括國民黨黨員在內的、還不敢正面反叛國民黨的廣大群眾，而打贏了這一場選戰。

他是否「此心長為（蔣家控制下的）國民黨員」？要正確地回答這一個問題，咱們必須實事求是地考察中壢事件、橋頭示威、生日紀念會、「美麗島」政團、出國參與革命，以及冒著種種危險回台鬥爭等等活生生的事件，看許信良在這些事件中所扮演的角色，才能作出定論。我想，大概只有瘋子、癡呆症者、或是不懷好意者，才會從這些證據中去認定許信良還想和蔣政權保持藕斷絲連的關係！

問：我總覺得許信良是一個投機分子。他脫離國民黨並不是因為他反對國民黨的作為，而僅僅因為國民黨不再提名他當候選人。

答：如果許信良原先是一個聽話的黨棍，僅僅因國民黨不提名他當縣長候選人才脫黨，那麼您說他是一個投機分子，大概不會錯到哪裡去。然而，他在不被提名以前，就並不是一個聽話的黨棍。他在省議會與黨外人士合流，聯手痛擊蔣政權殘民以逞的暴政。正因為他這樣子「打著蔣旗反蔣」，蔣政權才不再提名他競選縣長。在他脫離國民黨以後，他比任何人都更堅決地參與反蔣鬥爭。懷疑許信良是投機分子的人，首先必須懷疑自己的政治判斷能力。

問：如果許信良眞的有意回台，那麼他對台灣的民主運動是有很大的貢獻的。但是，不管您如何替許信良辯護，我都不認為他眞的要回去。因此，我不肯加以支持。

答：包括許信良本人在內，沒有任何一個人可以在他回台以前向您「證明」他「眞的要回去」。因此，誰也不能向您釋疑。不過，您說，是因為不相信他眞的要回去才不支持這個連您都認為有意義的行動。「如果」(！！！)他眞的回去了，而他的妻兒在美國生活無著，您肯出售家產來支援他們嗎？如果您肯，我認為您還有資格懷疑。如果您不肯，您最好住口！您自己不肯奉獻，人家犧牲自己的自由或生命又使得一家大小生活困頓，您卻懷疑人家的誠意！您的懷疑其實只是不肯奉獻或故意要打擊許信良的無恥藉口。

合法鬥爭：承認體制？

問：從事合法鬥爭，等於承認蔣政權的體制。是可忍也，孰不可忍？！

答：問題不在於應不應該承認蔣政權的體制。問題在於怎麼辦才能在事實上否定蔣政權的體制。

韓信是否承認流氓的權威並不重要。重要的是：如果他不肯承受胯下之辱，他根本不再有機會成就自己以便將來在事實上否定這個流氓！

作爲革命黨人的朱執信，並不亟亟於剪掉頭上的辮子，以便否定滿清的權威。正因爲他保留辮子，滿清政府不能從外貌一看便認出他是革命黨人，他才因爲身分不被識破而發揮了否定滿清的巨大功能。

無政府主義者巴枯寧反對工人階級從事任何政治鬥爭。他的理由是：工人階級如果進行爭取政治權利的鬥爭（例如：過問政治、建立工會、或舉行罷工等），就等於承認資產階級國家，就會延緩資本主義制度的滅亡。事實上，如果工人階級不從事政治鬥爭，他們憑什麼集結本階級的力量來否定資產階級的統治呢？

可見，問題不在於承認不承認統治集團的體制。問題在於合法鬥爭是否有助於倒蔣。

組黨、合法鬥爭有用嗎？

問：在蔣家設定的法律範圍內從事合法鬥爭，怎麼有可能推翻蔣家呢？

答：如果把鬥爭「永遠」侷限於蔣家法律範圍以內，我同意鬥爭不會有希望。問題是：如果不「先」在蔣家法律範圍內把群眾從勞工、學生、社會（包括婦女）、環保（包括反核）、文化、以及民主運動等等領域中鼓動起來，咱們憑什麼採取非法的手段倒蔣？！

從事合法鬥爭，正是為了強有力地突破合法鬥爭的框框。不從事合法鬥爭，就難以強有力地從事非法鬥爭。

問：台獨聯盟的人說現在談組黨沒有用；組黨是推翻國民黨以後才存在的課題。您的看法如何？

答：如果今日談組黨的人，是要走議會路線，想要在蔣家的法律下取得多數票，然後以多數黨的身分和平取代蔣家來執政，那麼，台獨聯盟的人所說的話就有道理了，然而，組黨的目的遠不是如此。組黨訴求本身可以用來動員群眾。而且，反對黨一旦組成，便可以加速擴展群眾運動。

認為只有等到國民黨被推翻之後才值得談論組黨的人，完全不知道合法鬥爭的功能。他們不知道，如果不先在蔣家政權底下從事組黨運動，咱們無由推翻蔣家政權，當然也談不上蔣家被推翻後的組黨事宜了。

問：您說的不無道理，但是，這種組黨、合法鬥爭的道理，由您們這種革命者來宣講，恐怕不太適當吧？

答：革命者的任務，不在於頌念革命的咒語，不在於高呼激情的口號，而在於根據不同的革命階級，提出並採行適時的革命策略，以求最終達成社會革命的目的。

既然台灣處在必須採用合法－非暴力－公開的草根性群眾運動為主的階段，革命者必須把這個階段性任務向大眾交代清楚，並且鼓動群眾達成這個階段性任務，而不是任由黨外去做這個工作，自己關起門來做一些黨外不能做的所謂「其他的」「革命」工作。

因此，革命者在這個時期談論組黨及合法鬥爭，不但是適宜的，而且是必要的。不僅如此，革命者還要盡力推動這個階段性的主要工作！

革命者倒退爲革新者？

問：許信良原來是一個革命者，如今一變而成革新者。這是一個大倒退。

答：並不是一切口頭革命而不知如何投入實際鬥爭的人都是革命者。同時，不是一切從事合法鬥爭的人都是革新者。和革命者相對立的革新者，是指附和統治集團，反對革命，以革新使統治集團延長壽命的人。合法鬥爭者，只要他的所作所爲會正面促成統治集團的瓦解，以及廣大人民的出頭天，他就是如假包換的革命者。

許信良決心回台從事合法鬥爭，會不會蛻變成爲一個革新者，還有待事態的發展才能下定論。任何人想在他還沒有回台的今日遽下結論，都一定會淪於武斷。

問：台灣革命黨一下子鼓吹革命，一下子又鼓吹革新，一方面表示自己的立場不穩，另一方面也使群眾混淆而無所適從。

答：台灣革命黨一直認爲台灣人民的自救，必須通過貨眞價實的革命。我們從辯證的觀點出發，認爲要引發人民的力量，以便用非法－暴力－秘密的鬥爭倒蔣建台，現階段必須首先從事合法－非暴力－公開的鬥爭。假如有人因此而認爲台灣革命黨的立場不穩，並因而感到混淆不清、無所適從，則我要建議他多學一點辯證法，以便在常識之外多一點政治判斷力。

橫暴干涉？奪人之美？

問：許信良等人說他們必須在海外先組黨然後「遷黨回台」的理由，是因爲黨外人士不敢組黨。這種輕視島內黨外人士的心態實在要不得。

答：島內的黨外人士說要組黨已經說了很久。他們不敢出面組黨則是千眞萬確的事實。尤清、黃玉嬌及邱連輝在公政會分會成立的當日，分別找個藉口出國，就是因爲不敢面對蔣家逮捕的威脅。

島內黨外人士既然各有他們害怕蔣家而不敢出面組黨的條件，海外的人在這個時刻出手來幫助他們突破黨禁，是很適時的支援。說島內人士不敢組黨，只是正確地點出海外所以必須出手的原因，並沒有輕視之意。

問：島內的黨外人士爲籌建反對黨，已經做了很多準備工作，而且都已有他們各自的建黨時間表。海外的人這時搶

先下手組黨，是對島內黨外人士的橫暴干涉，同時也有奪人之美的嫌疑。

答：組織一個反對黨乃是島內外台灣人民的共同任務，把島內及海外對立起來是不智的。島內黨外人士爲組黨所付出的心血是人所共見，是任誰都搶不走的。但是由於種種原因，組黨工作一向「只聞樓梯響，不見人下來」，海外的志士冒著種種危險出手幫助突破黨禁，是島內黨外人士求之不可得之事。怎能說是對他們的橫暴干涉呢？說功勞，海外有催生之功，島內有建黨之勞。誰也不能奪人非份之美！

把這齣還沒有演完的戲演好吧！

問：最後，請問您對這次「遷黨回台」的行動有何期待？

答：「遷黨回台」是近一、二十年來海外台灣人運動對島內可能引起最大衝擊的一次行動，也是自四．二四槍擊蔣經國事件以來，最有可能使海外台灣人的群眾運動高潮重起的一次行動。它能否眞的成功，它會有多成功，完全決定於咱們的支援及參與。因此，我希望還在觀望的人，隨著已經獻出自己的眾多的人，登上舞台，一起來演好這一齣千載難逢的好戲，使自己在台灣人民命運面臨巨大變動的今日，成爲一個參與改寫台灣歷史的人！

1986.9.16

第9章
邁向群眾運動的三年

邁向群眾運動的三年*

洪哲勝

島內民主運動爲組織反對黨而長期累積起來的黑色炸藥，在海外台灣民主黨「遷黨回台」計畫的衝擊下，已經被引發而爆炸了。成立於九月二十八日的民主進步黨，就是滿布在夜幕中的耀眼煙火。

它興奮了同一天在紐約台灣會館所舉辦的台灣民主黨募款餐會，使款額高達五萬多元。它進一步使十月四日在洛杉磯世紀大酒店所舉辦的台灣民主黨建黨大會，易名爲民主進步黨海外組織成立大會，使得這一場群眾大會人多氣盛、高潮迭起。

接著，蔣經國發表談話，表示即將解除戒嚴，並允組新黨。十月十五日，國民黨中常會正式批准，以即將制定的「動員戡亂時期國家安全法」來取代戒嚴令，並以即將制定的「動員戡亂時期民間社團組織法」來限制黨外新黨的活動。

有了民主進步黨的宣布成立，有了島內、外人民對它的歡呼聲援，更有了統治集團代表的公開承諾，人們可以期

* 《台灣與世界》1986 年，11 月號。

待，儘管還會有諸多的限制、干擾、及破壞、乃至逮捕及監禁，黨禁畢竟即將被突破，反對黨畢竟即將正式成立並運作、成長下去。

下一步的問題是：新成立的反對黨怎麼辦？

長期從事議會鬥爭而至今連「省長民選」這個地方自治的最基本目標都還爭取不到的台灣人民，逐漸懷疑議會鬥爭的功能。這是一個健康而且自然的現象。

台灣四十幾年來一直處於家族獨裁統治之下。外來統治集團幾乎壟斷一切社會資源，幾乎控制一切傳播媒介，幾乎擁有一切接觸群眾的組織機構。在這種情況之下，議會鬥爭不僅不是萬能，並有其侷限性。

不管是在地球上的哪一個角落，不管是處在社會發展的哪一個階段，而對蔣家這類的統治集團，要想僅僅在議會中爭取點滴改良，並在多方束縛下展開選舉運動，期待有朝一日在議會中取得多數，而促使統治集團和平地鞠躬下台，是一定辦不到的。因此咱們絕對不可以迷信議會鬥爭，走上議會路線，充當起改良主義者的角色。

然而咱們不但不應該放棄、而且必須堅決進行議會鬥爭。

台灣人民儘管蘊積了足以自救的潛在力量，但是，在自救運動的當前階段，人民的力量還沒有被引發出來，而運動也還沒有蔚成風潮。因此，咱們必須掌握以議會鬥爭爲主要形式的合法鬥爭，累積量變，爲他日的倒蔣質變製造條件。

代表反對運動的黨——民主進步黨或其他新黨——不但不可以對選舉運動稍存輕視之心，反而要比過去黨外更加成熟的運用選舉運動，提出群眾切身利益所在的訴求，全面地集中群眾的不滿，迅速地提升群眾的反抗意識，大量地鼓動群眾的參與熱潮，並且通過議壇論政，盡情地揭發統治集團的瘡疤，導引群眾鬥爭的動向。

也就是說，台灣的反抗運動，必須善於運用議會鬥爭，而又不可以侷限於議會鬥爭，甚至不可以把議會鬥爭當作這個階段的重點工作。

很令人興奮的是，在民主進步黨宣布組黨的前前後後，有三個跡象顯示出反抗運動正在擺脫議會路線的希望。

第一個跡象發生在林正杰入獄告別遊行時。當時，康寧祥曾說，他終於認識到社會運動的重要性。這位畢生從事議會鬥爭而長期對群眾運動不聞不問的老將，能夠領悟到議會外的社會運動的重要性，是台灣民主運動走入正途的大好徵兆。

第二個跡象發生在民主進步黨宣告成立時。當時，尤清向記者宣稱，現階段新黨的主要訴求對象是勞工階級。尤清在上次台北縣長的選戰中，並沒有明顯地面向勞工階級。他的發言和他那些關心勞工問題的助選員所提出的向勞工訴求的口號相比，顯得格格不入。如今他已意識到勞工的重要性，對他來說，是一大進步，對反對運動來說，也是它走入正途的大好徵兆。

第三個跡象發生在鹿港反杜邦設廠的群眾運動時。以許榮淑爲代表的黨外在運動高潮時插手，沒有得到鹿港群眾運動組織者及領導者的熱烈歡迎，但仍插手到底。對黨外來說，這事件使他們意識到群眾的力量可以引發、而且引發出來以後力大無比，同時，也使他們認識到，群眾運動必須是黨外的日常工作。如果沒有平日的刻苦經營，群眾會認爲黨外不是眞正關懷他們，僅僅爲了爭取選票來湊熱鬧、來趕搭巴士。

所有這些跡象告訴咱們，黨外已經體認到政治以外的諸多層面的重要性，而且，黨外也知道議會外面還有更重要的群眾運動有待開發。

今年年底的選舉過後，三年之間沒有選舉。民主進步黨或其他新黨要生存、要壯大，既不能靠選舉運動。便只有走上群眾運動一途。也就是說，在台灣民主運動的四十年歷史中，即將來到的三年，是展開群眾運動的最佳時機！

而蔣家統治集團也深知這一點，國民黨中常會要求行政院「從政同志」擬定「動員戡亂時期民間社團組織法」時，提出四個原則，其中第四個原則這麼說：「鼓勵合法的政治參與，克制非法的聚眾行動。」其目的就在於訂定法律，把反對運動侷限於議會鬥爭，而防止一切形式的群眾運動。

群眾運動能否推展，推展多快，將決定台灣人民自救運動的進程。

不管是勞工運動、學生運動、社會運動（包括婦女運動及消費者運動）、環境保護運動（包括反核電運動）、文化運動、還是民主運動，台灣既有成熟的群眾，也有意識到這些運動之重要性的反對運動領導層，唯一有待解決的問題是：如何有效推展這些草根性群眾運動？

「新潮流」的人說得好：幹部訓練第一優先！

群眾運動是一門社會科學，有很多人從人類社會發展歷史中提煉出來的理論，值得參考。在思想受到統制，運動方法交流受到限制的台灣，如何有效傳播這門學問，更成爲關鍵性的問題。

應該在最短時間內在島內至少發行一、二十本這方面的工具書，並在島內設立訓練站來訓練群眾運動的組織者及領導者。必要時，把熱心的運動者調來海外，接受全新的有用的訓練，不管是革命理念也好，運動方法也好，特種技術也好，應該成套地迅速輸入島內，造就一些「教練的教練」，培養更多的「教練」，教練出實際工作的「組織者」，廣泛地推動群眾運動。

海外的組織至少要花一年時間，把島內推展群眾運動所最需要而在島內又難以找到的學問弄清楚，並傳回台灣。一切以訓練幹部作爲年度工作重點。而民主進步黨或其他新黨也應正式成立訓練部，有系統地推動這個工作。如此，必可迅速有效地展開群眾運動，使群眾覺醒，並發出人民自救的潛力。

說革命工作百百種，因此大家應該分頭去打「總體戰」，其實只是打「迷糊戰」。這一點是必須反對到底的，因爲只有反對到底，新的、抓到重點的、正確的路線才能被確立，並且被執行。說現階段「以武力主動打擊蔣政權爲第一優先」，是左傾冒進的危險作法。說它危險，因爲在這種時期把這種工作當作主要工作去做，不但得不到喚起群眾、組織群眾的結果。也將轉移大眾的注意力，使他們輕視或忽視應該大力進行的群眾運動。

把「群眾自救路線」的建立，當作一件重要的工作來推動，是很必要而且及時的事。

在中共革命的過程中，正確路線的確立，往往是他們取得勝利的前提。對日抗戰是要打長期戰？還是要打速決戰？在日帝入侵的情況下，是要反蔣優先還是要聯蔣抗日？反蔣是要靠城市工人罷工？還是要搞農村包圍都市？……所有這些都牽涉到路線鬥爭。革命者必須大力確立正確的路線，並爲維護這個路線獻心獻力。

爲了堂堂邁入群眾運動的三年，爲了超越當局的革命階段以便進入起義的前夕，咱們必須再三爲建立「群眾自救路線」而做無孔不入的文宣工作，並在實踐當中維護這條路線。

民主進步黨以及其他反對運動的新黨必須根據推展群眾運動的需要；提出足以鼓勵風潮的具體的行動綱領（而不是空喊關心勞工的口號），做好準備工作，邁入群眾運動的這三年。

第10章

思想成長和機會主義之間——許信良個案分析

思想成長和機會主義之間
—許信良個案分析

洪哲勝・林哲台

隨著人的肉體的成長、演變，人的思想也要成長、演變。

從小時候人們撰寫「我的志願」的作文當中可以看出：有些人認為做總統最威風，便立志要做「蔣總統」；有些人聽信「只要做大事，不要做大官」的教訓，便立志要做「小學教師」、「飛行員」；而另有些人則羨慕每天賣他們冰棒的叫街小販，便立志要做「賣冰棒的」。但是，在人們長大以後，幾乎所有這些志趣，都被一些比較實際的想法所取代。所有這些演變，並不是機會主義者的行徑，而是人的思想的自然成長。

所謂「機會主義者」，是指一些胸有成竹的人，他們僅僅是為了利用機會、方便自己，才說出前後互相矛盾的話，才做出前後判若兩人的事。

思想的成長表現出來的是「變」，機會主義表現出來的也是「變」。然而，思想成長和機會主義之間具有本質的不同。不能把機會主義者的行徑當作思想成長的過程。同樣地，也不能把思想的成長過程當作是機會主義者的表現。在這裡，需要的是對這個「變」的本質的分析，而不是只觀察「變」的表象，便遽下武斷的結論。

《台灣學生報》第九期列舉許信良多年來的言行，指出他的演變，拋給他一頂「機會主義者」的大帽子。我從他們所舉出來的同樣事例中，卻有大不相同的理解與體會。我認爲這是人的思想如何成長、演變的絕佳個案。從這些事例中要下結論說許信良是一個機會主義者，未免太高估了許信良，因爲他遠不是從始至終都胸有成竹地在利用一切機會呀！

爲了使讀者了解許信良，《台灣學生報》既然已經花了那麼多篇幅來考究、來論證許信良的機會主義，我想，他們再提供一點篇幅發表對立的見解，以供讀者比較思考，應該是一件合理而且有意義的事吧。如果我的見解正確，那麼本文可以打消原先刊登出來的諸多偏見。如果我的見解有問題，那麼本文至少可以作爲一份反面教材，使正確的想法因爲本文的陪襯而顯得更光輝、更豐富。

《台灣學生報》對於許信良思想演變的六期分法，未必最科學。不過，爲了易與比較，我還是採用了同樣的分法。但是爲了使讀者對他思想的演變有一個更全總的認識，我在最前面加上一節「退黨以前」。

爲使更多的讀者能夠分享本文的觀點，我將同時投給《台灣民報》。

0　退黨以前——黨內革新

許信良是一個有天分的台灣青年。他和不少天眞的年輕人一樣，認爲加入國民黨可以替台灣人做一點事。就這樣子，他加入了國民黨，並取得獎學金公費留學英國。回台以後，他和張俊宏一起在國民黨黨部從事黨務工作。

由於他深入虎穴，對國民黨有一定的了解，因此，他發現國民黨問題重重，有待革新。由於這種認識畢竟還只是初步的認識，他對黨內革新抱持希望。因此，他參加了《大學雜誌》社，從事爭取全面改選中央民意代表的革新運動，先當了蔣經國向「黨國大老」威脅利誘以便奪權接班的一粒險棋。不過，蔣經國也不得不向這些青年付出代價，使他們更進一步意識到國民黨黨內難以革新挽救。

這時，許信良和張俊宏等人發表《台灣社會力分析》，指出變革的需要以及不滿的分布，引起巨大的回響。他在省議會中再三提出令國民黨感到頭痛的議案。最後並且和黨外聯手出擊，從而使得國民黨下定決心不提名他出來競選桃園縣長。

許信良終於發現黨內革新的路已經不可能存在。怎麼辦呢？他決定脫離國民黨，正式加入黨外，和國民黨從事合法鬥爭！這一個演變，表示許信良的成長，而不能表示許信良的投機。

1　高雄事件以前——提倡政黨政治與合法鬥爭

既然留在國民黨黨內從事內部改革已經看不出希望，許信良便決定脫黨，從國民黨外面，向國民黨挑戰。他希望能夠通過政黨政治及合法鬥爭，來改革國民黨的體制，並和平合法地取代政權。

爲了適應當時相當落後的政治情勢，以便順利吸引選票，他發表了「此心長爲國民黨員」的聲明，發動並組織群眾自立監票。由於國民黨堅持並袒護作票，群眾引發了三十幾年來的第一次大暴動——中壢事件。許信良本人及其他黨外都因此事件使得國民黨不敢進一步作票而高票當選。

他從一開始就非常注重黨外的整合以及民主運動的推展，而不僅僅止於選舉。他以生日紀念會整合各方黨外。他以橋頭示威冒險挑戰戒嚴令，並因此被國民黨停職。他進一步發展統一展現，把各方英雄豪傑集在一起創辦《美麗島》雜誌。這時，他和《美麗島》雜誌社的主要成員，商討並製訂「法律邊緣」及「暴力邊緣」的策略，而在他離台以後，間接促成高雄事件之早日發生。

在高雄事件發生以前，他出了國，並且在海外宣傳「選舉萬歲」，鼓吹民主運動。

許信良從議壇走入縣政府，並進而帶頭走上街頭，給議會外的鬥爭開一個先河，也表示許信良的成長，而不能說是投機。

2　建立「台灣建國聯合陣線」
——否定和平鬥爭，提倡武裝革命

一九七九年十二月十日，高雄事件發生。島內黨外精英盡被逮捕，而呈現群龍無首的狀態。大家期待許信良回去收拾並支撐殘局，而身在紐約的許信良確實也打算整裝回台。但是，沒有幾天，國民黨拉下臉把萬年立委的黃信介也抓了去。許信良認爲國民黨已經不再會容許黨外從事民主運動，因此便放棄立即回台的念頭，與海外革命團體發起並建立「台灣建國聯合陣線」，一方面設法營救黨外，迫使蔣家公開審判，另一方面則期待通過這種努力把海外的力量整合起來。由於台獨聯盟的抵制以及台灣時代社的亂批，「好好鱉刣得屎流」，這個整合的希望落了空。（有些人說是因爲沒有放入「民族」及「反帝」綱領才失敗，不對。）

這時，他一方面對民主運動不再抱持希望，另一方面也受到包括張金策在內的武鬥派的影響，他特別強調武裝革命。（請注意：張金策那時剛要脫離聯盟，還是一個看輕聯盟武鬥決心的武鬥派！）許信良認識到武力的必要性，是一個重大的進步。他抽象地否定和平鬥爭，則是不成熟的想法。沒想到《台灣學生報》的人卻輕易地被許信良這種華而不實的革命詞藻所激動，說什麼許信良這種說法「可圈可點、慷慨激昂、擲地有聲」，甚至說這是許信良在美國七年中發表的許多政治言論中「最激進、革命之勢最清楚」的一次。

從改良主義者一變而成爲革命者，顯然是許信良思想上的成長，而不是什麼機會主義的行徑。

3　美麗島週報創始期——高舉台灣民族主義，鼓吹群眾暴動

接著，許信良和諸多海外革命者結合，在洛杉磯創辦《美麗島》週報。這時的許信良，受到台灣時代及獨立台灣會的影響，採用「台灣民族主義」來概括台灣人民獨立建國的要求，並進而認爲民族矛盾是主要矛盾，台灣革命必須高舉台灣民族主義的旗幟。

他進一步思考武裝鬥爭的形式，並認定群眾暴動是唯一適合台灣特殊條件的起義方式，因爲他一向認爲黨外競選時所賴以拉票運動的組織，就是他日革命的組織，因此，只要有大規模的群眾暴動，黨外有可能奪取到政權。

從改良主義者變成一個民族主義者，當然是一個進步。雖然，民族主義本身也有它的缺點。把武裝鬥爭的形式界定爲群眾暴動，也是一大進步。至於忽視地下組織的動能，則是美中不足的地方。

4　建立「台灣民族民主同盟」
——高舉社會主義與台灣民族主義
——號召成立海外革命基地
——鼓吹都市游擊戰

受到周圍社會主義者的影響，加上他本人努力研讀並思考社會主義文獻，一向對工、農特別關心的許信良，終於轉變成爲社會主義者。這時，他和獨立台灣會聯合建立「台灣民族民主同盟」。

「同盟」只是他聯繫海外革命勢力的第一步。爲了集結海外各門各派的職業革命家，以便集體對蔣從事鬥爭，他一再鼓吹成立海外革命基地。由於響應不多，海外革命基地的構想落了空。

這時，他接觸並接受了都市游擊戰理論。他出版有關的小冊子，並希望能夠在海外建立都市游擊的示範行動隊。這時，剛剛成立的美麗島革命社因故分裂。而《美麗島》週報的多數成員也一批批離他而去。建立示範隊的構想當然也只好落空。

從一個非社會主義者一變而成社會主義者，當然是一大進步。海外革命勢力的整合永遠是需要的，不能因爲整合的嘗試失敗，就認爲整合的嘗試是一種機會主義者的行徑。點出都市游擊戰的必要性是一大進步。不能因爲籌建都市游擊戰的示範隊失敗，就認爲那是機會主義。

5　就任「台灣革命黨」副總書記
——強調群眾自救理論及民族解放
——肯定現階段主要工作：合法－非暴力－公開鬥爭

在這期間，標榜「群眾自救理論」、「勞工爲主力」、「現階段重點工作是合法－非暴力－公開鬥爭」，及「民族解放」的台灣革命黨建黨委員會正在招兵買馬，以期擴大建黨。許信良參與建黨的籌備工作，黨建成後，他被選爲第一副總書記。

事實上，台灣革命黨也認爲台灣的倒蔣鬥爭，最終要以「群眾暴動」的方式起義奪取政權。它也肯定「都市游擊戰」在倒蔣末期將扮演重要的輔助性角色。但是，它更進一步從革命辯證發展的觀點明確指出，現階段台灣革命的主要鬥爭形式是「合法－非暴力－公開」的鬥爭形式。只有這樣推動草根性群眾工作，群眾才會覺醒，才會組織自己從事鬥爭，並最終達成「群眾自救」。許信良接受了這種看法是經過一番心理上的掙扎。這當然也是他思想上的成長，而不是機會主義。

此外，台灣革命黨一再論證社會主義者反對一切民族主義，堅持一切民族解放的道理，並要求台灣左派放棄錯誤的「台灣民族主義」綱領，而改採「民族解放」綱領。許信良接受這一個正確的觀點，使他由一個民族主義者變成國際主義者，變成一個更純正的社會主義者。這也是他個人思想的一大成長。

6 「台灣民主黨」建黨運動 —實踐合法—非暴力—公開鬥爭

在菲律賓，阿奎諾事件發生，群眾熱烈運動，阿奎諾夫人競選總統，美國干涉，軍人政變，馬可仕倒台！

在南韓、巴基斯坦以及阿根廷，民主鬥士相當成功地援用「回收本土」的「阿奎諾模式」，無不引發熱烈的群眾運動，並促進民主運動的進一步發展。

在台灣，民主運動要求組黨，而組黨條件業已成熟。但是，黨外人士只敢長期呼叫組黨，而不敢放手組黨。

所有這些新的形勢，都要求鼓吹「合法—非暴力—公開鬥爭」的許信良做出具體的努力，把它付諸實踐。於是，他再一次發起組織台灣民主黨並遷黨回台以求突破黨禁的構想。

從五月一日宣布成立台灣民主黨建黨委員會以來，島內、外的建黨努力互相激盪，而終將使島內的黨外人士搶先在九月二十八日宣告成立「民主進步黨」。而台灣民主黨依原計劃在十月四日完成建黨，但是名稱改爲「民主進步黨海外組織」。所有這些努力，迫使國民黨宣布即將解除戒嚴並開放黨禁！

當反對台灣民主黨爲突破黨禁所做的一切努力而喋喋不休的「終生反對派」還來不及把反對的道理說清楚以前，事件的進展本身，已經摧枯拉朽地反駁了所有這些書房革命家的囈語！摧毀了由台獨聯盟－新台灣同志會－台灣解放社－《台灣學生報》社所組成的奇怪的神聖同盟的聯手反對！

《台灣學生報》引沙特批評卡繆的話，很有意思。卡繆冷眼旁觀沙特的對法西斯鬥爭。沙特說：「當我們正在戰鬥時，你眼中所看到的卻是兩個怪物的爭鬥，那麼我們已失去了你這個朋友。」《台灣學生報》指出：「對所有等待別人創造一個完美的世界，而自己卻冷眼旁觀而不獻身這個創造過程的人，沙特沉痛的話語應該有不朽的醒世作法。」不錯。當許信良向怪物國民黨展開一次又一次的戰鬥並因而受傷累累之時，《台灣學生報》卻在一旁指指點點，把許信良也當成和國民黨對等的怪物，他們多麼需要聽聽沙特的這些話語呀！不是嗎？

7　是成長？還是機會主義

許信良的思想確實在變。然而，他是怎麼變的？變得有沒有道理？

當許信良發現國民黨已不能從內部革新時，他應該怎麼辦？難道不應該變成黨外再和國民黨做合法的議會鬥爭嗎？

當議會鬥爭的侷限性逐漸表現出來時，他應該怎麼辦？

難道不應該走向「法律邊緣」走向「暴力邊緣」嗎？

當國民黨大舉抓人而使民主運動的可能性大減時，他應該怎麼辦？難道不應該從改良主義者變成革命者嗎？難道不應該主張「武裝革命」，並作為主張台灣獨立建國的「台灣民族主義者」嗎？

當他接觸、了解，並同意社會主義理論時，他應該怎麼辦？難道不應該使自己轉變成一個「社會主義者」嗎？

當他了解「民族主義」的狹隘性，當他了解「民族主義」乃是社會主義者所主張的「國際主義」的對立面時，他應該怎麼辦？難道他不應該放棄「民族主義」轉而擁抱「民族解放」嗎？

當革命的激情稍稍過去，他知道要實行「都市游擊戰」及「群眾運動」在倒蔣前，現階段主要鬥爭形式是「合法－非暴力－公開鬥爭」形式時，他應該怎麼辦？難道他不應該轉而鼓吹這種今日可以馬上付諸實踐的主要工作嗎？

由於國際上發生一連串「阿奎諾模式」的衝擊，更面對島上碰到應該組黨、可以組黨、但卻不敢組黨的困境時，他應該怎麼辦？難道他不應該設法突破黨禁？難道他不應該在海外組黨，然後遷黨回台？

許信良的認識一再提升，他的思想也隨著一再成長、一再演變，而這個演變是有它的脈絡可以追蹤的。而最後這個階段，在很多人認為組黨沒有條件的情況下，他發動組黨運動，已經快要實質地突破黨禁了。許信良功不可沒！但是，卻有人冷眼旁觀，批評東、批評西地，要把許信良描成一個灰色的機會主義者！！

8　人的思想是怎麼成長的？——辯證地發展！

許信良的思想及行為的發展，是辯證發展的絕佳例子。這可以從此下幾個方面來觀察。

◈ 首先，他回歸島內：

島內→島外→島內

但是第三階段的「島內」，是第一階段的「島內」和第二階段的「島外」的揚棄，是螺旋上升了的回歸。

◈ 其次，他回歸合法鬥爭：

合法鬥爭→排除合法鬥爭的革命→合法鬥爭

同樣地，第三個階段的「合法鬥爭」，已不是第一個階段以改良主義為特色的「合法鬥爭」，而是它和其對立面「排除合法鬥爭的革命」的合題。

◈ 第三，他回歸民主運動：

民主運動→民族運動→民主運動

第三個階段的「民主運動」已不等同放棄第一階段的「民主運動」，而是後者與其對立面「民族運動」的合題，也就是「以爭民主為主題的民族解放運動」。

◈ 最後，他回歸實踐：

實踐→搞理論工作→實踐

第三個段階的「實踐」也不是簡單的回歸，而是揚棄「實踐」（沒有民族解放、群眾自救、社會主義理論的實踐）及其對立面「搞理論工作」的更豐富的「實踐」。

一個沒有辯證法武裝的右派人士被許信良思想上的變化搞得眼花撩亂，並進而認定他是機會主義者，是情有可原的。但是《台灣學生報》的朋友懂得辯證法，他們不應該跟在右派分子劉重義之流後面，在這些豐富的辯證發展事例面前大叫什麼「又是矛盾」！！

9　寬容、體諒別人

王拓講過一句話：他入獄以後，才知道自己也有很多弱點，才學會寬容、體諒別人！

寬容、體諒別人，不僅因爲人人有弱點、人人會犯錯，而且因爲人人有不同的境遇、人人有不同的條件。曾經有人要即將回台的呂秀蓮高唱革命，很顯然，這麼做是不對的。那麼，當許信良已決心回台而強調和平鬥爭的重要性、可能性時，一個懂得寬容、體諒別人的人，絕不會因而公然指責他是機會主義吧。

我用同樣的心情等待《台灣學生報》諸君成長、演變，從一個苛刻批評別人的旁觀者，投入運動的主流，實際地參與台灣歷史的改變工作。

1986.10.23

第11章
被壓迫者的啓蒙——革命的第一步

被壓迫者的啓蒙
—革命的第一步

洪哲勝・田台仁

前言

本文有兩個主要目的：第一，喚起更多的人參與革命的行動；第二，提供在喚起的過程中，能激起群眾認知革命，進而積極參與革命行動的方法。基本上，一場艱鉅的革命有越多的群眾參與行動便越有成功的希望；作爲革命的推動者自然便以喚起越多的群眾參與革命的行動爲職責。但是，參與的行動尚須群眾對革命的本質有徹底的認識才能產生最大的力量；換句話說，他們的參與是經過認知而不是盲目的——這些群眾（也因此）有共同的奮鬥目標，以及共同的積極行動。

要達到上述兩個目的，首先有一個問題產生：什麼是群眾？我們認爲，對參與革命的行動而言，群眾是被壓迫者。可是，又產生其他問題：誰是被壓迫者？以及，怎麼樣的人才是被壓迫者呢？

這些是非常值得思考的問題。就台灣建國革命的過程而言，哪些人是被壓迫者？是僅指目前在台灣生活的老百姓呢？在海外生活的台灣人是否亦被壓迫著呢？或甚至於那些從事革命運動的人，他們不再是被壓迫者了嗎？他們已成爲被壓迫者的解放者了嗎？要回答這些問題，咱們必須從壓迫的本質、壓迫者的剝削技術、以及被壓迫者的心態做全盤深入的分析，……同時亦從啓蒙的方法，進一步到如何進行革命以解除自己和多數被壓迫者的痛苦來探討。本文對以上所提的問題有詳細的剖析，而剖析的理論主要是根據弗萊雷（Paulo Freire）所著的《被壓迫者的教育學》（Pedagogy of the Oppressed）一書而來。本書的主旨並不直接解決肉體、精神上的壓迫，而是在啓發人對思想壓迫的認知，以及由認知而行動的重要性。

壓迫的本質及其手段

首先咱們要了解壓迫的本質，以及統治者用來箝制人民的思想以達其駕馭的手段。以下分四項來說明：

一、壓迫與啓蒙

教育一個文盲比教育一個在壓迫社會裡長大、受教育並已定型於壓迫者的統治與駕馭的人還要容易。一個被壓迫者可能已習慣所依附的環境，沒有選擇的能力去爲生存行動。這種依附性猶如青苔附著於灘石上而活，沒有灘石就沒有青苔。因此如何脫離這個依附性，使得人能爲自己的福利而活，不仰人鼻息，以及如何去啓發被壓迫者認知壓迫的事實，解放人性的桎梏，恢復人的尊嚴而奮鬥，都是啓蒙工作的最主要目的。

自古以來人類尊嚴及人類本性（Human nature）一直是社會的中心問題。人本化（Humanization）一直是人所追求的目標。但從歷史的驗證中，我們得知種種「非人化─獸化」的事實。在人性本具有獸性的本質下，人以其不完整的個體存在，不斷地追求反獸化──亦即人本化的目標，但同時卻常遭壓迫者以暴力或其他手段來扭曲他們的尊嚴，使人本性更趨向於獸化、物化、商品化，而達到其剝削壓榨的目的。

當然不能奢望壓迫者會大發慈悲主動替被壓迫者解除桎梏。唯有被壓迫者經自我認知，意識到被壓迫的事實，進而結合所有被壓迫者的力量來對抗壓迫者時才能解放自己。然而被壓迫者因長時期的被剝削，不免對自由存有恐懼。此種「自由恐懼症」乃是源於：

（一）恐懼現有的穩定狀態受破壞；

（二）唯恐新的生活環境更難以生存。所以如何使自己以及同屬於被壓迫角色的人一起來克服恐懼產生新的遠景，進而組織起來，便是啓蒙工作必須致力探討的。

二、被壓迫者的心態

凡是精神以及肉體上遭受壓迫的人，均屬被壓迫者。肉體與精神的迫害是一看便知的，但是有更高明的剝削技術卻經常存在於極權國家內與前二者交替並用，即是「思想的再鑄造」。「思想的再鑄造」是剝削的最高段。它不但使壓迫者能收放自如地進行統治，且使大多數被壓迫的人身不由己地願接受其管轄、統治，而無被壓迫感，甚且不自覺地替壓迫者剝削自己。有些人在潛意識裡覺得很鬱悒、很痛苦，但因在肉體與精神的壓抑下，遂產生無力感。經過思想的剝削後，被壓迫者的性格易傾向於自我貶抑、自我否定，因為壓迫者經常剝奪掉他們獨當一面的能力與機會；取而代之的是提醒他們太懶、能力差、無法處事。凡事只有無可奈何地詢問「怎麼辦？」但是這種無力感也常導致被壓迫者產生一種錯覺或有力感的反作用。何以說呢？當一個被壓迫者意識到生存的環境不如人意時，任何可以作為情緒上宣洩壓迫感的方法均可促成被壓迫者的有力錯覺感。此種錯覺感有兩種形式：

（一）認同於壓迫者而產生模仿性的有力感。

（二）反壓迫的有力感。

模仿性的有力感就是當目睹統治者赫赫在上，威力無比的樣子，心理上即由自悲自憐轉而在情緒上羨慕他，不知不覺地幻想自己就是統治者。反壓迫的有力感，更是顯而易見，如：偶見英雄、江湖人物如羅賓漢式，或廖添丁型的向統治者提出挑戰的行動，或者得知一些被壓迫者中的知名人物向統治者的權力提出嚴厲的批判時，就會產生錯覺以為自己是這些人物的化身，能有英雄行爲的表現，這種幻想式的成就感令他發泄掉心中的塊壘。由於被壓迫者具有這兩種「有力感與無力感」的矛盾性格，其情緒是非常依賴的：當被剝削時，他是溫馴的順從者、自我譴責者；當被心目中的英雄式行爲震撼時，瞬間又成了擁有一切的有力者。他們不能發現眞正的自我，雖然渴望找回，卻先生懼怕，因爲統治者的威力蓋過他們對自由的渴望哩！

情緒上的依賴性若令其縱容下去，則被壓迫者無可避免地變成宿命論者：凡事歸諸於預定的命運安排，人力無法去改變，或者歸諸於上帝的不公平，他把所受的痛苦，視爲神的旨意，似乎神就是亂世的創造者。如此，壓迫者在剝削的折磨下，由於心理上既然不覺地被壓迫者牽著走，因此實質上已不能清醒地看出社會的「秩序」；這時的社會秩序只不過是壓迫者刻意爲著統治的方便所定下的教條與規則罷了。在這「秩序」的原則下，他們有時會顯出一種傾向爲了芝麻小事攻擊被壓迫的同屬人（這又是雙重矛盾性格的心態作祟），因爲同屬人多帶有壓迫者的形象色調，襲擊同屬人，也就是間接地襲擊到壓迫者。但另一方面，有時卻又情不自禁地窺覬壓迫者的一切生活方式，無限地渴望自己亦能躋身於他們的行列。因此就發狂地不惜任何代價地去學習壓迫者。這個現象常見於中等階級的被壓迫者間。此即是「被殖民的心態」（Colonised mentality）的表現；心理上蔑視殖民者，情感上卻非常依戀他們。

雙重性格的極致表現就是當被壓迫者站在選擇的十字路口而舉棋不定時，要吶喊出來或保持沉默呢？要找尋一個完整的自我或繼續被分裂呢？要將壓迫者從內心逐出去或不要呢？要繼續生存於這個窠臼或者追求更美好的呢？要做旁觀者或做主角呢？要付諸行動或藉著壓迫者的行動來幻想自己的有力呢？要放棄創造與創造的潛力或者要以他們的能力去改造世界呢？這種悲劇性的性格歸罪於所受的教育方式：塡鴨式的教育。

總之，被壓迫者的雙重性格使他們像一塊軟泥，任統治者把玩、揉捻；他們不敢發言，不敢做決定，甚而不可思議地相信壓迫者具有無懈可擊的能力與權力。只要見不到壓迫者癱瘓的一面，還會繼續活在恐懼與挫敗的陰影下。只要找不出剝削的原因，還會一直以宿命的原因來接受剝削，並視剝削爲自然的現象。更甚，當必須自我肯定與自我釋放時，則會以被動或漠然的態度去反應。但漸漸地，偶爾也敢企圖以反叛的方式去行動。故在進行人本化的解放運動時，不可忽略掉被壓迫者通常的被動性，以及有時清醒時的自發性。

三、壓迫的方法與思想的剝削

壓迫者具有強烈的支配欲望，要將世界納入其統轄範圍，諸如人創造物、時間、以及奴隸人……等。勢利的觀念亦是達到支配目的的旁道分枝之一，金錢是衡量一切的準繩，活著就是爲了利益；爲了奪取更多的利益，可以不惜犧牲其他「一無所有」的人，可是壓迫者仍竭力地以尊崇人道的謊言來掩蓋其反人性的事實。壓迫者同時亦把這種「利益至上」的價値觀灌輸給被壓迫者，讓人們為利益奔走、拚命，而無暇去做其他的思考。這麼一來，更易達其支配的目的。壓迫者拿走人的權利後，興之所至，則發還一點給被壓迫者做獎賞。如舉行明星式的好人好事代表及模範青年選拔，局部性的開放政治參與選舉。在這種假仁慈、假慷慨的「仁政」之下，使某些人取得小名利，而更多的人仍受捆綁。

這種統御使得社會上存在著人為的不平等不自由。那些得不到獎賞或被懲罰者被認為或自認為是努力不夠的，或是罪有應得的，而不是統治者偏心或不公平。更嚴重的罪責則是不知感恩圖報統治者。如此，一般人覺得好人可以出頭，壞人也會被繩之以法，何壓迫之有？被剝削的人由起初的納悶，轉變為認同。統治者雖不完美，但也著實厚意了。

除了人性物化意識的培養，以及「耗死貓哭」的假慈悲式「仁政」外，統治者還採用一些虛飾富麗堂皇的口號與教條來標榜自己的身價，以圖在人民的心裡建立其「大有為」的形象。這種意識的灌輸就是要將統治者的形象直接塑印在被壓迫者的心理與意識上。被壓迫者經此鑄造迷惑於統治者的威力，不但願意維持目前的現況，甚至惟恐這現況會被改變。因為在被壓迫的意識中，除了幾個高等強國外，目前所處的環境已很滿意了，任何其他形式的社會就是比目前的好，也是不可及的。更何況，誰又能擔保改變後的景況是更好的呢？在這種裹足不前的心理下，被壓迫者乃寧苟安於目前，認同於壓迫者，樂於被剝削。這也就是被壓迫者恐懼自由的原因所在。

被壓迫者在精神自由的被壓抑下，物化越來愈突出，權力欲望代替了自由欲望，在「利益至上」的籠罩下，無形中接受了階級社會中「壓迫者與被壓迫者」及階級剝削的觀念，從各方面去模仿壓迫者。能躋身於壓迫者的集團便繼承剝削的事業；不能的，便只有被利用、被迫爲壓迫者的事業出力，成爲可能的順民。因此在思想剝削這個最高剝削藝術下，一些人轉化成有力感的剝削者。人的社會就墮入了壓迫與被壓迫的因果循環中了。

四、灌輸概念的填鴨式教育法

基於上述分析，那麼一個獨裁的統治者如何使統治者利益的思想形態灌輸給被統治者呢？統治者的手段，就是借用填鴨式的教育方法。底下分兩子題討論這種手段：

（一）灌輸式概念

假定人與世界分而爲二，人只是寄存世界上，並不與世界或其他人並存。人是觀望者而非行動者。由這觀點來看，一個人便不具有意識，是一個無具意識但占有空間的物質。換句話說，人只是具有動物本性的物質，無精神只有軀體的骨骸，只能被動地去接受，去儲存外界呈現的事實。因此，凡是圍繞在四周的東西，皆被納入五官觸能感覺，未經質疑分析與判斷而形成自我意識；自我只能對某些「東西」有感應罷了。某些「東西」並不存在於意識裡面。

（二）塡鴨式的教育

灌輸概念的教育法是單向性教育。這種教育的獨特象徵就是老師與學生的關係是一種敘述性質：即老師是敘述者，學生是聽者。亦即師生之間一個是輸出，一個是輸入，而沒有反饋。老師所講述的，學生藉記錄、背誦和重複，毫無疑義地存進學生的腦子裡。在這樣的教育方法下，學習者被視成無機物，或機械化的物體。教育者自以爲是專業的權威，將知識（包括技巧與概念等）以講述法的方式強加於學習者，學習者對於這些知識被教以速成的方式（ready-to-wear）去吸收，只是囫圇吞棗地接受而不必思考。即使被教導去想，也是教育者套好的思考模式。他們接受事物時，以背誦代替體驗，不知爲何要接受，也不質疑其存在的意義。若有質疑也會被視爲不正常。

顯然地，他們吸收的對象只是具體事物的表象，而忽略了眞實的意義與內涵。（有形體無生命的事物。）假如將這些事物拿走，由於沒有生根在腦裡，便無所適從，不知如何去與事物取得聯繫。學習者猶如一部記憶的機器，荒廢了思考能力的訓練。再說，所記憶的若沒法實際運用於現實生活上，時間一久，記憶力失去，則整個有關此事物的東西便完全不存在了。故，學習者越用功於存入所講述的，越不能發展他們批判的意識，這種批判的意識，是得之於體驗：去觀察、去參與、去思考、以及去改造的結果。

因此在這種教育下只能塑造出缺少創造與批判的記憶專家，這些學生（專家）同時也缺少分析的觀念，更沒有興趣去挖掘「爲什麼或怎麼做」的問題。升學考試的制度，就是統治者有意要學生忙著背誦，忙著去參加一次接一次的考試，而無暇去思考其他現況的辦法。因爲有思考就會發現自己生存於一個不合情理的環境，那是統治者所忌諱的。

進一步咱們列出師生的關係如下，如此，咱們可更窺出整個壓迫社會的全貌：

⊙老師教，學生聽。

⊙老師想，學生被提示而想。

⊙老師教訓，學生被訓斥。

⊙老師選擇，學生服從選擇。

⊙老師傳授，學生接受。

⊙老師懂每件事情，學生什麼都不懂。

⊙老師行動，學生借老師的行動作爲自己的行動。

⊙老師選擇課程內容，學生盲從，無選擇的機會。

⊙老師以其專業的權威，限制學生學習的自由。

壓迫者爲了達其統治的功效，用填鴨式的教育來配其假慈父型的「仁政」。他們視被壓迫者如同關在馬戲團籠子內的動物，聽話時就給東西吃，不聽話就處罰，直到馴服爲止。這個方法驅使被壓迫者成爲不折不扣的動物。

綜合以上，我們了解壓迫者借用灌輸式教育來進行思想的箝制，以造成人民雙重矛盾的個性而任其宰割，同時也用人性物化的意識，來挖空其他的思想；在這種壓迫的環境下，一個從事革命的工作者應如何來啓蒙被壓迫者的意識，讓人性抬頭呢？以下我們介紹一個叫 Conscientization 的啓蒙方法，這是一個經過意識化到行動化的認知過程。

啓蒙的過程與方法

一、啓蒙的過程

啓蒙的過程包括三個階段：

（一）自我詳察，肯定自己（know what you are）並檢討本身意識上的矛盾處。針對本身矛盾的行爲與心理，以及環境所塑造成的分裂性格來尋求解答，自我分析修正偏狹的價值觀和行爲；驅除對自由的恐懼而認知自己是解放自己的主人。

（二）認知壓迫的事實，意識到解除壓迫的必要性（know what the cause of the oppression is, know what can be better off）。認識壓迫者是始作俑者，他們剝削人的尊嚴，壓制人的思想等。積極地尋求社會的沉痾所在，並了解其對人民幸福的危害性，然後以辯證思考的方法去質問沉痾的症狀，進而追尋理想的社會本質。認識改革的工作就是由否定現在出發到肯定將來的工作。

（三）意識到自求解放的障礙，採取行動對抗壓迫的環境因素（know what the obstacles to liberate self are, take action against oppressive element in the environment）。了解理想與現實環境之差距，並尋求什麼因素阻撓理想的完成。探求統治者爲了剝削、思想鑄造、人性麻醉等所運用的媒介是什麼？努力挖掘存在於社會的障礙，並掃除這些障礙。

也就是說 Conscientization 不僅要做自我對情況的洞察，而且要通過行動，準備爲解除人性化的障礙而奮鬥。

二、對話 (Dialogue)

有志於啓蒙工作的人，在進行啓蒙的階段，所應用的最主要媒介，是「對話」。廣義地說，對話原是人類的一個行爲表達。它的本質是「語」（The word），「語」不只是工具而已，它是活潑的。「語」裡面，我們可以發現反思（reflection）與行動（action）。反思與行動是「語」的一體兩面。如果一個「語」失去了行動機能，那麼反思也就站不住腳而失去了原有的反思意義，這個「語」便變成了「口語」（Verbalism）；另一方面，如果行動被過分強調那麼這個語就變成了「動作」（activism）——爲行動而行動，沒有內涵。

並且，眞實的對話，並非單向性的意見存儲，也非討論者相互交換意見而已。它的存在具備有下列幾個因素：

⊙建立在人與人之間的愛，人對世界的愛；

⊙建立在人的相互信賴，這個信賴包括對人的創造與創造力的肯定；

⊙建立在人的互相謙遜；

⊙建立在踏實的希望上，而不是空中樓閣的幻想；

⊙言語必須配合行動；

⊙建立在人的批判性思考（critical thinking）內，領悟人與世界的不可分離性，將現實視爲動態，有伸縮的性質，並非一個靜態實體。

在此，我們要特別強調批判性思考的重要性是因爲對話本身已具有批判思考這一環，因此批判性思考就藉著對話源源而出。批判性思考在教育上是一大原動力。下面闡述一個眞實的教育——自由教育：其哲學根據、理論與實際的運作，以及對話在教育的過程中所扮演的角色。

三、解放的概念與啓發式的教育法

（一）解放的概念

這個概念緣起於：認識人具有意識與尊嚴，但人卻附帶有獸化的本質，以其不完整的個體存在。人是世界的一分子，世界因人而存在。人既然與世界不可分離且以不完全的個體生存在一個不完全的世界裡。因此，爲了追求較完整的自我，爲了創造一個較完美的世界，那麼他必須投入現實中，探討自己與世界的關係，不斷地質問自己：生存於世界有何意義？世界給了「我」什麼？「我」給世界什麼？「我」如何改變自己才能使自己更完美？世界如何改變才能使人生存得較完善、有意義？只要人與世界存在的不完整而有待改善的情況是一個事實時，問題質疑（problem-posing）就是一個永不中斷的橋樑。爲了改造人與生存的現實世界二者而付諸反思與行動，這就是解放概念，也就是人本化的過程。

（二）自由教育法

自由教育的哲學基礎是建立在：一個人，以其不完整的個體，爲了追尋較完善的生存環境，與不完全的世界之間做一問一答、一答一問的質疑或溝通。這種教育法即是問題質疑式的教育法（problem-posing）。問題質疑式的教育法，其含意在揭開現實，使自我意識呈現出來；當自我意識呈現出來後，自我就更深一層地介入所處的現實環境中。在問題質疑的過程中，學習者受到不停質詢，以致於不得不應付挑戰。當他回應這些挑戰後，對現實有了更深的體驗，從體驗中又挖掘出更多的問題。逐漸地，就懂得如何正視生存於世界的意義，不但介入世界裡，且與世界一同坐席；如此，世界就個人而言不再是靜止的，卻是動態的，那是一個可改造的現實世界。他的行動是根據思考、觀察自己，了解自己後的反思。只有在質疑和改進現實的驅策下，眞正的反思與行動才會呈現出來，創造力因而湧現。

從上面對於灌輸與質疑概念的教育法的分析，可發現這兩種截然不同的教育方式是互相衝突的。灌輸式的教育企圖將現實神話化，同時掩蓋一些事實而大言不慚地談生存觀念。自由式的教育法卻是要揭發神話性的謊言。灌輸式的教育愚鈍人的意識，阻礙人成爲較「完全人性」的人；質疑問題的教育法，以質問和改造的方式使人得到眞實的反思與行動。灌輸式的教育法將世界看成靜止不動，強調它的永恆性；質疑式的教育法，則認爲世界是進行的，可改造的，既不滿意不差的現況，也不接納「命定」的宿命論題。它是著根、落實於動態的現在，因而是革命性的。灌輸式教育法視學生爲物，阻止他們的創造力；質疑式的教育法造就學生成批判性的思考者，並鼓勵他們的創造精神。

在問題質疑式的教學下，由老師與學習者之間對話，互相對問題質疑，並思考問題且做回答。老師不再是絕對的權威，他僅是將所認知的事物經自己問題質疑後傳送給學習者去思考，老師將學生的思考結果經過再思考，做一番質疑與反應。這樣一來，老師不再只是教授者，而在對話中同時扮演學習者角色；學習者同樣擁有雙重的角色。譬如，老師將課程計劃（或教科書）的內容向學習者解釋他的看法，並透過問題質疑方式，讓學生去發現他們有興趣想學、但不甚了解的事物與認知，老師由學生的發問（思想後的行動），進而再思考，且發問問題。如此教師由教導退到被教，學生由被教進入教導，反覆質疑的結果，老師和學習者的關係成爲彼此互教的關係。存在於灌輸式教育法中師生關係的矛盾，也就迎刃而解了。

那麼，依據自由教育的原則，應如何擬定一套具體的教育性或政治性的課程計劃呢？首先須擬定課業計劃的目的，然後針對找出合乎此目的的現存具體的情況（取材於四周的環境），呈現給學習者，再把具體實況的某些矛盾提出編成問題，向學習者發問，並期待他們的反應與行動。教育者若按照此原則去擬定教材，則這個教材，不僅是依照教育者的經驗所設想的內容，而且是教育者與學習者一起互相對話、溝通、質疑以及探求而組織起來的有系統課程計劃。

在此我們討論一個方法論，即「主題的調查與研究法」（Theme Investigation）。此法研究、搜集人們對現實社會所持的各種不同意見、價値觀及希望，然後以辯證方式加以討論綜合，最後濃縮這些意見找尋出有代表性且和人們有密切關係的有意義主題，即是所謂的「塑成主題」（Generative Theme）。

主題的調查與研究方法，採用對話與溝通來貫穿全部的過程；爲了有效率地對話，教育者須具有語言與思想的素養以便判斷人們的思想和語言是否與現實聯繫關係。換句話說，當研究員（社會工作者）做調查研究時，必須分析該區人們的語言和思想是源起於何種意識，和現實有否聯繫，以及反映出什麼、象徵了什麼？

主題研究的過程中最主要的功能莫過於激發人們的思考能力，當人們尋求現實裡哪些是與己身有關係時，不得不自己思考；「我」不能爲他人思考，也不能讓他人爲「我」而思想。向人們啓蒙時，借用此方法最能激發人們投入現實世界，做更深入的批判性思考。

在此必須強調的是，主題是存在於人與現世之間，研究主題等於是研究人與現實世界的想法與行動。爲了引發人們對這個研究的興趣，這個研究過程最好能使一個社區裡的居民與研究員聯合進行共同研究（Co-investigation），社區裡的每一分子越能參與探求主題的研究，越能加深他們對自己以及現實的了解。

由上述可知，主題的調查研究實在是一種搜索的過程，知識的過程，也是創造的過程。

因此既經過啓蒙後，就不僅停留在自我對環境的洞察，同時了解要通過行動，準備自己爲解除人性化的障礙而奮鬥。把這些付諸於行動也就是進行革命。但在革命之前首先要有正確的革命態度與知識，以免重蹈統治者的覆轍。以下就分析革命應有的認知與態度，以及用何方法來輔助革命的完成。

對革命之應有認知及態度

一、該警戒的革命者

被壓迫者中必有少數是屬於智識上、經驗上先覺的人。這種人感受到精神和思想上被剝削的痛苦，遠超過物質上所能彌補的；他們對自由的嚮往，遠超出對自由的恐懼。他們找出被剝削的原因，並著手進行革命以解除自己以及多數被壓迫者的痛苦。但被壓迫者所受的教育是壓迫者刻意灌輸的觀念，所經歷的是壓迫者意識型態的社會。他們的意見、概念、希望與價值觀都是壓迫者教育下的產物。根據這些經歷、這些價值觀所建立的革命概念及方法，往往是走向剝削者所用的概念及方法。因此，很可能的結果是：這些革命者對自由解放的嚮往，往往變質爲對權力的嚮往。由於解放的手段變成解放的目的，因而改變乃成爲革命的最首要工作。

所以，當這一群自認爲革命志士的人，在一起從事工作時，很可能忘記出頭天的眞實目標，轉而成爲以權力鬥爭爲重、以解放爲次的團體。若以權力爲最高指標時，不僅著重於革命團體內外的權力鬥爭，且可能爲了爭奪統治的政治權力，不惜去犧牲理想與原則。革命者爲了保有或大或小的影響力（對內外而言）與地位，易於排除異己，不能容納批評的意見，躊躇自滿於個人的「魅力」，甚至於可能在壓迫者賜予權力的時候，爲了個人的政治野心出賣理想與原則。這種革命並不能算成功，因爲即使人民響應他們的號召，把壓迫者推翻，這些革命者極可能以同一套的駕馭術，來維護其權益，因此，也就順理成章成爲新的統治者、新的剝削者、新的壓迫者。這樣的革命，實際上是由人民去賣力奮鬥，但所得成果卻淪爲革命領導者所有，充其量只不過是私人革命（private revolution）而已。結果一次再一次的革命也就成了壓迫與被壓迫的循環、輪迴。

另外，還有一些不曾明顯受到壓迫的中上階層或一些壓迫者的同輩，爲爭取更多的自由，常加入被壓迫者的革命行列。他們從一個剝削者，或漠然的觀望者，亦且是剝削的繼承者的身分轉向被剝削者這一邊。極可能，他們仍帶有階級色彩的意識、偏見與缺陷，包括不信任人民去想、去要以及去做的能力。這些階級的變節者，一方面可能帶有壓迫者假慈悲式的作風，另一方面也有心改革不公義的社會。他們了解人民的重要性，但卻不信任人民。這一類的革命者，極易誤認他們的職責是在「領導」人民；視革命者是「勞心」分子，人民是「勞力」分子；革命者認爲他們配定了最好的處方，並且要人民跟著處方行事。這都是視人民爲「絕對的無知」、視人民如草芥的壓迫作風，這樣的革命也是「私人革命」。所以，眞正的革命須警惕這類型的參與者。

私人革命的手段未能超脫壓迫者慣用的方法，將人民視爲只會跟著吶喊口號者，利用條文、宣傳品，強化革命者權威以控制人民，並可能以假慈悲、假慷慨來獲得人民的支持。對這樣的革命，人民有兩種可能的反應：人民對革命者的號召感到威脅，威脅到他的現狀利益，且對於新的現況不能產生信任感；人民對革命者所灌輸的新內容無條件服從。前者的革命是不可能，後者的革命是一種幻覺。

二、自我啓蒙與啓蒙群衆

革命者雖然具有先覺的革命意識，但意識本身多少具有壓迫者所塑造的思想殘渣，爲了避免重蹈壓迫者的覆轍，仍須不斷地啓蒙自己，除了自我的啓蒙外，還要藉著啓蒙人民的機會來啓蒙自己。

革命者須了解，自己之所以能有一個堅強的信念——爲了解放必須奮鬥的堅信，是經由自己的認知，是用智慧判斷得來，而不是他人賜予的。這個堅信是親自體驗現實後，發現有矛盾處，並有志於改進它而獲得，也由於如此堅信才會萌芽。換句話說，這個堅信是不能包裝賣給別人的，它是靠完全的反思與行動（reflection & action）而得的。同樣的，被壓迫者亦須經過這種自我認知的過程，然後才萌生改善環境的信念。這時的問題是：革命者如何使一個被壓迫者不眞實且具分裂性格的「物」得到啓蒙而加入解放工作的陣營呢？

上述的被壓迫者所具有的雙重矛盾性格，使得他們的情緒有非常的依賴性，此點是解放行動中非常不利的地方。革命者須啓蒙他們去把壓迫者的陰影除掉，同時也要放棄自我的無力自卑感。但要期望他們會參與解放的工作，還要二個先決條件：使被壓迫者察覺，被壓迫的環境不是一個封死的斗室，僅是一個有限的環境而己，隨時可以打開枷鎖，可以加以改進；也就是必須將有限的環境變成解放的有利環境；使被壓迫者發現自己與壓迫者們存在著利害關係，如無他們，壓迫者不能存在，壓迫者並非他們想像中的那般神通廣大。若革命者此時利用人民依賴性之弱點，以壓迫者同樣的手段來操縱他們，或者以「革命的宣傳」強行灌輸人民對自由過分的信心，使人民完全將自己交託給革命者，以爲革命是革命者的事業而已，期望有一天革命者會將他解放。這樣勢必造成人民更大的依賴性。

要除去被壓迫者的依賴性，革命者啓蒙群眾的正確方法是什麼？最佳方法是與人民交談對話，使被壓迫者發現他們本身與壓迫者都是物化之人，爲了重新獲得人性，必須跳出「成爲物」的窠臼而去追求成爲「人性化」的人。經此交談與認知，他們產生了一個須爲自己解放成爲「新人」而努力的堅信意念，它不是革命者的恩賜，乃是經過自己 Conscientization 而來。此外，革命者也須加強認知解放的成功不是單靠自己，也不是單靠別人，而是被壓迫者全體共同的自我解放，且爲他人的解放而努力。

對話，既然是啓蒙工作中最重要的工具與手段，有什麼比和被壓迫者一同生活、一同工作、一同思想更能發揮對話的功效的呢？革命者本身的經驗和思想與人民有不盡相同處。而革命既是共同的事業，則不能剔除掉人民的反思與行動，因此，革命者唯有與人民一同生活、工作與思考，利用對話勇於檢討對自己的成就、錯誤、失策的判斷或困難之處，有雅量地接受批評與建議，革命者才能日趨成熟，下一次才能做出更機智的抉擇與行動。群眾對現實的體驗也經由革命者之理論與批判知識的滋潤和洗禮，漸漸地，變成眞實驗證的知識。求解放的信念愈堅強，願爲解放付諸行動的意志由此產生也愈堅強。

所以，無論處於解放革命中的何種階段，批判性、自由性的談論實在是行動的先決條件。而培養批判性、自由性談論的最有效方法是設計一種能讓革命者與人民共同參與的教育課程。當然有系統的教育課程不可能在政治奪權前實施，但是取得權力之前，仍可設計一些爲啓蒙而設的作業。在自由教育的啓蒙下，革命者與人民間的持續性對話溝通建立了。老師（革命者）不再是權威，學生（被壓迫人民）不再是盲從者，老師不再是懂得一切知識的權威，學生不再只是一無所知，只跟著老師所開的處方行事……於是老師已不能再操縱學生，因爲學生已是具有獨立意識的個人了。

有些革命者藉著種種理由，比如爲了鞏固革命，爲了擔保聯合陣線，或者爲了加速革命的進行，而拒絕在政治奪權之前與人民對話、商量；更甚者，提出：「人民沒有對話、批判的經驗」的藉口。這實在是革命者本身的自由恐懼感在作祟，是害怕人民，也是對人民缺乏信心的表現。若說革命者不能與人民對話，視人民過去無對話和批判的經驗，豈不是也斷言人民在奪權後也沒有法子做權力的主人嗎？當然這是極大的錯誤想法。一個革命團體如果在政治奪權前，處處用種種藉口替人民生活（live for）、替人民工作（work for）、替人們思想（think for），誰也不能擔保奪權後的革命者會與人民一同生活（live with），一同工作（work with），一同思想（think with）。如此的革命只能使人民的成熟，受限於壓迫統治時期的水準罷了。

一個宣稱獻身於人性解放職責的人，若不能進入人民中，而繼續以漠視的態度對待人民，這種革命是自欺欺人。一個革命者，在接近人民的時候，時常懷疑人民的表現與能力，且企圖以其身分來誇示他的地位，這種革命者仍未脫離壓迫者的意識。要成爲人民中的一分子，就要不斷地與被壓迫者交換思想與聯誼，這樣才能了解，在壓迫統治下人民的生活形態是如何。只有成爲人民中的一分子，並且信任人民，革命者才能結合廣大的被壓迫人民參與解放的革命事業，革命的組織才會活潑壯大。

三、革命的階段性

由上述的分析，我們清楚地了解到啓蒙的目的是爲了革命，革命的目的在解放被壓迫的人民，恢復人性尊嚴以建立公義的社會。那麼，咱們如何著手革命的工作？在此，咱們應認識一個眞實的革命具有下列的階段性。

⊙社會、文化變革（Socio-cultural Reformation）。

⊙政治奪權革命（Political power Revolution）。

⊙社會、文化改創（Socio-cultural Revolution）。

⊙社會、文化、政治、經濟重建（Socio-cultural-Political-Economic-Reconstruction）。

革命的初期，即社會文化變革時期，因爲被壓迫者受統治者的剝削，變成全無自我意識的「物」；人民的心裡尚存有統治者的形象，以致失去信心並恐懼自由，所以啓蒙的工作（Conscientization）重於一切。革命者必須藉基本的交談對話方式從文化行爲、意識著手，啓發人民觀察客觀的現實，認知壓迫的事實與改革的重要性。擬定教育性（問題質疑式）的教材計劃，以推展啓蒙工作。當人民意識到眞正的自我，驅除壓迫者在心裡的形象，恢復信心，並懂得思考，亦即人民的文化水準提高到某一成熟度時，必須鼓勵他們參與革命行列，革命的組織這時也才有強化的機會，此時也就是發動第二階段的政治奪權革命的時機。這個階段就壓迫者來說是政治權力的鬥爭，就獻身革命的人而言則是生命價值的鬥爭。革命組織更須加強與人民的溝通，接受批判，使革命者的行動反映出人民的行動，與人民結合成爲一股強大的反壓迫力量，則奪權的機會加速。此時革命者最須警戒的是不可因權力之誘惑而妥協或放棄其解放的終極目標。當革命者擁有權力時，最嚴重的問題是革命者若不具備智慧、果斷與勇氣，以做最成熟的判斷，常常容易被權力所惑，成爲新的統治者與壓迫者。

政治奪權後，革命者須領先開創社會、文化的改造。這一時期舊社會的文化殘渣仍會存在於社會的下層結構，一些被壓迫的意識仍舊遺留著。文化的改創就是要將人民所參與的活動（社會、文化）去腐革新、掃蕩腐朽的文化殘留。進行革命性的改進。啓蒙工作仍須加強，大多數人在自由教育下，從被動形態逐漸主動地參與政治和社會的種種活動，行使他們應有的權力；並繼續批判性的活動，以維護自己，反對集團統治和思想文化的侵略。即使職業訓練也成爲倡導新文化的工具，各種職業的訓練方式，都與以前不同，必須以解放的概念爲出發點。科學與技藝的發展在新文化社會裡都應致力於有益人性的解放。

最後第四階段，社會、文化、政治、經濟重建工作，就是要努力實現革命之終極目標。以改創後的文化爲基礎，政治上人人有直接參與的機會，經濟上有高度的發展性，達到富庶、繁榮的社會；文化上的創造力求獨特的新形態，推行自由教育；社會上去除任何階級制度，及剝削、奴化殖民意識，建立一個主權獨立的國家。這樣的革命才是眞正成功的革命。

（轉載自《台獨》季刊第6期，1983年夏。）

第12章

淺談盧梭及洛克的民權思想——兼論人民抵抗權

淺談盧梭及洛克的民權思想[1]──兼論人民抵抗權

洪哲勝・吳志剛

一、前言

為區別官治及民治，孫文認為：「欲知主權在民之實現與否，不當於權力之分配觀之，而當於權力之所在觀之。權在於官，不在於民，則為官治。權在於民，不在於官，則為民治。」[2] 為了具體點出「權在於民」的實質，他進而指出：「民國之主權在人民，人民以為可則可，人民以為否則否。」[3] 換一句話說，不管實行的是直接民權、間接民權、還是兩種民權的混合制，追根究底，人民在實質上掌有決定權的，才算是主權在民，才算是民治。

不妨採用這一個簡單的標準來評估台灣的民權現況。

制定法律的是三十幾年來不曾改選而只增補選一小部分的立法委員。他們長期沒有改選，不需要人民定期用選舉來

1 《台獨》季刊第五期，1983。

2 孫文：《中華民國建設之基礎》；轉引自秦孝儀編《國父思想學說精義錄》；正中書局，1976 年 11 月 12 日出版；第 170 頁。

3 孫文：《報界應鼓吹借款修築鐵路》轉引自秦孝儀編《國父思想學說精義錄》，第 170 頁。

評定認可他們的表現。因此，他們不必依照人民的意見來制定法律，只是討好他們的老闆——支付他們重金並維持他們特權的統治集團。

選舉行政首長（總統）的也是三十幾年不曾改選而只增補選一小部分的國大代表。他們長期沒有改選，不需要人民定期用選舉來評定認可他們的表現。因此，他們不必考慮人民的喜惡，而再三圈選他們的衣食父母——支付他們重金並維持他們特權的統治集團。由法治集團的代表（總統）所任命的行政院，當然更沒有理由把人民當主人了。

司法、監察方面，也存在著同樣的現象。

可見，在台灣說是說否的不是人民，而是站在人民頭上的統治集團。這是「權在於官，不在於民」；是「官治」，而不是「民治」。雖然統治集團再三宣稱「台灣是三民主義的模範省」，台灣的民權就是不及格！民權革命現在還要再進行下去！五十八年前孫文「現在革命尚未成功」的遺言，[4] 直到現在還有效！

正因此，我們願意在這裡談談民權思想，並探究人民抵抗權——這個使革命爲正當行動的權利。

二、孫文－盧梭－洛克

提到民權思想，孫文不得不提盧梭（或譯爲盧騷）。孫文

4 孫文：《遺囑》（1925 年 3 月 11 日）。

不同意盧梭有關社會契約起源於自然狀態的說法；但卻認爲「他的民權主張，剛合當時人民的心理，所以當時的人民便歡迎他」；同時，「因有他的民權思想，便發生法國革命。」[5] 一場革命的發生一定有它發生的社會條件，不可能僅僅因爲有某人的思想而爆發。因此，孫文的說法未免言過其實。然而，盧梭的民權思想給法國革命提供了理論基礎，起過重大的影響，卻也是不能加以否認的。

然而，出生在二百七十一年前（即1712年）的盧梭，其《社會契約論》的民權思想並不是憑空忽然想出來的。比他早生八十年的洛克，早已在他的《政府論下篇》提到「社會契約」的思想。盧梭自己也承認：「尤其洛克，是以完全和我一樣的原則處理了和我一樣的題材。」[6]

三、產生洛克民權思想的環境

事實上，洛克的民權思想也並不是憑空幻想出來的。都是社會發展過程中的產物，被社會存在所制約。[7]

早在洛克出生前二十五年（即1603年），環境就已經不再讓英王詹姆士一世說出「朕即天下」的話了。他曾經對當時的議會說過這樣的話：「我將永遠以公眾和整個國家的福

5 孫文：《三民主義・民族主義・第一講》。

6 盧梭：《山中書簡》第六封。

7 關於意識形態對社會存在的反作用，請參考洪哲勝：《經濟基礎及上層建築》、《台獨》季刊，第三期，1982年秋，第82-87頁。

利爲重來制定好的法律和憲法，而不著眼於我的任何特殊的私人的目的；……一個有道之君和一個篡奪的暴君之間突出的和最大的差別就在於：傲慢的和懷有野心的暴君認爲他的王國和人民只是受命來滿足他的願望和不合理的貪欲的；有道的和正直的國王都與此相反，認爲自己是受命來爲人民謀取財富和財產的。」[8]詹姆士一世雖然還站在「君權神授」的立場，但他已不得不公開向人民表明，他要做一個「以公眾和整個國家的福利爲重」的「有道之君」；而不做一個「篡奪的暴君」！

六年後，詹姆士一世又不得不從「君權神授」的立場退卻了。他這麼向議會演說：「在一個安定的王國內，每一個有道的國王都必須遵守他根據他的法律與人民所訂立的契約，並在這個基礎上按照上帝在洪水之後和挪亞訂結的契約來組織他的政府。……一旦不依照他的法律來進行統治，就不再是一個國王，而墮落成爲一個暴君了。」[9]詹姆士一世在這裡公開表明，他「必須遵守他根據他的法律與人民所訂立的契約」；否則，他「就不再是一個國王，而墮落成爲一個暴君」——人人得而誅之的「獨夫」！

洛克的民權思想正是在這種環境醞釀、生長出來的。

8 轉引自洛克：《政府論下篇》第 203 節。

9 同上。

四、洛克的民權君主制

民權思想在洛克的時代已經萌芽，但還沒有茁壯。所以，那時的民權思想並不排除君主制。正因此，強調民權的洛克，也沒有堅持民主制。

洛克認爲國家的「最高權力機關」就是立法機關；這個機關的權力必須來自人民「共同體」大多數人的授權。由於立法機關運用其權力的方式有所不同，政府的形成可以是多種多樣的：人民「共同體」就是「可以隨時運用全部權力來爲社會制定法律，通過他們自己委派的官吏來執行那些法律，因此這種政府形式就是純粹的民主政制；或者，如果把制定法律的權力交給少數精選的人和他們的嗣子或繼承人，那麼這就是寡頭政制；或者，如果把這權力交給一個人，那麼這就是君主政制；如果交給他和他的嗣子，這就是世襲君主制；如果只是交給他終身，在他死後，推定後繼者的權力仍歸於大多數人，這就是選任君主制。因此，依照這些形式，共同體可以就他們認爲適當的，建立複合的和混合的政府形式。如果立法權起初由大多數人交給一人或幾人僅在其終身期內或一定限期內行使，然後把最高權力仍舊收回，那麼，在權力這樣重新舊屬他們時，共同體就可以把它重新交給他們所屬意的人，從而組成一個新的政府形式。」[10] 也就

10　洛克：上引書第 132 節。

是說，民權思想要求政府由人民「共同體」授權來成立。只要人民高興，人民當然也可以選擇君主制。洛克這樣子給君主制鋪路。

洛克並不認爲只有君主制才會出現暴政。他說：「若以爲這種缺點只是君主制所特有，那是錯誤的；其他的政體也同君主制一樣，會有這種缺點。因爲權力之所以授與某些人是爲了管理人民和保護他們的財產，一旦被應用於其他目的，以及被利用來使人民貧窮、騷擾他們或使他們屈服於握有權力的人的專橫和不正當的命令之下時，那麼不論運用權力的人是一個人還是許多人，就立即成爲暴政。」他並舉出下面的事實來做例證：「羅馬的十人執政者不能令人忍受的統轄，也不見得比較好些。」[11] 洛克這樣論證，當然是爲了引導人們去相信，和其他政制相比較，君主制並沒有什麼特別壞的地方。

洛克的《政府論下篇》是 1689 年出版的。出版這本書的目的在爲一年前所發生的「光榮革命」提供理論基礎。在這次革命中，輝格黨程托利黨把暴君詹姆二世那個信仰新教的女兒瑪麗和她丈夫威廉，從荷蘭迎接回來承繼王位。洛克這種由人民共同體授權的君主制理論，一方面保留了君主制，另一方面實行虛君政制，使代表資產階級及新貴族利益的政黨，得以限制王權，並通過議會掌握最高權力。

11　洛克：上引書第 201 節。

五、盧梭的社會契約論

盧梭出生在日內瓦共和國。十六歲時，他離開自己的故鄉。但後來，他回去過幾次，並且經常和日內瓦著名的公民保持通信聯繫。

他曾經把自己的名著《論人類不平等的起源和基礎》，獻給日內瓦共和國，並且熱情地加以歌頌道：「我在研究良知對一個政府的制度所能提供的最好準則時，看到這些準則都為你們的政府所實行，我是如何地激動！」接著又指出：「我覺得你們是世界各族人民中享有政府的種種利益而又最善於防止政府的弊竇的人民。」在《論政治經濟學》中，他也讚美日內瓦說：「為了在這裡提出一個良好政府的經濟制度，我常常把目光轉向這個共和國的政府。我榮幸地在我的祖國找到了明智和幸福的範例，我願意看到這種明智和幸福在一切國家內盛行。」[12]

很不幸地，日內瓦政治制度一切美好的原則後來被少數特權階級破壞了。他們篡奪了人民的立法權。老年的盧梭對這些篡奪充滿憤怒。在一些書信中，他揭露了那些「最高明、最受人尊敬、掌握最高權力的執政者」的暴虐和偽善。正是這些他過去所稱頌的、並且把自己的著作獻給他們的

12 參見（蘇聯）勃涅姆・別爾納狄涅爾：《盧梭的社會政治哲學》中的第一篇論文：〈產生盧梭哲學的社會經濟條件〉。

人，把他的名著《社會契約論》當作禁書、加以焚燬！難怪他要向日內瓦的朋友埋怨道：「沒有比你們的法律的原則更自由的了，也沒有比你們現在的狀態更帶奴隸性的了。」[13]

和洛克一樣，盧梭也從自然狀態出發，認爲全體個人結合成一個政治體或共和國，是基於下面的「社會公約」：「我們每個人都以其自身及其全部的力量共同置於公意的最高指導之下，並且我們在共同體中接納每一個成員作爲全體之不可分割的一部分。」[14] 有了社會契約，人類就由自然狀態進入社會狀態。既然如此，「立法權力是屬於人民的，而且只能是屬於人民的。」因爲，每一個人民個人，都是「主權者的一個成員」。至於政府，它乃是「一個適當的代理人」，其存在的目的在於使「公共力量」「按照公意的指示而活動」，同時也「可以充當國家與主權者之間的聯繫」。盧梭慎重地指出：「政府和主權者往往被人混淆，其實政府只不過是主權者的執行人。」[15]

那麼，「負責執行法律並維持社會的以及政治的自由」的執政者合法運用行政權力時，人民必須服從他，這根據的是什麼道理呢？是不是人民和執政者之間有契約要求人民服從呢？盧梭明確地指出：「那種行爲絕對不是一項契約」，「那完全是一種委託，一種委用」。「在那裡，他們僅僅是

13 盧梭：《山中書簡》第六封。

14 盧梭：《社會契約論》第1卷第6章。

15 盧梭：上引書第3卷第1章。

主權者的官吏，是以主權者的名義在行使著主權者所托付給他們的權力，而且只要主權者高興，他就可限制、改變和收回這種權力。」[16]須知，訂立契約的任何一方是不能憑一己的「高興」隨時來毀約的。盧梭認爲人民共同體是主權者，他憑自己的意志把行政權力「委託」給官吏，可以憑一己的「高興」把這些權力收回！這種民權思想是很寶貴的。

在論證「政府若要成爲好政府，就應該隨著人民數目的增多而相對地加強」以後，盧梭立即指出：「另一方面，既然國家的擴大給予公共權威的受託者以更多的誘惑和濫用權力的辦法；所以越是政府應該有力量約束人民，則主權者這方面也就越應該有力量來約束政府。」道理是很淺顯的，因爲，本質上「國家是由於它自身而存在的，但政府則只能是由於主權者而存在的」。可以「爲人民而犧牲政府」；不可以「爲政府而犧牲人民」。[17]

盧梭的社會契約論，把主權在民的觀點表露得一清二楚。

六、篡奪主權的政府是叛亂者

洛克和盧梭都同樣注意到政府有可能篡奪人民共同體的主權，使自己從受委託者的身分，變成人民的主人。他們都

16　盧梭：上引書第 3 卷第 1 章。

17　同上。

明白指出：當政府篡奪主權時，政府便是「造反」，「而成爲眞正的叛亂者」。[18]

洛克認爲政府在下列四種情況下「改變了立法機關」，使自己和主權者對立起來：

（一）哪個人或君主把他的專斷意志來代替立法機關所表達的作爲社會意志的法律；

（二）君主阻止立法機關如期集會或自由行使職權以完成當初組織它的那些目的；

（三）君主使用專斷權力，未經取得人民的同意並與人民的共同體利益相牴觸，而變更了選民權或選舉的方式；及

（四）君主或立法機關使人民屈服於外國的權力。

政府在上述四種情況之一都會解體；而解體的罪過在於篡權的君主。洛克進一步解釋道：「因爲他擁有國家的武力、財富和機構供他運用，並且他往往自信，或由於別人的奉承而認爲身爲元首就毫無羈絆，所以只有他才能以合法職權爲藉口來大幅度地進行這種改革，而且他還能把反對者當作犯有分裂、叛亂的罪行和政府的敵人來加以恫嚇或鎮壓。」[19]

當執政者採用上述方式之一使政府解體時，「人民就可以自由地自己建立一個新的立法機關，其人選或形式或者在

18 洛克：上引書第 226 節。

19 洛克：上引書第 214 ～ 218 節。

這兩方，都與原先的立法機關不同，根據他們認爲那種最有利於他們的安全和福利而定。」洛克進一步指出：「他們不但享有擺脫暴政的權利，還享有防止暴政的權利。」[20]

洛克認爲，「當立法機關和君主這二者的任何一方在行動上違背他們的委託的時候」，政府也會解體。對於立法機關，他指出：「因爲絕不能設想，社會的意志是要使立法機關享有權力來破壞每個人想通過參加社會而取得的東西，以及人民爲之使自己受制於他們自己選任的立法者的東西；所以當立法者們圖謀奪取和破壞人民的財產或貶低他們的地位使其處於專斷權力下的奴役狀態時，立法者們就使自己與人民處於戰爭狀態，人民因此就無需再予服從，而只有尋求上帝給予人們抵抗強暴的共同庇護。」也就是說，「這一權力（指立法權－引者按）便歸屬人民，人民享有恢復他們原來的自由的權利，並通過建立他們認爲合適的新立法機關以謀求他們的安全和保障」。[21]

對於最高執政者（君主）來說，上面的說法也是適用的。洛克說：「假使他運用社會的強力、財富和政府機關來收買代表，使他們服務於他的目的，或公然預先限定選民們要他們選舉他曾以甘言、威脅，謊言或其他方法收買過來的人，並利用他們選出事前已答應投什麼票和制定什麼法律的人，那麼他的行爲也違背了對他的委託。」「佈置這樣的御

20　洛克：上引書第 220 節。

21　洛克：上引書第 222 節。

用會議，力圖把公然附和自己意志的人們來代替人民的眞正代表和社會的立法者，這肯定是可能遇到的最大的違信行爲和最完全的陰謀危害政府的表示。如果再加上顯然爲同一目的而使用酬賞和懲罰，並利用歪曲法律的種種詭計，來排除和催毀一切阻礙實行這企圖和不願答應和同意出賣他們的國家的權利的人們；這究竟是在幹些什麼，是無可懷疑的了。」[22]

盧梭也注意到君主對於人民共同體的主權的篡奪。他指出：由於人民賦予君主巨大的權利，「君主才得到了極大的方便，可以不顧人民而保持自己的權力，人們還不能說他是篡奪了權力。因爲君主表面上似乎只不過是在行使自己的權力時，非常容易把它們擴大，並以公共的安全爲藉口來禁止那些旨在重建良好秩序的集會；從而他便可以利用一種不容打破的沉默，或者是利用他所製造的不正常的狀態，來假定那些因恐懼而緘默的人都是表態在擁護他，並且對那些敢於講話的人進行懲罰。（羅馬的）十人會議就是這樣的：起初他們當選的任期是一年，嗣後又延長一年，終於便不再允許人民大會集會，以期永世保持他們的權力。世界上的一切政府，一旦假之以公共力量之後，遲早都是用這種簡便的方法來篡奪主權權威的。」[23]

爲了進一步說明政府叛亂的概念，洛克指出：「因爲，

22　同上。

23　盧梭：上引書第 3 卷第 18 章。

人們由於參加社會和組織公民政府已經排除了強力，並採用法律來保護他們的財產、和平和他們之間的統一，這時凡是違反法律重新使用強力的人，就是實行造反——即重新恢復戰爭狀態——而成爲眞正的叛亂者。」[24]「不論是立法機關有所改變還是立法者在行動上違背了當初他們被任命的目的，犯有這種罪行的人就是犯了叛亂罪。」在解說「那些用強力廢除立法機關的人是叛亂者」的原因以後，他進一步指出：「爲了保護和保衛人民、他們的權利和財產而設置的立法者，一旦用強力侵犯並力圖廢除這些權利和財產時，就正如上述那樣，也只能同樣被看作叛亂者」，而且，「他們眞正是罪加一等的叛亂者。」[25]

一般人只知道會有從事造反、叛亂的人民，沒有想到也會有從事造反、叛亂的政府；而且，因爲大權在握，政府要造反、叛亂，不但來得容易，而且爲害更大！大家一定很熟悉盧梭和洛克在兩、三百年前所描繪政府篡奪主權的方式。或許有人會認爲他們描寫的正是今日的台灣呢！當蔣家政權藉口中美建交而終止那場進行中的選舉時，林義雄在一次黨外的聚會當中，義憤填胸地宣稱：國民黨是一個「叛亂團體」！這並不是一句失去理性的氣話，而是一個又勇敢、又一針見血的指控！

24　洛克：上引書第 226 節。

25　洛克：上引書第 227 節。

七、人民的抵抗權

當人民共同體（國家）的主權被最高執政者或立法者們篡奪時，人民當然可以收回他們交給政府的行政權力，用革命的手段來擺脫暴政。然而，「如果人們在完全處於暴政之下以前沒有逃避暴政的任何方法，他們就不能免遭暴政的迫害。因此，他們不但享有擺脫暴政的權利，還享有防止暴政的權利。」[26] 換一句話說，「暴政尚在計劃中時就已容許反抗。」[27] 然而，誰才有資格來制斷君主或立法機關的行爲是否辜負他們所受的委託呢？洛克認爲，「人民應該是裁制者」。[28]

對於上述的情況，盧梭指出：「從政府篡奪了主權的那個時刻，社會公約就被破壞了；於是每個普通公民當然地又恢復了他們天然的自由，這時他們的服從就是被迫的而不是有義務的了。」[29] 換一句話說，只要政府篡奪了主權，人民就不再有義務服從它；相反地，人民恢復了天然的自由，可以推翻政府，重訂新約。

人民的抵抗權在這裡得到充分的論述。

26 洛克：上引書第 220 節。

27 洛克：上引書第 239 節。

28 洛克：上引書第 240 節。

29 盧梭：上引書第 3 卷第 10 章。

八、美國「獨立宣言」中的抵抗權

以這種「社會契約論」爲理論基礎，美國人民在有名的《獨立宣言》中指出：「我們認爲這些眞理是不說自白的，所有的人生而平等，他們由其創造者賦與若干不可剝奪的權利，其中有生命、自由及追求幸福；爲了取得這些權利，人類才在他們之間建立政府，而政府之正當權利是從被統治者的同意中產生出來的；任何形式的政府，當它對於這些目的有損害時，人民便有權利將它改變或廢除，以建立一個新政府，新政府所依據的原則和用以組織其權力的方式，必須使人民認爲這樣才最可能獲致他們的安全和幸福。依照明愼的考慮，一個長久建立的政府不當爲了輕微和暫時原因而予以變更。因此過去一切的經驗也都說明，任何苦難只要是還可以忍受的，人類都還情願忍受，而不願藉取消其久已習慣的政府以求自救。但是等到一連串的暴虐與掠奪，全都在追求一個同一的目標，證明了政府的全部企圖，只是要把人民置於絕對的專制之下時，那麼人民就有權利，也有義務，去把這個政府推翻，而爲他們未來的安全制定新的保障。」美國人民就這樣論證了他們的抵抗權。

在這個基礎上，他們接著指出：「這就是我們這些殖民地以往忍耐的經過，也就是我們現在不得不改變過去的政府制度的原因，大不列顚現任國王的統治是一連串傷害和掠奪的記錄。這些暴行的唯一目標，就是想在我們各邦之上建立一個專制的虐政。」他們進一步羅列了英王一系列的暴政，來證明美國人民獨立革命有理！

美國《獨立宣言》以人民的抵抗權來製造革命的輿論，在革命過程當中起了強有力的促進作用。

上引的這些理論，很多是從洛克的理論直接借用來的。譬如說，洛克就曾經說過：「這種革命不是在稍有失政的情況下就會發生的。對於統治者的失政、一些錯誤的和不適當的法律和人類弱點所造成的一切過失，人民都會加以容忍，不致反抗或口出怨言的。」他也說過：「但是，如果一連串的濫用權力、瀆職行爲和陰謀詭計都殊途同歸，使其企圖爲人民所了然——人民不能不感到他們是處於怎樣的境地，不能不看到他們的前途如何——則他們奮身而起，力圖把統治權交給能爲他們保障最初建立政府的目的的人們，那是毫不足怪的。」[30] 由這些類似的說法，咱們不難看出：《獨立宣言》的撰寫受到洛克理論很大的影響。

九、結語

洛克和盧梭的民權思想是社會發展過程的產物，它們反過來對於後來的社會發展起過重大的作用。

30　洛克：上引書第 225 節。

從社會發展史的考察可以知道，[31] 歷史上並不存過先民在自然狀態中通過社會契約來建立政府的史實。洛克和盧梭試圖通過社會契約論來論證人民的抵抗權，是沒有歷史根據的。這正如「人生而平等」的命題，與現實並不符合。

然而，當社會被暴君或專斷的一小撮人所統治時，人們爲了正當化、合理化他們的革命，人們當然寧可相信社會契約論，認爲在政府違背契約簒斷主權時，人民可以收回委託給政府的行政權力，並進行一場革命！而這樣子的認識儘管並不符合歷史事實，卻也在社會發展史上提供了正面的推動力。

當今，廣大人民的文化程度已經越來越高，人民已經很自然地把自己當作社會、國家的主人。在這種情況下，「人民有抵抗權」的提法，一點兒也不會因爲歷史上沒有存在過社會契約的史實而失去價值。對多數人來說，今天來訂立這個契約正是時候！

洛克和盧梭的這種民權思想，已經在美國獨立革命、法國大革命、以及其後的歷史起過巨大的作用。對於一些民權受到忽視的國家，它仍然會繼續起它重大的作用。歷史將證明：在任何國家，或者是政府按照人民的意願辦事，或者是人民實行革命來建立這樣的政府，兩者必取其一！──台灣當然也不會例外。蔣家政權三十幾年來的表現，已經迫使台灣人民別無其他選擇，人民必將揭竿而起，遂行抵抗權以求

31　李永光：《社會發展史》、《台獨》季刊第3期，1982年秋，第63-75頁。

自救！

（1982.2.28 初稿；1983.6.1 四改定稿）

第13章
社會發展的規律

社會發展的規律[1]

洪哲勝．黃再添

社會是由人組成的。然而，組成社會的人，不是僅僅具有生物本能的、抽象的、孤立的人類個體，而是社會化了的人。他們具有意識能力，不但能夠反映客觀存在，而且能夠通過實踐來改造自然界（自然環境）、人類社會（人爲環境）、乃至人類自身。他們一生下來就和別人發生聯繫，並在既存的社會關係中擁有特定的地位。[2] 正因爲如此，在人類歷史上，各地區的社會呈現顯著異乎尋常的多樣性和複雜性。

儘管如此，人類經驗卻也有他們的一致性。美國著名的民族學家摩爾根指出：「人類的經驗差不多都是採取類似的路徑而進行的；在相同的情況中人類的需要基本上是相同的；由於所有人類種族的腦髓機能是相同的，所以人類精神活動原則也是相同的。」他又指出：「人類的心靈，在人類所有的部落及民族中的個人間都是一一相同的，他的能力範圍是限制了的，只能在同樣一致的途徑中。即在變異性極其

1 本文原刊登於《台獨》季刊第三期，1982 年秋。

2 有關「社會化了的人」的概念，參見馬克思：《關於費爾巴哈的提綱》收於《馬克思恩格斯選集》（下略為《選》），第一卷第 16 至 19 頁。

狹小的限制內去活動，而且必須如此去活動。」[3] 法國社會主義者拉法格也指出：「由人們逐漸創造出來的人爲環境或社會環境的各種不同的樣式在自身構造的高度和複雜程度上彼此有所區別；然而在自己發展的同樣水平和同樣的複雜程度的條件之下，社會環境的樣式是彼此很相像的，不管創造他們的人種如何，也不管他們依以發展的地理條件如何。因此，雖然人類繼續遭受到各種自然環境的不同程度影響，他們同時也受到同樣的人爲環境的無差別的影響，這人爲的環境引起各種的差別的減少和引起同樣需要，同樣利益，同樣情慾和同樣智力的發展。」[4] 正因爲如此，各地區的人類社會儘管存在著先進和落後的差別，儘管存在著個別的、細節上的差異，他們基本上「差不多走著同一的道路」。難怪馬克思要指出：「工業較發達的國家向工業較不發達的國家所顯示的，只是後者未來的景象。」[5] 在人類社會與社會之間的交往日益密切的今日，這種現象尤其來得明顯。

正是由於上述人類經驗的一致性，百萬年來人類社會依循著一定的發展規律，經歷了並分別處於下列幾個不同的發展階級的形式：原始共產社會、奴隸制社會、封建社會、資

3 摩爾根：《古代社會》第 10 及第 437 頁；楊東原、張栗原、馮漢驥譯，上海商務印書館，1972 年 12 月新 1 版，1027 頁。

4 拉法格：〈卡爾·馬克思的歷史方法〉，《思想起源論》第 30 頁，王子野譯，生活、讀書、新知三聯書店，1963 年 2 月第 1 版，228 頁。

5 馬克思：《〈資本論〉第一卷第一版序言》，《選》第二卷第 206 頁。

本主義社會、以及社會主義社會。[6]認識並掌握下列四條社會發展的規律將大有助於咱們自覺地、主動地、（在眞正意義上）自由地改造並推動自己所屬的社會：

一、社會經常變動不居；

二、社會本身具有變動發展的力量；

三、外力、意識對社會變動發生作用；

四、社會主義社會必定到來。

一、社會經常變動不居

世界上的任何事物在大多數情況下看起來往往看不出有什麼變易。然而，宇宙間的一切事物隨時都處在變易過程之中，早在兩千五百年以前，就有一些比較有觀察力的哲學家明白指陳這個事實。例如，古希臘的赫拉克利特說：「我們不能兩次踏進同一條河，他散又聚，合而又分。」又說：「踏進同一條河的人，不斷遇到新的水流。」對於那看來彷彿以同樣面目每日出沒的太陽，他也指出：「太陽每天都是新的，永遠不斷地更新。」[7]比赫拉克利特年紀大二十歲左右的釋迦牟尼，也用「成－住－壞－空」的理論來觀照宇宙

6　社會發展史的史實部分參見李永光：《社會發展簡史》、《台獨》季刊第3期第63-75頁，1982年秋；亦可參見王同勛等編著：《社會發展簡史》；北京人民出版社，1980年10月第1版，324頁。

7　第爾斯編：《蘇格拉底以前哲學家殘篇》，1912年柏林出版。轉引自北京大學哲學系外國哲學史教研室編譯：《西方哲學原著選讀》（上卷），第23頁；上海商務印書館，1981年6月第1版，532頁。

萬物的「生存－存在（發展）－衰壞－消亡」的變易過程。

人類社會經歷了原始共產社會、奴隸制社會、封建社會、及資本主義社會，有一些並且已經在社會主義社會的道路上摸索前進。任何特定社會在任何時期，無時不處在變易流逝之中；以新的面目揚棄自己、否定自己。人類社會往往長期採取某一特定的社會型態，期間，社會的變易進展是緩慢的。咱們把這種過程稱爲量變過程。當社會量變到一個階段，諸種條件配合完備，量變過了度，社會就在相對較短的期間變易爲另一個在本質上與原來社會大不同的新型社會。咱們把這種過程稱爲質變過程。

換一句話說，人類社會和其他任何事物一樣地經常變動不居；而且變動時一樣遵守「量變質變律」，以新的過程來否定舊的過程，並因而辯證地自我發展。

「社會經常變動不居」這規律看起來很平常，也容易接受。然而，當咱們在分析社會時，往往把它遺忘了。譬如說，人們往往認爲資本主義的私有制是天經地義的，不但古已有之，而且也將永遠維持下去；人們也往往把民族、國家當作永恆存在的聖物。事實上，私有制、民族、國家都不得不經歷他們「生成－發展－衰壞－消亡」的生滅過程。只有這樣來理解宇宙的事物，咱們才能正確地改造社會及自然。

二、社會本身具有變動發展的力量

人是製造和使用工具的動物。在求生的過程中，人通過勞動改進生產工具、積累生產經驗和技術、擴大勞動對象的範圍；也就是說，人經常不斷發展他們的生產力。不同發展程度的生產力，制約了人類社會所能採取的組織形式；在生產方面，則制約了人們所能採取的生產關係。譬如說，當人們還處在使用天然木棒和天然石塊時，人們不得不主要依靠採集植物果實和根塊維生，而過著原始人群的流浪生活。當人們改進了生產工具，學會了把木棒的一頭磨尖成槍，把石塊敲打磨製成石刀及石斧，學會了製造弓箭、羅網、梭標，人們就能夠獵獸、捕魚，並進而從事畜牧及簡單的農耕。

但因爲生產力低下，人們不得不共同勞動來從事少數人辦不到的生產工作，並對付大自然及大野獸的威脅。由於這些原因，人們只能過著原始共產公社的生活：人們共同擁有生產資料、共同生產、共同消費生產品。人們所以會選擇和生產力相適應的生產關係，當然是因爲他們所選擇的生產關係，對那時的生產力起著發展的作用。然而，生產力不斷地相對快速發展，生產關係卻只能相對緩慢地被人們加以調整。終有一日，這個社會型態「所能容納的全部生產力」都已發揮出來，「社會的物質生產力發展到一定階段，便同他們一直在其中活動的現存生產關係或財產關係（這只是生產關係的法律用語）發生矛盾」，「於是這些關係便由生產力的發展形式變成生產力的桎梏」。[8]於是，社會革命發生，生

8　馬克思：《〈政治經濟學批判〉序言》，《選》，第 2 卷第 82 至 83 頁。

產關係、從而社會形態發生本質的改變，使自己再一次適應發展了的生產力。以原始共產社會的末期爲例來說，當時每個人平均的生產力大約僅夠個人維生，別人無法對他加以剝削，因此也就不存在著人剝削人的現象。

這時，人們把抓來的俘虜殺死，而不把他們當作奴隸使用。生產力的進一步發展，使得農牧分工，人們開始交換產品，同時也促使家庭取代氏族成爲生產的單位，並擁有私有財產。這時因爲每個人平均的生產力已經能夠生產出多於個人自己維生吃用所必須的產品，也就是說，個人已經可以生產剩餘產品，可以供別人剝削了；因此，有些人開始把俘虜和氏族內破產的家庭成員當作自己家庭的私產——奴隸，來從事大規模的生產及其他勞動。

換一句話說，當時的生產關係（共同生產、共同消費等）已經成爲當時生產力的桎梏，要有效地發展生產力，以便從事大規模的生產活動，舊的生產關係非突破不可。於是，人們不自覺地變革了自己的社會，在相對較短的時間內，社會型態由原始共產社會躍進入奴隸制社會——原始共產社會經過長時期的量變過程，終於在相對較短的期間內質變爲奴隸制社會了。[9]

人類社會已經經歷、並且個別處於原始共產社會、奴隸

9 社會發展史的史實部分參見李永光：《社會發展簡史》、《台獨》季刊第3期第63-75頁，1982年秋；亦可參見王同勛等編著：《社會發展簡史》；北京人民出版社，1980年10月第1版，324頁。

制社會、封建社會、資本主義社會、以及社會主義社會。[10] 任一型態的社會都經歷了，或正在經歷著「生成－發展－衰壞－消亡」的過程，在揚棄了自身之後，發展進入更高級的社會。在一切過程中，「生產力－生產關係」這對矛盾的對立與統一，自始至終扮演著推動社會量變及質變的角色，是社會自我發展的內在根據。

爲了強調「生產力－生產關係」這對矛盾在社會量變及質變過程中所引起的決定性作用，馬克思指出：「無論哪一個社會型態，在他們所能容納的全部生產力發揮出來以前，是絕不會滅亡的；更新的更高的生產關係，在它存在的物質條件在舊社會的胎胞裡成熟以前，是絕不會出現的。」[11] 對於一個相對孤立的、不受外力強制干擾的社會，馬克思的這一論斷無疑是正確的。

社會變動發展的力量，往往被歸因於思想家或英雄人物。社會發展的速度及形式，無疑地受到思想家及英雄人物的影響，但是這些影響如果沒有社會變革的物質基礎，即「生產力－生產關係」這對矛盾的相當激化——是無法使社會發生重大變革的。意識到這條規律，人們才能更加自覺地改造社會。

10 同上。

11 馬克思：《〈政治經濟學批判〉序言》，《選》，第 2 卷第 83 頁。

三、外力、意識對社會變動發生作用

生產力的進一步發展促使相對孤立的社會之間加強接觸，並增加相互之間的影響。失去孤立性的社會，就有可能在它的特定形態「所能容納的全部生產力」尚未「全部發揮出來以前」，被另一個社會所強制「滅亡」，而發展出「新的更高的生產關係」。

古羅馬帝國的奴隸制社會因日耳曼人的入侵而提前覆滅。非洲多數原始共產社會因白人的入侵而偏離自然發展的道路。台灣高山各族的原始共產社會以及早期漢人移民的拓荒者社會，多次受到外來政權的干擾，在社會發展史上也留下一次又一次被強制變動的痕跡。

此外，由於人的意識活動能力提高，加上全世界性經濟、文化交流的體現，先進革命思潮的大幅度傳播，也使得一些革命家在不成熟的條件下，「人為地」推動社會革命——在一個社會「所能容納的全部生產力發揮出來以前」，就「人為地」強行滅亡該社會。中國的辛亥革命顯然並不是封建社會充分發展後的自行衰壞及消亡。相反地，是一些革命家從外社會吸收並接受了資產階級民族民主革命的思想所發動的。包括蘇聯、中國在內的諸多社會主義國家的社會革命，也都不是各該社會資本主義充分發展後的自行衰壞及消亡。

相反地，是一些左派革命家從外社會吸收並接受了社會主義革命的思想所發動的。這些社會若不是直接建立在封建社會的廢墟上面，就是當資本主義在封建社會的母胎中還沒有完全成形（更不用說成熟）時，突然飛躍過去的。這是社會意識對社會存在的巨大反作用的好例子。

當一個社會或者由於被外力入侵、或者由於受到社會意識的強大反作用而被「人爲地」被強制地加以變動時，新的統治階級並不能隨心所欲的胡亂採行新的生產關係而不遭受失敗。新建成的生產關係以及社會變動的方向和進程，無不嚴重地受到以生產力水平爲主要因素的社會存在的嚴重制約。成功的新的生產關係，仍然必須和生產力相適應。諸多所謂社會主義國家，在左派政黨取得政權以後，往往過分強調意識的能動性，沒有全面考慮當時的社會存在的各種重要因素，主觀地想要盡快達成全國生產資料的社會化目標，而過左、過急的亂衝亂撞，並因而吃盡苦頭。

從這段分析可以看出：外力的作用以及意識對存在的反作用儘管可以改變社會發展的進程，但是，他們畢竟只能提供社會發展的外在條件，這些條件不能隨便發生作用，他們必須通過社會存在的內在根據，在內在根據所容許的範圍內（或基礎上）對社會發展起其作用。在這種意義上，社會發展的必然性決定於社會存在的內在根據——「生產力－生產關係」這對矛盾的對立與統一；包括外力及意識在內的外在條件，則給社會發展提供了偶然性的因素。

這條規律是很重要的。有些人只看重「生產力－生產關係」這對矛盾的作用，完全忽視了外力及意識的作用；有些人則把外力及意識的作用提高到不應該有的程度，這些都是不科學的。

四、社會主義社會必定來到

社會發展的量變過程和質變過程既然主要決定於「生產力－生產關係」這對矛盾的對立與統一，則要推斷把資本主義取而代之的社會形態，咱們必須針對這對矛盾，具體分析資本主義社會。

資本主義社會取代封建社會以後，使得大工業得以全面快速發展，這又促使科學、文化突飛猛進。在兩百多年前的資本主義社會中，人們所取得的生產力發展，千百倍於人們在百萬年間所取得的成績總和。原子能的使用、電腦（從而人工智能或機器人）的逐漸普遍、以及生命工程的突破等等，都使生產力提高到驚人的高度。而作爲生產力之主體的人：不占有生產資料的各階層出售腦力及體力的勞動人民，不但在數量上占全社會的絕大多數，而且在質量上也大大優越於先前各階級社會中的被壓迫、被剝削的勞動人民（例如奴隸制社會中的奴隸、封建社會中的農奴、以及初期資本主義社會中的僱用工人）──教育水平高，有組織地從事集體協作，廣泛地接觸各種傳播媒體，獲知各種訊息知識，在資產階級民主制度中通過形式的民主產生對於民主實質的要求，參與工會鬥爭，……和上述高水平的生產力相對應的是什麼樣的生產關係呢？

占社會中極少數的資產階級占有全社會的絕大部分生產資料；絕大多數人民成爲被雇用的勞動者。這些勞動者在一起共同使用生產資料，以協作的方式生產勞動產品。也就是說，生產不再像手工業時代那樣屬於個人的生產，生產本身社會化了。但因爲生產資料的所有權屬於少數的資產階級，勞動者在生產力無限提高的情況下，相對於絕對的貧困化，除了取得生活必需部分之外，勞動產品的大部分任由資產階級取去。而資產階級因爲占有全社會的大部分生產資料，成爲社會的統治階級，通過資產階級民主，推出他們的代理人，控制了國家的經濟，並從而控制了政治、社會、文化的各層各面。

因此，「生產力－生產關係」這對矛盾的對立與統一，在發達了的資本主義社會中，表現在生產的社會化和生產資料的少數人私人占有的對立與統一。占人們絕大多數的高水平的勞動者，必然要求打破生產資料的少數人私有制，從而共同占有生產資料，以作爲主人的積極精神，大力發展生產力。

人工智能（機器人或自動控制裝置）的進一步發展，使得資產階級私有制對全社會施行控制的危害性更爲提高，使得上述矛盾更加尖銳。

在這種條件下，已經發展了的社會主義理論將進一步武裝勞動人民，使勞動人民有史以來第一次自覺地行動起來，奪取並掌握國家機器，剝奪資產階級用來危害社會並企圖復辟的那一部分所謂「民主權制」，在大民主的操作下，逐步使生產資料社會化，使資產階級轉化為自食其力的勞動者，從而消除階級劃分。如此，則全民可以有意識地調整生產關係，使它經常和生產力相適應，走向全民共同富裕的社會主義大道。

由於人類社會都走著大致相同的道路，社會主義不但是資本主義社會的下一站，也是其他形態的社會所必然會轉化過去的社會形態。

一句話，社會主義社會必然到來！……這是咱們研究人類社會發展史、抽繹出它的發展規律後，所得到的進一步合乎邏輯的推論。

亞里士多德在《政治學》中指出：「假如每一種工具都能按照命令或者自發的執行指定給他們的工作任務，像底德洛斯的巧妙的創造那樣自己會運動，或者像赫菲斯特的三角供桌那樣獨立地舉行宗教儀式，假如，比方織布的梭自己會織，那這時候師父既不需要助手，主人也不需要奴隸了。」[12]

在機器人的時代，「工具都能按照命令或者自發地執行

12 轉引自拉法格：《贊成共產主義和反對共產主義》，《財產及其起源》第2-3頁；王子野譯，生活、讀書、新知三聯書店，1962年4月第1版，178頁。

指定給他們的工作任務，織布的梭自己會織」，亞里士多德將不再看到奴隸，因爲奴隸都將變成主人——當然，一場奴隸出頭天的自我解放革命是缺少不了的！

第14章

勞工運動——台灣革命的第二階段

勞工運動——
台灣革命的第二階段

柯柏・洪哲勝

本文的目的除了談論一般的理論以外，還要舉實際的例子來說明：爲什麼台灣革命正在發展進入第二階段。在這裡我既然提到「第二階段」，那麼台灣革命一定有它的第一階段。也就是說，在我看法當中，台灣革命倒蔣的過程，有它一定的模式。這個模式我必須首先交代清楚。

倒蔣鬥爭的模式

什麼樣的模式來倒蔣？這是台灣革命政營必須加以解答的重大問題。

1960 年代，蘇東啓和另外一批志士計畫發動武裝起義。他們準備聚集一小批人和一小批武器，先去攻占一個軍火庫，把武器分給群眾，然後分軍攻占台灣南北兩路，來把蔣政權解決掉。這是封建社會中典型的造反模式，台灣人反清的「三年一小反，五年一大反」，譬如說，林爽文的起義，幾乎都一致地採取這種模式。在封建社會中，農民和土地是經濟運轉的兩大支柱，因此，搶得土地又獲取農民的支持，起義就有可能成功；否則，起義就淪爲「叛亂」。在已經資本主義化的今日台灣，顯然已經失去採行這種模式的基礎。

早期台獨革命者也談過一種「古巴模式」。他們認爲應該在海外招募並訓練一批革命志士，對他們從事軍事特技訓練，然後在適當的時間在台灣搶灘登陸作戰。因爲人心普遍反蔣，一旦成功登入的消息傳遍全島，全島人民一定起來響應，從而推翻蔣家。這和古巴右派組織登入豬玀灣企圖打倒卡斯楚政權的模式差不多，從這個模式衍伸出來的，就是使訓練好的人員個別潛入台灣，然後聚集發動攻擊。這樣一來就和蘇東啓模式類似，差別的地方在於它可以轉型潛入台灣山地打游擊戰。——這種放棄群眾運動，盲信群眾「人心思獨」的做法，今日很少人會認爲切合實際。

台灣是一個孤立的島嶼，四周環海，在農村建立根據地，並從事農村游擊戰是辦不到的。有些人轉而建議採行都市游擊戰。以台灣當前的社會結構及蔣家的統治體制來看，都市游擊戰作爲革命的輔助，是很有重大意義的。把它當作倒蔣的主要因素，可就力不從心了。

那麼，倒蔣應該採行什麼樣的模式呢？我和多數革命團體一樣，認爲應該採行「有計畫的群眾暴動模式」。台灣的經濟已進入資本主義時期，以勞工爲主的群眾一旦搞起來，地下組織必將隨之壯大，如果「有計畫地」運用時機，在台灣南北兩三個地方同時鼓動群眾暴動，蔣政權的軍警在某種程度的鎮壓之後，一定無法壓制革命的人民以及在背後領導的革命組織。發生在勞工最多、最密集的中壢事件及高雄事件，是台灣人採取這一倒蔣模式的先聲。我認爲，「有計畫的群眾暴動」，乃是唯一可行的倒蔣模式。所有的革命組織要爲它的最後發動建築必要的基礎。

我用「有計劃」這三個字，並不是指革命組織很嚴密地計劃來「任意」策動大規模的群眾暴動。而是指地下的革命組織有足夠的力量在適當的偶發事件引起，或即將引起群眾暴動時，「有計畫」地引發並導引暴動，使它擴大化，並有系統地掌握其後的發展。

兩個必要條件

群眾暴動要能夠發生，必須具備下列兩個條件。第一個條件是要有能力聚集大量的群眾。第二個條件是群眾在聚集以後，必須有一部分敢於出來正面和軍警發生衝突。

台灣早已有能力聚集大量的群眾，高雄事件發生時，「美麗島雜誌」這批人，已經有能力把群眾聚集到固定的場所去「看戲」。這種能力是通過台灣黨外民主運動中的選舉活動所培養出來。這是台灣革命的第一階段。它並不是台灣民主運動人士主觀上有意識地提出的內容。事實上，絕大多數黨外根本不想或沒想搞革命。但是，他們通過民主運動，初步地培養聚集大量群眾的能力，沒有意識地達成台灣革命的第一階段。

必須指出的是，聚集大量的群眾，並不是台灣任何地方都有可能的。我認爲高雄、桃園、新竹、中壢、台北市郊等工廠林立的地區，才有可能。爲什麼呢？在我們了解台灣革命的第二階段內容以後，這個問題的答案也自然很清楚了。在這裡，我要先談革命時機是怎麼成熟起來的，並從中談論民主運動所以會發展到今天這種程度的原因。

革命時機成熟的條件

我先來說明革命時機成熟的一般性條件是怎樣產生的。從這裡，大家不難體會台灣革命時機是怎樣成熟起來的。

革命時機的成熟是指有相當人數的群眾（以台灣爲例，大約是一百萬左右吧）。在意識上有某種程度的覺悟，也就是說，在意識上和當權者形成對立狀態。而這些群眾當中又有一些人（上述一百萬人當中有五萬到十萬吧），有在必要時參與對抗行動的覺悟。當然，這種和當權者對抗的覺悟，是由群眾主觀意識來決定的。但這種主觀意識也可以用客觀數量來做約略的衡量。因爲，一個社會的物質條件基本上決定了人的主觀社會意識。那麼，這個客觀的衡量又是什麼呢？

譬如說，封建社會中的農民如果一般窮到沒有飯吃的程度時，我們就說革命時機成熟了。假如用P來代表一個人有飯吃的程度，那麼P的倒數（即 $\frac{1}{P}$ ）就是革命時機成熟的指數。也就是說，人愈沒飯吃，革命的時機愈成熟（P值愈小時，$\frac{1}{P}$值愈大的意思）。

但是，我們看得出來，許多窮國的農民在飢餓線上停留了數十年，而那個社會一點兒也看不出革命時機成熟的影子。可見，如果短時間內P值的減少數量和P值相比，相對變化不大時，其影響不大，革命時機不算成熟。

換一句話說，有飯吃的程度在短時間內相對大減時，革命的時機也可能成熟。

如果用△P來代表P在短時間的減少量，也就是人們主觀上認爲有飯可吃的程度在短期間內的減少量，那麼相對減少量就是$\frac{\triangle P}{P}$。

這個數量可以用來作爲革命時機是否成熟的一個衡量。社會學者都知道，一個量的絕對值往往沒有意義，除非這個絕對值趨近於零或無窮大。

相對變化，即變化量除以絕對值$\frac{\triangle P}{P}$，才有意義。

革命時機成熟，是指一個社會可以從一個狀態在短時間內轉變到另一個狀態；促成這個轉變的條件是：$\frac{\triangle P}{P}$這個量在短時間內快速增加。

用理想的、實際上並不存在的典型的封建社會來說明吧。在這種社會中，皇帝是最大的地主，大小官員分別是中小地主，或是這些地主的維護人。那麼，當農民沒有飯吃（P值近於零），或是短期內（幾個月內或一年內等等）從吃米飯加少量的肉類，降低到必須以蕃薯配米飯而又沒有肉吃的程度時（$\triangle$P值大增），那麼革命時機就成熟了。因爲，在這種情況下，占人口多數的農民個別的$\frac{\triangle P}{P}$值大，而占人口少數的皇帝及大小官員的個別的$\frac{\triangle P}{P}$值不大（因爲仍然有飯可吃也），而$\frac{\triangle P}{P}$的全國總和趨於大增，因此革命時機成熟。

上面的討論適用於一個以農民及土地爲主要因素的封建社會。台灣社會早已超越了封建社會，並過渡到資本主義社會，因而台灣的社會階級已經比封建社會的「地主－農民」階級分化更爲複雜。每個階級的生存及利益會在不同時期受到不同程度的影響。因此，台灣革命的時機也要分梯次或階段來到達。也就是說，在一個時期內，某一個階級的利益受到最大的影響，並成爲革命的階段。等到另一個時期，另一個階級受到最大的影響，並成爲革命的階級。等到受影響的各階級的人數達到可觀的程度（一百萬人左右吧），全面性的革命就有爆發的可能。

台灣革命是以兩個階段的方式就可以達成的。爲什麼呢？$\frac{\triangle P}{P}$這個量，雖然是由人們的主觀意識來衡量，但是P及$\triangle$P都是以一個社會的經濟情況爲基礎來衡量。在不同時期，P及$\triangle$P可以不同方式出現。就以台灣革命的第一階段爲例子來說明吧。第一個階段就是指有能力在選定的地方聚集大量群眾。這個階段是通過黨外的民主運動過程來達成。時間上，大約是1972至1982年的70年代。爲什麼會發生在70年代呢？要求自由、民主、法治及人權的言論，在60年代、甚至早在50年代。就有人呼喊追求。例如，雷震他們的「自由中國」。然而，一個人或一小群人的小公寓，只有一張破椅子可用。當然，我們對這張破椅子，不管任何時候都不會感到滿意，但是仍舊忍耐勉強使用它。

但是有朝一日，我們拿到了學位，在公司做事領高薪，買了一棟新房子。這時，那張破椅子再怎麼修補，我們都不會想去用它，一定要丟掉另買一張新椅子。在台灣經濟急速上升期間，台灣的政治只有非常微小的改善。也就是說，台灣的經濟結構已經進入先進的資本主義社會；但是，台灣的政治體系，仍然停留在封建殖民制度。因此，主要來自中上階級的一批相當數量的人，主觀上感到非常格格不入。在這種情況下，P 是指人們主觀上對於台灣政治民主程度的評價。P 這個絕對值在 70 年代沒有多大變化。但是，因為經濟上大有進步，人們覺得變化量，$\triangle P$ 很大。

因此，相對變化 $\frac{\triangle P}{P}$ 在70年代也突然增大很多，這種情況可以比較伊朗革命的70年代。

當時是伊朗石油財源湧進國內的時代，經濟結構因而起了大變化。首先受到這個衝擊的是一大批人對回教宗教價值觀起了很大的變化。因此，伊朗革命時機成熟的第一階段達到。此時，$\frac{\triangle P}{P}$ 數值很大。其中P值指的是人們對於宗教價值觀的評價。

正當台灣經濟起飛，台灣中上階級有政治上的求變欲望時，以黨外人士為主的知識分子，通過民主運動，代替台灣中上階級，說出他們的階級要求。當少數黨外人士起著示範作用時，就有另外一大批的人也投入黨外的民主運動，終於促成今日稍具規模的零星黨外組織。但是，黨外民主運動是無法改革台灣政治不民主的問題的。儘管黨外人士在這段時期培養了聚集群眾的能力，但基本上，他們寧可在維持現體制下逐漸改善政治環境，一方面保護他們的利益，另一方面和蔣家政權分享政權。他們企求成為蔣家「忠實的反對者」，但絕對不是革命者。

為什麼要支持革命呢？對他們來說，革命不但是個未知數，革命很可能根本就是一個負數，對他們是不利的。總之，黨外的民主運動人士和他們所代表的階級當中，贊成革命的，一定居於少數。但是，當這個社會的衡量 $\frac{\triangle P}{P}$ 值增大很多時，那些階級就漸有可能由一個狀態蛻變到另一個狀態，而處於臨界狀態中。此時必須經過分裂才能蛻變。民主運動非但無法起來反對，甚至無法退卻，只有這樣子，群眾當中先進的革命分子才會得到掩護而不至於被軍警所殲滅。

那麼，什麼樣的人敢出面和軍警衝突呢？是海外革命組織訓練回去的人嗎？大概不是，即使是的話，也只能是少之又少，不構成行動的阻力。敢出面的人一定是年輕人為主，年紀在十七歲到二十五歲之間占多數。這種人既沒有妻兒的掛念，也沒有失去財產的掛慮。和軍警衝突，直接的理由就在於爭取他們本身的權益。這種人何處有呢？——工廠中的工人——正因此，我要說台灣革命的第二階段，不是黨外民主運動的延續，而是台灣勞動運動的開創。

勞工運動不是要談民主、自由、法治、和人權；而是要談經濟利益的合理分享問題。對勞工階級要談他們的切身利益。譬如說，如何爭取更合理的工資、如何爭取工作的保障；萬一被遣散時，如何爭取合理的資遣費；如何爭取醫藥保險的福利及工作環境的改善等等。很明顯地，勞工階級所要反抗的就是資本家。台灣在經濟起飛後，經濟上受益最大和最小的階級之間，其差距增大時，勞資之間的衝突必然發生。以和資本家對抗作為起點的勞工運動一旦發展起來，必定會迫使勞工階級正面和蔣政權衝突，而最終倒蔣，完成台灣革命的第二階段使命。

前面說過，民主運動從50、60年代就有人在談論鼓吹。但，一直到70年代才成熟起來。同樣地，勞工運動的問題也一向受到人們的關懷。然而，什麼時候勞工運動的時機才會成熟呢？要回答這個問題，我們再回到 $\frac{\triangle P}{P}$ 這個衡量吧。

在第二階段時，P 是指勞工階級主觀上對自己生活保障滿意的程度而言。我們很有理由可以預測今後台灣經濟平均上是往上增進的，雖然增進的坡度可能沒有 70 年代那樣高。也就是說，P 值會隨時間慢慢提高。因此，只有變化量 △ P 的大量提高才能促成勞工運動的成熟化。譬如說，一個工人原來在某加工廠賣勞力就可以過日子，如果這項生產的出口銳減，使得他必須換工廠甚至改行，則對於資遣費的不滿或對於新工作工資的不滿，可以造成該工人△ P 的增加。

要使勞工運動能成熟，就必須在經濟發展的過程中，大量造成這種類型的人出現。我要指出的是，80 年代（1983 年到 1993 年吧）是台灣勞工運動成熟的時期。下列三個合理的假設可以支持這個預測：

一、80 年代台灣的工作面臨轉型，由原來勞力密集的出口輕工業轉換成技術密集和高資本化的出口工業。因爲在 80 年代這種轉型的加速進行，使得許多勞工必須換職業和工廠。這種轉型過程，很容易造成勞工對生活保障滿意程度的大量變化。

二、在台灣工業轉型的過程中，因爲經濟生產大約半數出國外銷，台灣經濟很容易受到國外市場週期性起伏的干擾。加以，島內工業技術及資本使用，不會像70年代那樣平穩無阻。結果會使得勞工階級在經濟衰退期失去生活的保障，使他們主觀上的滿意度發生很大的變化。資本家在經濟興旺期賺到的錢可以在衰退期作爲緩衝之用，而且他們人數不多，其 $\frac{\triangle P}{P}$ 之總和不大，不可能成爲台灣革命的主力。

三、從人數上來看，第二階段的 $\frac{\triangle P}{P}$ 會有多大呢？台灣的總就業人口大約有六百五十萬左右，而就業於工業的人口約占三百三十萬左右。這些工業人口的平均年齡大約是二十五歲。十五歲到二十五歲的勞工，現在有一百六十萬人。相對地說，農業人口

> 約有一百三十萬，而大部分是老弱婦孺，平均年齡高達四十五歲左右。先從這些社會力的簡單分析當中，我們馬上可以意識到勞工運動的重要性。

勞工運動在 80 年代之所以會成熟起來，是因爲台灣經濟繼續進展時，勞工的生活保障會受到波及而必須站起來保護自己的利益。基本上，勞工運動的組織和民主運動的黨外人士一樣，是非常鬆懈的。他們主要使用合法手段來和資本家對抗。但是，勞工階級爲自己的階級利益在奮鬥，而且一生只有鎖鏈可以失去，他們的立場將是堅定無比的，不會像民主運動的中上階級分子，多所顧慮而具有很大的妥協性。勞工階級因爲知識有限，而經驗又不足，雖然不會妥協，卻往往容易受騙。然而，一次又一次的受騙上當，終究會使勞工運動越來越堅強。

正如上文已經指出的勞工運動的結果，不會停留在勞工和資本家相鬥爭的層次，而會提升到勞工和蔣家軍警及蔣家政權本身的搶爭。間接的結果是培養了台灣革命第二階段所需要的、敢於和軍警對抗的能力。在勞資糾紛的處理過程中，蔣政權一向扮演著非常積極的角色，勞資糾紛由蔣家黨政機關從中協調的，在大都市中平均每天總有數件，在 80 年代，這個數目會很快地從數件增加到數十件。

海外革命組織角色

那麼，在兩個階段的倒蔣過程當中，海外台灣人可以擔任什麼樣的角色呢？

我們先來看 70 年代島內民主運動發展的過程中，海外擔任了什麼樣的角色。在黨外民主運動沒多大發展的時候，海外的革命組織利用海外自由有利的環境，鼓吹了民主運動當中即將用到的武器。例如，解除戒嚴法，全面改選中央民意代表，解除報禁，保障人權，司法獨立等等民主政府應有的制度，海外都拿出來宣傳，並作為運動爭取的目標。

也就是說，海外處於有利的地位，先啓蒙了民主運動的思想，然後將這一股氣氛吹入島內。我在這裡並不是說海外革命組織的功能只有這些。例如海外革命組織還建立了北美台灣同鄉之間的聯絡網等等。但是，這不是我在這裡所要談的，但是有一點非強調不可的是：在島內民主運動推展的過程中，並沒有大量的留學生直接經過海外革命組織的訓練派遣回台投入民主運動的行列。因此，我們可以看出來，光是間接性的啓蒙，就可以將民主運動的氣氛帶進島內。這主要是因為島內、外交流頻繁，而島內思想傳播媒介有所突破的緣故。

在台灣革命的第二階段，海外以知識分子為主的革命組織要把自己貢獻給台灣的勞工運動，首先必須克服自己的階級性；其次，必須克服因為我們遠離台灣所造成的困難。我們可以扮演的角色，顯然受到諸多的限制。我們必須首先認識到，當前海外的組織和台灣的勞工之間，仍舊是一大片空白。在這種情況下，海外組織最有效的工作，應該是勞工運動的啓蒙。

簡單地說，就是以知識分子的專長，利用身處海外可以自由研究的方便，先帶頭討論勞工問題，確定勞工運動的重要性，並介紹勞工運動的理論，來造成一個氣氛。至於談那些勞工最迫切的問題，介紹那些勞工運動的理論，不是本文範圍內的問題。——總之，就是當前海外最需要努力的方向：通過勞工運動的啓蒙，使勞工知道怎樣爭取自己的利益，進而發展出一個儘管鬆解、卻完全屬於勞工自己的群眾性運動。

勞工運動目前也需要有示範性的例子來帶頭領導，這和民主運動發展的初期很類似。海外留學生回台的革命工作和黨外民主運動的前進分子，都要以勞工運動的啓蒙和示範爲主。例如，在合法的旗幟下，在某些加工區附近駐站，專門爲勞工階級當參謀，介紹集體談判的方法，使勞工爲爭取更合理的工資和福利而動員。黨外的民主運動人士，也要放棄辦許多刊物來爲選舉鋪路、來鼓吹抽象的民主自由的做法，到加工區發行專供勞工閱讀的地區性油印刊物，引導該地區勞工出來討論他們的問題、組織他們自己、並爲解決他們的問題而集體行動。如果在一個地區能夠做成功的示範，以台灣的地小、消息傳播速度之快、及勞工水準之高，其他地區的勞工很快地就會有人翻版行動起來。當勞工運動在台灣各地發展起來，海外革命組織在島內的組織工作可以順利擴展，進一步推動第二階段的革命工作。

結論

典型的封建社會要推翻統治者，必須以攻取土地及城市的方式來達成。在資本主義社會，尤其是台灣這種島嶼環境，以群眾暴動就可以僵化政權。台灣革命的倒蔣模式可以用兩個階段的方式來達成。70 年代是民主運動的階段，在這個階段中，培養了能夠聚集群眾到指定地點的能力。80 年代是勞工運動的階段，在這個階段中，必須培養在聚集了的群眾裡有一部分人敢出面和蔣家軍警對抗的能力。

根據台灣經濟的發展，勞工運動在 80 年代能夠成熟，有它的必然性。它成熟的過程，將是一連串的偶發事件。

海外革命組織的工作重點，在於研究並介紹勞工運動的理論，一方面用它來武裝勞工階級，另一方面促成勞工運動的示範，並在勞工運動基礎上建立地下組織，有效協調、聯繫勞工運動，達成勞工階段的革命任務——倒蔣建國。

台灣革命的價值在於最後能建立一個全民民主政治的國家。其前提是台灣各階級發動其階級力量，聯合倒蔣。要建立一個和平的社會，顯然地，勞工階級最有這種需要，因爲他們居於資本主義社會的最低層。他們不能自己站立起來，誰要、誰能把民主拋給他們？！可見勞工運動是全民民主政治的根本保證。勞工運動之所以更爲必要，是由於資本主義社會當中，勞工乃是反抗體制的最大力量，沒有使這股力量發揮出來，倒蔣工作談何容易？！

讓我們做好勞工運動，順利達成台灣革命第二階段的使命——倒蔣建國吧。

國家圖書館出版品預行編目 (CIP) 資料

鮭台：1986.05.01 鮭潮回台破黨禁 / 洪哲勝紀念文庫編撰小組，紐約台灣研究所著 . -- 初版 . -- 臺北市：前衛出版社 , 2022.05
面； 公分

ISBN 978-626-7076-19-4(平裝)

1.CST: 政黨 2.CST: 歷史 3.CST: 臺灣

576.33 111003792

鮭台－1986.05.01鮭潮回台破黨禁

作　　者　洪哲勝紀念文庫編撰小組、紐約台灣研究所
責任編輯　楊佩穎
校　　對　陳宜妙、楊佩穎
美術設計　江孟達工作室
內頁排版　NICO CHANG

出 版 者　前衛出版社
地址：104056台北市中山區農安街153號4樓之3
電話：02-25865708｜傳真：02-25863758
郵撥帳號：05625551
購書・業務信箱：a4791@ms15.hinet.net
投稿・代理信箱：avanguardbook@gmail.com
官方網站：http://www.avanguard.com.tw

出版總監　林文欽
法律顧問　陽光百合律師事務所
總 經 銷　紅螞蟻圖書有限公司
地址：114066台北市內湖區舊宗路二段121巷19號
電話：02-27953656｜傳 真：02-27954100

出版日期　2022年5月初版一刷
定　　價　新台幣400元
ISBN：9786267076194(平裝)
9786267076279 (PDF)
9786267076286 (EPUB)

*請上『前衛出版社』臉書專頁按讚，獲得更多書籍、活動資訊
https://www.facebook.com/AVANGUARDTaiwan

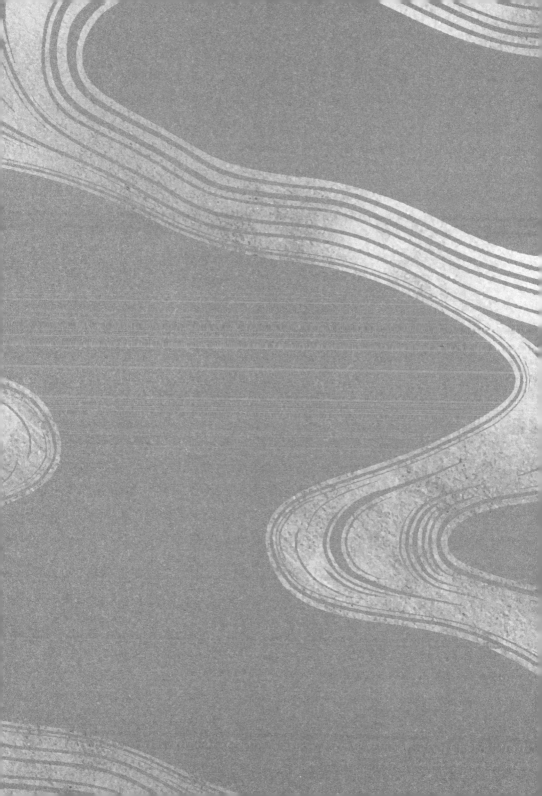

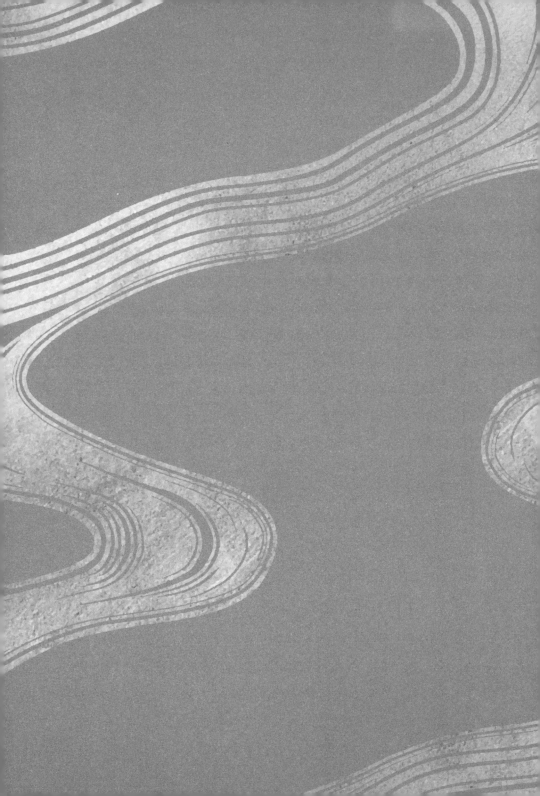